沖縄大学地域研究所叢書

尖閣諸島と沖縄

時代に翻弄される島の歴史と自然

沖縄大学地域研究所 編

芙蓉書房出版

はじめに

「慰《なぐさ》みに、船乗りたちは、時折《ときおり》 巨大な
海鳥の 信天翁《あほうどり》を 生擒《いけど》りにする。
航海の これは 呑気な道連《みちづ》れで、艌《しほから》い
海を渡って滑《すべ》って行く船の後から 従《つ》いて来る」

信天翁（シャルル・ボオドレール『悪の華』鈴木信太郎訳、岩波文庫より）

アホウドリとはどんな鳥だろう。ボオドレエルの憂鬱そうな顔の写真と信天翁の詩を見比べていた。もう五〇年近くも前の話だ。船乗りたちがつかまえてみると、「蒼空《あおぞら》の王者も とかく不器用で 恥ずかしそうに 眞白な大きな翼を 櫂のやうに」両脇にひきずっている。この無様な姿と詩人は似ている、という。天翔ける美しい鳥は、甲板に据えられた瞬間に「滑稽極まる醜い姿」となる。「地上の嘲罵のただ中に 追放《おひや》られると 巨人の翼は 歩くのを 邪魔するだけだ。」

二〇一三年一月十二日（土）、沖縄大学で、土曜教養講座「尖閣諸島の自然と歴史」を、翌十三日（日）には石垣市で同じタイトルの移動市民大学を実施した。たっぷりとアホウドリの映像を見ることが出来た。走るスピードは人間より遅い。大きな鳥なので飛び立つのに助走距離が必要だ。距離が足りなくて崖から海へ落ち、漂っているのもいた。かつては人間が獲り尽くし、羽根は布団の中味に、卵は食用に、肉はそのまま打ち捨てられた。累々と死骸が横たわっていた、という。日本での生息地はわずか二ヵ所。その一つが尖閣諸島だ。絶滅が危惧されていたが、最近では次第に繁殖している。人が近寄らない場所であることが幸いした。いまや尖閣諸島は信天翁たちの「聖域」となっている。

以前韓国通の知人と歓談した際、話題が尖閣に及んだ事がある。「そんな厄介な島なら、ふっ飛ばせばいいじゃないか」、彼によるとそういった話が韓国情報部からも漏れているそうだ。

中国も、台湾も、近くの海底にあるはずの資源を狙っている。アメリカは「尖閣」を演習場として確保し、いつでも発火できるよう火種を残している。日本ももちろん渦中にある。領土意識に突然目覚め、あるいは目覚めさせるような世論が形成された。あげくの果ては「国有化」だ。「報復」のため、中国では邦人企業の焼き打ちが続いた。日中国交回復四〇周年というのに友好ムードはゼロ。こうした「混乱」で誰がいったい得をしているのだろうか。

その昔、中国との交流のルートは、尖閣諸島が目印であった。（現在の）福建省で半年間ほど滞在した琉球人達は、五虎門と呼ばれる港を出て、東へ向う。尖閣諸島が見えた時、琉球人達の歓喜はいかばかりであったろうか。黒潮を越えればやがて久米島が見えてくる。那覇まではもうすぐだ。信天翁達も、船の後を追いかけて歓迎していたに違いない。

先人達の喜びの象徴であった尖閣諸島が、いまや浅ましい国同士の争いに巻き込まれている。はるかに望んでいた美しい島が、醜い国際政治の舞台に上げられ無様な姿をさらしている。不器用な海鳥が、生捕りにされ、なぶられているように。

緒方　修

尖閣諸島と沖縄●目次

第一部

琉球と中国、琉球と日本

――近代の波涛にさらされる東アジア

第四七六回沖縄大学土曜教養講座

「国境を超えた共生圏を創る part1」

（二〇一一年三月二十六日、沖縄大学同窓会館本館一階）

[開会挨拶]

新崎　盛暉

尖閣諸島をめぐっては、日中国交正常化交渉以来、日中間で、さまざまなトラブルが続いてきましたが、昨年の中国漁船の衝突事件によって状況は、一挙に悪化してきています。日本では石破茂とか、桜井よしことといった人たちが、「中国が尖閣を取りに来て、その次には沖縄を取りに来る」と危機感をあおり、沖縄に米軍基地を押し付ける手段にしようとしています。この問題を歴史的な眼で正確に認識した上で、平和的問題解決に結び付けようと努力する試みは、ほとんど見られないといっていいでしょう。

沖縄では、ほとんどの人々が、これらの島々は、沖縄と、あるいは先島諸島と一体のものであると認識していると思います。しかし、それは「日本固有の領土」といった感覚とは少し違うようにも思います。そもそも国家「固有の領土」などというのが存在するのでしょうか。わずか百五十年ぐらい遡ると、沖縄は、独自の国家「琉球」でした。とすれば、沖縄自体、日本という国家の「固有の領土」であると言うには無理がありそうです。

沖縄の人たちが、尖閣諸島に感じる一体感は、中国の冊封船や進貢船の目標島であったり、そこが沖縄の海人が開拓した、長年馴染んできた漁場、という感覚ではないでしょうか。国家の領土とは違う、いわば生活圏といった感じではないでしょうか。もちろんその場合、同じ地域の生活者として、台湾の人たちからはどう見えているだろう、ということも考えてみる必要があります。いずれにせよ、日本と中国という国家が、それぞれ「国家固有の領土」だ、と噛み合わない一方的主張をぶつけ合っている中に、「生活圏」という領土概念を相対化するような考え方を提起することによって、問題への平和的解決への糸口は見いだせないでしょうか。

私たちは、これまで、沖縄戦、米軍基地の集中と、日米両国の軍事政策に翻弄されてきました。ここでまた、無人島をめぐる日中の領土争いに巻き込まれたくはありません。今度の大震災が引き起こした原発事故などによって、これから大きく時代が変わっていこうとしています。人類の歴史そのものが、ある意味では転換点に立っている事を感じます。こうした時代的雰囲気を感じながら、尖閣問題という沖縄にきわめて身近な危機を、「国境を超えた共生圏を創る」きっかけにできないでしょうか。そのためには、私たち自身が、できるだけ正確な歴史認識を共有する必要があります。

今日は、その第一回目として、中琉日関係史に詳しい西里喜行先生を講師に、尖閣問題の起点となる歴史的背景について理解を深めていきたいと思います。

そうして次には、例えば漁業関係者が、尖閣を、あるいは周辺の漁場をどのようにして開拓してきた歴史があるのか、ということをテーマにしたいと思います。さらには国際法の関係者の観点、沖縄側から見るだけでなく、台湾側から見たらどうなるのかというような学習が必要になるのかもしれません。今後色々な形で勉強を積み重ねていきたいと思います。

それでは、まず西里先生に九〇分、ちょうど大学の一コマに要する時間です、お話していただいて、質疑の時間を設けたいと思います。西里先生お願いします。

【講演】中琉日関係史から見た尖閣諸島

西里　喜行

みなさんこんにちは。ご紹介いただきました、西里喜行です。今日は勉強会の第一回目という事で、私が講師を担当することになりました。実は私、沖縄大学を今年（二〇一一年）三月で退職しますので、最終講義のつもりです。

今日のテーマは「中琉日関係史から見た尖閣諸島」にしました。二〇一〇年から二〇一一年にかけて、尖閣諸島沖での日本の巡視船と中国漁船の衝突事件が起きて、尖閣諸島をめぐる問題が国内外で大きく注目されています。いわゆる「尖閣問題」については、今後、様々の角度から地道に事実認識を積み重ねていく必要があるので、どのように解決していったら良いのかをも視野に入れながら、私の報告を行いたいと思います。

「尖閣問題」というのは、私には三層の構成になっているように見えます。一つは琉球の「自己決定権」の問題、一つは尖閣諸島の「領有権」の問題、一つは周辺海域・海底の「資源」の問題です。この三層は連動していますが、区別して論議しなければならない側面もあるように思います。

それでは、大きく四つの柱に分けてお話します。第一の柱は、中琉関係史の枠組みがどういう構成要素で形作られているかという事。第二の柱は、日琉関係史の特徴としてどういう論点があげられるかという事。第三の柱は、内外の史籍が尖閣諸島についてどのように記載しているかという事。そして第四の柱は、近代以降のいわゆる琉球処分、これと密接に連動する琉球分割条約の問題。最後に、明治政府の尖閣領有の経過の概略を検討したいと思います。

　早速、「中琉関係史の枠組み」に入ります。言うまでもなく、五百年も続いた中琉関係の基本的な要素、中琉交流の幹線道路というのは、やはり冊封(さくほう)と進貢でした。冊封というのは中国王朝の皇帝が琉球国王を任命する事、つまり認証の儀式をやって、冊封詔書を与えるという事ですが、その儀式（儀礼）は、明代には十五回、清代には八回、計二十三回行なわれています＊1。

　冊封使の琉球渡来は、察度《さっと》の次の武寧《ぶねい》という国王の冊封から数えて、二十三回になります。これらの冊封について、基本的に確認しておきたい事は、その手続き（プロセス）です。

　琉球国王が亡くなると、それを中国側に報告する。その報告と同時に、あるいはその後で、琉球側は新しい国王を冊封して頂きたいという要請を行う。これが請封《せいほう》です。そして琉球からの請封を受けて、中国王朝は冊封を決定し、冊封使を福州へ派遣する。琉球側は中国王朝からの通達を受けて、冊封使を迎え案内するために、福州へ迎接使《げいせつし》を、接封使《せっぽうし》とも言われますが、派遣する。その琉球から派遣された使節の案内で冊封使の一行は琉球にやって来る。そして首里城で冊封の式典を行う。その冊封式典が済んだ後、琉球側は更に、冊封して頂いて有難うございますという趣旨で、帰国する冊封使の船に随行して、謝恩使を乗せた船を中国へ派遣する。これが一連の冊封の手続きです。ただその時に注意しておきたい事は、冊封して頂きたいという要請、つまり請封を行うのは琉球側であって、その時期の決定は琉球側に任されていた、つまり、請封する時期は琉球の主体的な意思決定に基いていたという事です。

　琉球側からの請封に応じて、冊封使が北京を出発し福州に来て、福州から冊封使船、御冠船《うかんせん》とも言いますが、それに乗って那覇にやって来る。この冊封使船の往路と帰路については、幾つかの資料に記載されていますが、福州〜那覇を往来する際に、航路上の目標、目印にしたのが、今問題になっている尖閣諸島でした＊2。

琉球国王の代替わり毎に、中国王朝の皇帝の名代として冊封使を派遣するという事、これは中国側から見れば、航海上の大変大きなリスクを伴う、また琉球側にはかなり膨大なコストを伴う、大がかりなプロジェクトでした。そういう財政負担、あるいは航海上の安全をどう保障するかという、リスクの問題。これらは絶えずつきまとう事になるわけです。特に倭寇の活動などで海上の秩序が乱れている時、あるいは内乱などで大陸の情勢が非常に緊迫している時には、そのリスクを考えて、中国側は冊封使をわざわざ海を渡って琉球に派遣せずに、福州あたりで琉球から来た使者に冊封詔書を渡して持ち帰らせるという方式も考え出されているわけで、これが「領封《りょうほう》」です。「領」とは、受け取って持ち帰るという意味。冊封詔書を中国で受け取って持ち帰るという形での冊封の仕方、対して、あくまでも琉球に渡って、首里城で冊封使が詔書を直に国王に手渡すという方式、これが「頒封《はんほう》」です。

その二つの方式のうち、どちらの方式を取るかという問題で、中国側では色んな見解が出されたんですが、琉球側は一貫して頒封、冊封使をわざわざ那覇にお招きして、首里城で儀式を行って、冊封してもらうという方式に拘る。冊封というのは膨大な財政負担を伴うわけですが、そういう財政負担を敢えて工面しながら、冊封使を琉球に迎える。それはなぜか？という事があまり議論されて来なかったんですが、結論的に言えば、琉球側は自らの安全保障の一つの措置として、冊封使に来てもらった。それは薩摩藩、その他の異国等に対して、琉球が自らの背後に中国王朝が控えているという事を、首里城でビジュアルに目に見える形で示す事が、琉球にとっての大きな安全保障になるという思惑があったからだと思います。

そういう「安全保障」の意味を持つ冊封は、明代に十五回、清代に八回という回数になります。それに対して琉球側から中国に派遣する進貢船、これは大体時期にもよりますが、五百年の間を通して、ほぼ二年一貢が通例ですので、二年に一回進貢船を派遣しています。ただし途中からこの進貢使節を迎えるために、接貢船《せっこうせん》の派遣も認められましたので、毎年、琉球が進貢船・接貢船のいずれかを中国に派遣している計算になる。もちろんその内実は琉球側が貿易の機会、チャンスを求めて派遣しているわけで、派遣回数から見ると、琉球から中国に派遣される進貢船・接貢船等が、冊封使船よりも数としては遥かに多い事になります。

この進貢船・接貢船は、やはり往き帰りは尖閣諸島を目印にしながら、航路上の一つの目標として利用している。そうして進貢使節は福州に着くと二〇名ぐらいのグループを組んで北京に行く、これは進京《しんけい》グループと言う。それから二〇名ぐらいは福州の琉球館という所に留まって、日常的に外交事務を取り扱う(存留グループ)。その他の人々(摘回グループ)は貿易が済み次第、帰国する。この福州琉球館における貿易を進貢貿易と言います。ご承知の通り、進貢貿易は唐一倍という言い方をして、沖縄に利益があったという風に言われますが、その詳細な実態的研究はこれからの課題です。

いずれにしても進貢貿易は、中国側が琉球から持ってくる商品を免税品として優遇して買い取るわけですので、確かに貿易の利益というのは琉球にとって大きかったと思います。

以上のような進貢・冊封に加えて、中琉関係のもう一つの大きな柱、これは漂流・漂着に対応するために整備されたシステムです。琉球船や中国船の漂流・漂着事件は一年に二、三回繰り返し起こっていますが、その漂流・漂着船に対して中国側、琉球側はどう対応したか、資料を少し見て頂きたい＊3。

この資料は、中国の浙江省《せっこうしょう》に漂着した琉球人の取り扱い方について、浙江省の役人、浙江布政使から皇帝へ提出した上奏文の一節です。これを見ると、乾隆《けんりゅう》二年、一七三七年の事ですが、この年に浙江省には二件の琉球船漂着事件があった。で、漂流・漂着までの経緯とその対応策について、布政使が皇帝に上奏したわけです。その上奏文の下の方を読みます。

「私」、つまり浙江省の布政使（一般行政のトップ）が「思いますに、福建省には琉球国の館舎があり、雍正《ようせい》八年（一七三〇年）に琉球船が浙江省の温州へ漂着した時、福建省から護送役をつけて帰国させたことがあります。今回も旧例に照らして、小琉球国と中山国の二国の船隻を護送して福建へ送り、護送役をつけて帰国させたいと思います。ただ二隻の船は破損あるいは破壊され、帆や帆柱もなく、冬になると単衣の薄着では可哀相ですので、私は大学士の嵆曽筠《けいそういん》とともに、皇帝陛下の遠国の人を思い遣る深い仁徳に思いを致し、公費を支出して船隻を修理して堅固にさせ、帆や帆柱を取り換え、器具を整備し、食料を十分に支給し、原船（乗ってきた船）の積荷を返還し、各人に冬の衣服を支給するなど、すべて遠国の人が生活の術を失うことがないように取り計らい、処理し終わった後、福建へ出発させることをお願いすることにしました。以上、小琉球・中山の二国の漂着船と漂着人を救済した経緯を上奏致します」。

という上奏文で、それに対して皇帝は、「是なり。該部に旨する有り」と言って、浙江布政使の報告と提案をそのまま認めています。

ここで注目したい事は、要するに、漂着船の取り扱いについて、中国側が衣食住の提供、荷物の買取、船舶の修理をして、浙江省から福州に送り届け、福州から琉球側へ送り帰すという手順を踏む事です。

そういう対応と同時に、これは中国の地方当局が、琉球をどういう風に認識していたかの一端を示す資料でもある事に注意して頂きたい。傍線を引いた箇所、「小琉球国」と「中山国」という風に琉球については必ずしも正確な認識は持っていない。宮古・八重山を小琉球国と認識している。中山国というのが琉球国であると捉えている。だからその点で言うと、中国の上奏文の中では浙江省の地方当局ですら、そういう認識になるというわけです。

福建の場合だと、その琉球認識は比較的正確になりますが、その当時一般には中国の地方当局の側でも、必ずしも正確な琉球認識を持っているわけではない事を示す一例だと思います。

それでは、琉球側は中国船の漂着に対してどういう対応をしていたかというと、琉球に漂着した中国船や中国人の送還方式も、中国から琉球への送還方式とそれほど差はないですが、琉球は中国に対して、ご承知のように、琉球と薩摩の関係を隠すという隠蔽政策をとっていました。ですから、江戸幕府の鎖国制の規制を受けて、清代初期、一七世紀の八〇年代初め頃までは、琉球へ漂着した中国人を長崎経由で送還していましたが、日琉（薩琉）関係の露見を恐れて、一六九〇年代以降、独自の判断で那覇から直接福州へ送還する方式に切り替え、後で薩摩（幕府）から事後承認を得る事になりました。その切り替えのきっかけとなったのは、史料④の蔡鐸の提案で指摘されているように、清国側の海禁令（遷界令）の撤廃です。では、なぜ隠蔽政策を採らざるを得なかったのかというと、実は、次のような事情があるわけです。

つまり、薩摩島津軍の琉球侵攻当時、琉球国はすでに薩摩に併合されて、事実上無くなってしまったという認識が、中国側に非常に強くあって、薩摩の侵攻を受けた後、琉球が従来どおりの進貢を認めてくれるよう中国側へ何回も願い出ますが、中々受け付けてもらえず、十年後に国力が回復してから進貢せよと命令されるに至ったという事情がありました。これは、薩摩の指図で進貢を願い出ているのではないかという疑いを、中国側官僚層が根強く持っていた事に起因するわけです。そこで琉球側は、琉球は粗暴で無礼な薩摩とは違って、昔から中華の礼を受け入れ、中国王朝へ忠誠を誓ってきた事をしきりに強調して、やっと一六三〇年代になって、昔の二年一貢に回復してもらった事情があって、それ以来、明清交代後も、琉球側は清朝中国に対して、薩摩と琉球の関係を隠さざるを得なかったわけです。この点は、近世の中琉関係において大変重要な意味を持つ事になるので、留意して頂きたい。

次に二つ目の柱、「日琉関係史の特徴」に入ります。

一六〇九年の薩摩の琉球侵攻、これをどう捉えるかという事は非常に重要な問題ですが、最近、京都大学の夫馬進さんが、薩摩の琉球侵攻は日本の琉球併合だという視点から新たな論点を提起していますので、近世期の日琉関係史の捉え方も新たに再検討する必要があります。もっとも、薩摩島津軍の琉球侵攻後も、中琉関係は相貌を変えながら継続的に展開していくので、琉球はやはり一国家として、日清の両属的な位置にあったというのが、歴史の実態に近いのではないかと、私は考えています。その論拠を提示する事は、時間の関係上、省略せざるを得ません。ただ、日琉関係史の特徴として次のような論点を指摘しておきたいと思います。

近世期の薩琉（日琉）関係史においては、琉球側から毎年薩摩に年頭の挨拶を兼ねて薩琉関係を処理する使節として年頭使を送り、それから幕府に対しては、琉球国王の王位継承を事後承認してもらったお礼として、江戸へ「謝恩使」を送ります。江戸の将軍が代替わりした場合には、そのお祝いとして慶賀使《けいがし》を送る、という儀礼が繰り返された事を、近世期の日琉関係の一つの特徴として押えておきたいと思います。

ただこの近世の江戸時代を通して、日本型華《か》夷《い》秩序というものの中に、琉球は取り込まれている。いわゆる幕藩体制、この体制の支柱として、石高制とか、兵農分離とかありますが、もう一つの重要な支柱として、いわゆる「鎖国制」がある。最近では、この用語は外国に対して完全に門戸を閉ざすという印象を与えるので不適切だとして、「海禁政策」という用語に置き換えられつつあります。いずれにしても鎖国と言われた時期の日本にも四つの窓口から対外的な情報が入っていた。その四つの窓口とは長崎の出島、対馬、北海道の松前、そしてもう一つは、薩摩の鹿児島でした。最近では、薩摩の鹿児島ではなく琉球の那覇だという研究者もいるようですが、琉球王国が当時の国際関係の中で、どう位置付けられていたかという視点から見ると、やはり薩摩が一つの窓口で、その薩摩との関係で琉球は外国と位置付けられていたと見るべきです。と言うのも、幕藩制国家にとっては、琉球は朝鮮と同じく、通信の国として位置付けられ、一方、オランダと中国は通商の国、つまり貿易相手国として位置付けられたわけですから。とすると、幕藩制国家の日本と琉球王国との関係はどのように捉えるべきか。かつて安良城盛昭《あらきもりあき》さんは近世琉球を「幕藩体制の中の異国」と位置付けて、幕藩制国家の中で琉球は特殊な地位にある、即ちそれは異国だと規定した。

しかしそういう位置付け方に対して、それは琉球の「国家」としての主体性を見落とす事になるという批判的立場から、琉球大学の豊見山和行さんが、近世期における琉球は清国と江戸幕府の間で自らの主体性を強化していくための様々な努力を積み重ねて、主体性の回復の過程にあったという論点を実証的に提示し、二重従属国、二重朝貢国という規定を、積極的に押し出しています。いずれにせよ、琉球処分という時期を迎えるまでの琉球王国は、東アジア世界では一つの国家として認知されていた事を踏まえないと、一九世紀後半のいわゆる琉球処分の問題点がぼやけてしまいます。一旦この問題は保留して、処分以前の近世期の中琉関係史の中で、今日我々が問題にする尖閣諸島、この島々はどういう位置付けであったのかという論点について、言及したいと思います。

第三の柱の「内外史籍の記載する尖閣諸島」に入ります。

史籍、つまり歴史上の書物には、この諸島はどのように記載されているのだろうか、まず基礎的文献で確認しておきたい。先ほど言いましたように、中国王朝から派遣された冊封使、明清を通して二十三回になるわけですが、彼らは帰国した後、冊封の経緯について復命書という形で皇帝に報告書を出している。これがいわゆる冊封使録《さくほうしろく》です。現存する冊封使録の中で、最も早い時期のものは、尚清王《しょうせいおう》を冊封した陳侃《ちんかん》が書き遺《のこ》した『使琉球録』です。この中で、尖閣諸島はどのように位置付けられているのか、簡単に確認します＊4。陳侃の『使琉球録』の中に、「使事紀略《しじきりゃく》」という項目があります。琉球国王を冊封して、帰るまでの出来事を記したところです。読み下し文を少し読みます。

「是《こ》の月」、というのは嘉靖《かせい》十二年、一五三三年の十一月の事です。「琉球国の進貢船来る。予」、つまり陳侃（私）は、「之を聞きて喜ぶ。閩人《びんじん》、海道に諳《そら》んぜず」、福建人は航海ルートに詳しくないので、「方《ま》さに切に之を憂う」、冊封使の陳侃らがそれを憂えていたところに、「其の来りてその詳を詢《たず》ねるを得るを喜ぶ」、琉球からの迎えが来たと聞いて、彼らにこの航路の詳細を尋ねる事が出来るので大変喜んだ。「琉球国の世子」、これは尚清のことですが、まだ冊封されていないから世子、「また閩人《びんじん》の善く舟を操らざるを慮って、看針通事《かんしんつうじ》一員を遣わし」、看針通事というのは航海士、「夷梢《いしょう》」、つまり琉球人の乗組員ですが、「善く舟を操る者三十人を率い、代りて之が役と為さしむ」というわけで、航海術に優れているもの、あるいは航路案内役として、琉球人が重要な役割を果たしている事を示しています。

そうして更に、同じ「使事紀略」の中で、往路の道筋が示される＊5。「八日（五月八日）に海口を出でて方《はじ》めて汪洋《おうよう》を一望せり」、福州から閩江を下って閩江から大洋に向かい、大きな海に出た。「九日に、隠隠として一小山を見る。乃ち小琉球なり」、ここで言う小琉球は台湾です、台湾を小琉球と呼んでいる。「十日、南風甚だ迅《はや》く、舟行《しゅうこう》飛ぶが如し」、南風が強くて船の速度が速まり、飛ぶような船足だった。「平嘉山を過《よぎ》り、この次に、釣魚嶼《ちょうぎょしょ》を過り、そして黄毛嶼《こうもうしょ》を過り、赤嶼《せきしょ》を過り、目に接するに暇あらず」と表現した。釣魚嶼、魚釣島ですね。魚釣島を通り、黄毛嶼これは久場島です。日本名で言う久場島を通り、赤嶼はいわゆる大正島、久米赤島です。これらの諸島を通過した。尖閣諸島を通過して久米島に至る経路、航路を示しているわけですね。

陳侃以降の冊封使の記録も、その往路、帰路というのは陳侃の記録と大体同様です。陳侃に続いて渡琉したのは、郭汝霖《かくじょりん》、蕭崇業《しょうすうぎょう》、それから夏子陽《かしよう》、杜三策《とさんさく》、彼らはいずれも明代の冊封使です。それから清代に入って、最初の冊封使が張学礼《ちょうがくれい》、次いで汪楫《おうしゅう》、徐葆光《じょほうこう》、周煌《しゅうこう》、李鼎元《りていげん》、斉鯤《さいこん》、林鴻年《りんこうねん》という順序で渡琉する。但し、林鴻年だけは冊封使録を遺していないようです。

最後の冊封使が趙新《ちょうしん》です、この人は一八六六年に琉球にやってきます。それはちょうど明治維新の二年前の事です。

趙新は『続琉球国志略』という冊封使録を遺しています（講演史料②参照）＊6。これによると、「十一日」、同治五年六月十一日です。「午後六時、釣魚山を過り、そして戌の刻（午後八時）に久場島を過る。そして十二日の未の刻（午後二時）には久米赤島《くめあかじま》を過ぎ、そして十五日、辰の刻(午前八時)に、姑米山《くめざん》」、久米島ですね、久米島を見る。そうして更に二十一日に、「馬歯山《ばしざん》に到り」、馬歯山というのは慶良間です。そしてその日の午後六時に那覇港に着いたという記述になっている。

ここで注意したいのは、趙新は、釣魚山を過ぎた後に久場島を過ぎたと記録しています。久場島というのは琉球名です。黄毛嶼、黄尾嶼というのは、これは中国の名称ですが、久場島は琉球側の名称。久米赤島は大正島のことで、これも琉球側の名称です。中国の冊封使の中でもそう称する人が出たという事です。

これは琉球側から迎えに行っている、琉球の迎接使が案内して来るわけですから、彼らが冊封使にここはどこだという説明をする。それを聞いて記録しているので、当然といえば当然ですが、この点から見ても、尖閣諸島の名称自体は中国側でも冊封使によって必ずしも一致せず、色々と名称が違う点に注目したいと思います。

これらの諸島についての琉球側の資料はどうなのか。向象賢《しょうじょうけん》の『中山世鑑《ちゅうざんせいかん》』には、釣魚嶼、黄毛嶼、赤嶼という名前で出てくる。程順則《ていじゅんそく》（名護親方）の『指南広義』でも、釣魚台、黄尾嶼、赤尾嶼等の名前で出てきます。しかも久米山が琉球西南界上の鎮山と言っています。そして蔡鐸《さいたく》、蔡温《さいおん》の『中山世譜《ちゅうざんせいふ》』でも、琉球三十六島の中に釣魚諸島を含めていない事を確認しておく必要があります。

日本側の資料、新井白石の『南島志』では、琉球三十六島中に、釣魚諸島、尖閣諸島は含まれていません。更に林子平の『三国通覧図説』には清国海域と同じような色で、黄尾山、赤尾山、釣魚嶼等が塗られている事がよく強調されます。しかし、このような史籍における諸島の名称や記録は、直接的に領土や領有を意味するものではないのです。「主権」と不可分とされる領土・領有概念は、近代以後の歴史的所産である事に留意すべきです。前近代にあって、中国側も琉球側もこれらの諸島（釣魚諸島／尖閣諸島）が、どこの領土だという、いわゆる「領有意識」は持っていない、しかし双方とも、これらの諸島の存在を認識し、様々の名称を付している。この点はきちんと押さえておく必要があります。

領有意識、領土意識というものが出てくるのは近代以降の事で、それ以前にはどちら側のものでもない。しかし、どちら側からも知られている地域、これが尖閣諸島の歴史的位置、歴史的特徴だと思います。ところが、近代以降になると、そこに領土意識が出てきて、領土・領有観念、国家が一本の線で国境を決定するという考え方が強く押し出されてくる。その過程で「国家」としての琉球の頭越しに、いきなり日清いずれかの「所属」という問題に連動してしまうわけです。そしていわゆる領土の確定・国境の画定という「課題」を抱えた明治政府は、「国家主権」の当然の行使として琉球併合を合理化する。つまり、明治政府は近代国際関係の中から生み出された「国境」という概念を振りかざして、国境画定を琉球併合の大義名分として強調するわけです。それを琉球側がどのように受け止めたか、それこそが琉球処分の最大の問題でした。

最後の柱の「琉球処分、琉球分割条約」の問題に入りたいと思います。

一八七〇年代以降、いわゆる琉球の所属が、明治政府の側で大きな問題になって、専ら所属決定の視点から、琉球の併合過程が始まります。しかし実際には、それより以前のアヘン戦争の直後、アヘン戦争というのは一八四〇年から一八四二年までの清国とイギリスの間のアヘンをめぐる戦争ですが、その頃から、琉球のいわゆる所属問題・帰属問題が議論され始めている事に注目しておく必要がある。

この点について詳しくはお話し出来ませんが、アヘン戦争後の琉球処分論がどういう特徴を持っていたかという視点から若干検討しておきたい。

まずアヘン戦争の後、欧米各国が一斉に琉球にやってきて、開国を要求します。同時に、キリスト教の布教と自由貿易を要求しますが、その初っ端にやって来たのがフランスでした。フランスはフォルカードという宣教師を送り込んで、かなり長期的な展望で琉球にアクセスし、条約の締結を迫る。一八四〇年代のことです。

その時期、幕府の周辺にいた、御三家の一人、徳川斉昭（水戸斉昭）は当初、こう献言する。「私、斉昭が幕府の四人の閣老の一人であったならば、幕府から薩摩へ命令を下し、また私が薩摩藩主であったならば、幕府へ願い出て即刻琉球を日本へ併合する措置を取る。目下、アヘン戦争でイギリスに敗北した清国には琉球へ援軍を出す余力はなく、イギリスやフランスが清国の命令だと言って、琉球を懐柔するかも知れないので、それさえ防御できれば、今、琉球を併合するのに何の問題もないと考える」。要するに、琉球の即時併合論、即時琉球処分論です。それから一週間後か、十日ぐらい後になって、フランスが現実に琉球を取ってしまう可能性があるという情報を手に入れた斉昭は、今度はどう言うかというと、フランスが琉球を奪い取ろうとした場合、幕府は薩摩に命じて薩摩軍を大挙琉球に派遣して、そこでフランスと一大血戦をやる。そして大量の血を流させる。そうする事によって、フランスはこの小さな琉球国を攻め取るのにさえ、大量の血を流さなきゃあいかんから、日本国に押し寄せて、開国を迫れば、もっと多くの血を流す事になるという教訓を、フランスに与えられる、だから今琉球でフランスと血戦を行うべきだという、琉球血戦論を提案する。思えばちょうど百年後の一九四五年に、あの凄惨極まりない「鉄の暴風」、沖縄戦が展開されましたが、その原型戦略を斉昭が提案している事にぞっとします。

さすがに当時、幕府と薩摩は、斉昭の提案を採用しない。これをつっぱねる。薩摩の側はフランスの要求にどのように対応しようとしたのか、五代秀尭《ごだいひであき》の琉球処分論がその代表例です。秀尭は薩摩藩の藩主、島津斉興《なりおき》の側近の一人でした。江戸幕府の手前、薩摩藩から何人かの守護、防衛隊を琉球に派遣する事になった時、彼が与えたマニュアル、『琉球秘策』という一冊のパンフレットですが、その『琉球秘策』の中で、どういう事を書いているか、フランスへの対処法は三つあると言う*7。

一つはフランスと血戦する、「戦《せん》」つまり戦うという選択肢です。もう一つは「絶《ぜつ》」、これは貿易を謝絶する、貿易を断るという選択肢。で、貿易をどうしても断れない時には、「和《わ》」つまり開国、和平ですね、これが必要だという。

この三つの選択肢がある。「戦」「絶」「和」。じゃあ五代秀尭はどっちの選択肢を選ぶべきと言っているか、彼自身は「戦」は絶対ダメなんです、戦いに持ち込めば一挙に首里城は陥落しちゃう、そんな事は無謀だ。「絶」だと、貿易を断る、しかしどうしてもこれを断れないという段階になったら開国、「和」という形で講和条約を結んで貿易をやる。

この三つの選択肢のうち何が一番良いかというと、五代秀尭の立場・薩摩の立場は「和」です。琉球を開国する選択肢を提案するんです。この背後には、薩摩藩や江戸幕府の異なる思惑があって、薩摩藩にとって琉球をどういう形で利用するのが一番価値があるか、最善策は何かという視点から、五代秀尭は琉球を開国して、琉球は異国と位置付け、江戸幕府に隠れて琉球を拠点にして大々的な対外貿易をやろうという方向を目指している、これが薩摩の戦略です。

この戦略はまもなく藩主となった島津斉 彬《なりあきら》に継承されますが、当時の五代秀尭はどういう観点からそういう選択肢を提案しているかという事を、史料で紹介します。五代秀尭が「こういう風に訊かれたら、こういう風に応えろ」と、客人との問答という形のマニュアルを書いています。

「対《こたえ》テ曰《いわく》、是、余カ深謀遠略ニ出ルナリ」、自分が「和」の選択肢を取るのには深謀遠略があるんだ、

「琉球ハ我兼領ノ地ナリト云ヘトモ、表向唐土ヨリ封爵ノ国ナレハ」、琉球は清国から冊封を受けている国だから、「皇国封域ノ内トハ名義異ナリ」、日本国の中の一部とは名義上異なって、「我藩ニ」、つまり薩摩藩に「附庸タルハ日本国中迄ノ事也」、琉球が薩摩の附庸国であるというのは日本国内だけで通用する論理だ、と言う。つまり、日琉関係というのは対外的に隠蔽されている。しかも琉球は清国から冊封を受けているから、国際的には清国の藩属国の一つ、一国家として認知されており、琉球が薩摩の附庸だというのは「日本国中までの事なり」、日本国内だけで通用するもので対外的な論理としては有効でない、と言っている。そういう観点から言えば、琉球が幕藩制から切り離されたって、それは徳川幕府にとって何の傷にもならない、幕藩制初期以来の「鎖国」の国是に反する事にはならない、だからこの際、琉球を切り離して幕藩制の外に置いて、秘かに薩摩の貿易拠点として使える。そういう思惑から、具体的に彼は運天港や宮古・八重山等に貿易港を設ける事さえ考える。水戸斉昭の血戦論とは対極の位置にある。水戸斉昭は琉球血戦論だが、五代秀尭は琉球を開国して、秘かに外国貿易の拠点として利用するという考え方です。

そういう議論が始まった一八四〇年代以後、一八五〇年代にペリーが日本にやってきて、具体的に条約の締結を要求する。その時、幕府はどういう対応をしたのか。ペリーの要求に対して、どのように対処するかという問題をめぐって、当時の幕府の筆頭老中だった阿部正弘は、関係部門に対して、「自分はこう考えるけれども、みんなはどう考えるか?」と、琉球の位置付けとペリーへの対処策を諮問《しもん》しています。その中で、阿部正弘自身は琉球を日清の「両属国」として位置付けながら、ペリーに対しては、自分の胸の内は明かさないという対処法を示している。そういう視点で阿部正弘は関係部門に諮問するが、各関係部門はどのように答申したか。

林大学頭《はやしだいがくのかみ》、林復斎《はやしふくさい》という江戸幕府の文科大臣にあたる人物です。彼はなんと言ったかというと、「ペリーが両属なんて国際法の下では許されない、どっちかに決めろと言ってきたら、最終的には琉球は唐土である、と言うべきだと提案する。それに対して、井戸石見頭《いどいわのかみ》等の海防係の方は、「いや、やはり琉球は『(日清)両国随従の国』と主張すべきだ」と答申、その他、勘定奉行の川路らは自分らでは決めかねるから、直接琉球の管轄を担当している薩摩藩の斉彬に聞けばよい、と言って薩摩藩に丸投げする答申も寄せられる。

島津斉彬はどういう対応を示したか、彼は非常に慎重です。この時期に自分の意見をはっきり言わない。むしろ琉球がどう考えているかが大事だと、琉球の意向を聞かなければいけないと言う。内心では、琉球を開国して貿易の拠点として活用したい思惑もあるが、この件について明確な意見は言わない。「琉球の意向を尊重すべし」と回答するわけです。ところが、対外関係についての琉球の対応策は、もちろん、いかにして「現状維持」を図るかという視点に立って打ち出していますから、琉球側がどのような選択肢を提示するかは、斉彬にとって想定の範囲内であったと言えますが、薩摩藩にとっても非常に重要な問題になってくる。

一八五〇年代後半に入ると、これまで本音を示さなかった斉彬は、琉球を拠点とした外国貿易を大々的に展開するために、琉球への内政干渉とも言うべきいわゆる「安政の琉球処分」に乗り出してくる。その時、斉彬に協力した人たちが琉球の側にもいた。その一人が牧志朝忠《まきしちょうちゅう》という人物です。彼は当時通訳を勤めていて、職務上様々の海外情報に通じていた。例えば、「清国が今どうなっているか?」という事についても、「だいぶ弱っている。香港あたりもイギリスに取られちゃった」という情報もみんな知っている。だから、彼は「もう清国に頼っていてもダメだ、薩摩を後ろ盾にする外はない」という考え方に行き着く。つまり、お国元の薩摩の威光を借りて、琉球国を全うするという主張を展開するわけです。欧米の圧力が強まる中で、琉球の独立を維持するためには薩摩の後ろ盾が必要だという考え方です。これは琉球を薩摩にそのまま併合するというものではない。あくまでも琉球の国家的独立をどうやって維持するかという視点から、薩摩の威光に頼るという、いわば日本「専属」論です。「両属」から「専属」へ、これが牧志とそのグループの思惑であった事に注目する必要があります。

　ところが、琉球指導層の大多数はどうだったか、日清の「両属」を国是としているんです。明治期から昭和前半期に、伊波普猷《いはふゆう》、東恩納寛惇《ひがしおんなかんじゅん》と共に琉球・沖縄史研究を牽引した真境名安興《まじきなあんこう》という研究者がいますが、斉彬の「安政の琉球処分」の当時、琉球の内部から日本との統一、つまり琉球を日本へ併合すべきだと主張した人物が現れた事例として、真境名安興は林文海（城間《ぐすくま》親方）という人の意見を紹介しています。真境名安興はこう言っている。林文海が「支那と朝貢を絶ちて、我本土と併合統一せらるべきことを論断して曰く」と言って、城間親方の書簡の一節を引用しています。ところが、書簡の内容をよく読んでみると、これは日本本土と併合統一というような事では全くない。それなのに、真境名安興によれば、「林文海は清国の属国安南国（ベトナム）等の末路を見て、琉球の運命を予測し、琉球は清国との関係を断絶して日本と併合統一すべきことを論じていた」と言い、林文海の書簡の一節をその証拠として紹介しています。その文言を読んでみると＊8、「我国微弱にして」、つまり琉球国は微弱にして、「謀を失い」、国家の将来計画を台無しにしてしまい、「終に呂宋《るそん》、安南と、事弊《じへい》相同じきことを深く恐る」、最後にフィリピンやベトナムと同様に衰頽してしまうのではないかと恐れるばかりだ。要するに、「異端を退りぞけて正学を崇《たつと》ぶこと能《あた》はざれば、後ち威勢の制する所と為り、尤《とが》めを日本に招き、貢を天朝に絶ち、社稷《しゃしょく》保ち難し、といへり」と言うわけですが、この林文海の主張は、異端のキリスト教を退けて、正学つまり儒学を尊ぶ事ができなければ、やがて「威勢」、つまり欧米列強の威力等に征せられる、そうなると、「尤《とが》めを日本に招き」、日本から罪を問われ、「貢を天朝に絶ちて」、清朝からは進貢を絶ち切られ、やがて「社稷保ち難し」、琉球という国家は存続できなくなると主張し、だから異端キリスト教を退けて正学を学ぶ事が大事だと強調している。

これがこの一節の正確な意味ですが、真境名安興は何をどう取り違えたのか、これを全く正反対に、林文海は日本との併合統一を主張した人物だと紹介した。残念ながら、この大いなる誤解・誤読をそのまま受け売りした安良城盛昭さんも、林文海を日本との「併合統一」論者として紹介する事になって、「一犬《いっけん》虚に吠ゆれば万犬《ばんけん》実を伝う」(一人の先駆者が虚言を言うと、多くの人々がそれを真実として伝える)ような事態を現出してしまった。残念ながら、「安政の琉球処分」当時、琉球の内部に自ら主体的に日本との併合統一を主張する潮流は存在しなかったという事実を、きちんと押さえておかなきゃなりません。

これは当時の琉球が自分をどういう風に認識していたか、琉球の自己意識がどうであったかという論点に連動します。琉球の自己意識を無視した形で琉球処分が行われたとすれば、そこにはその正当性が問われる問題をかなり含んでいるという事にならざるを得ない。

さて、そういう問題を抱えながら琉球処分が行われた。琉球の「内国化」の過程、つまり明治政府が琉球をどのように日本国の中に取り込んでいくかという歴史過程において、松田道之《まつだみちゆき》という琉球処分官と琉球当局との間で様々の議論が行われますが、松田は巧妙なテクニックを使って琉球を丸め込むことにやっきになる。明治政府による尚泰冊封の時点で、副島種臣《そえじまたねおみ》外務卿等は「琉球の地位はそのまま変わらない」と約束した。にもかかわらず、その約束*9は次の松田道之によって簡単に反故にされます*10。その結果、一八七九年四月、琉球王国は消滅する。ですが、これで問題は一件落着したかというと、そういうわけにはいかない。明治政府の琉球処分は正当だと国際的に認定されたわけではなかったからです。だから、アメリカ前大統領のグラントが仲介に乗り出して、中国と日本との間で調停役を担い、そこで再び沖縄問題についての日清交渉が水面下で、あるいは正式交渉を通して続けられていく事になりますが、その前後に、清国側がどういう対応をしたかという問題に注目したいと思います。

まず、清国側の廃琉置県に対する「抗議書翰」*11という史料を紹介します。沖縄県が設置された後、清国側から明治政府へ幾度も抗議が繰り返されますが、それに対して明治政府の外務省からも反論が行われる。清国側は第一回目の抗議書翰の中で、琉球について、属邦であると同時に自主の国であるという位置付け方をした。「夫《そ》れ冊封を頒《わか》ちて職貢《しょくこう》を受くる者は属邦の実なり。政教禁令もて遥制《ようせい》を為さざる者は、自《おのずか》ら一国たるの実なり」。

つまり、冊封を受けている限りでは属国である。しかし清国から一切内政干渉を受けなかった点では自主の国だ、と言う。属国であると同時に自主の国である事は両立する。この考え方を清国側は公式に表明している。そして、第二回目の抗議書翰では、「琉球は清国にも属するが日本にも属する」と言い、ここで初めて「両属」という事実を認めた。いわゆる琉球処分、廃琉置県の直後の事です。中国が琉球を日清の「両属」と公式に認めた外交文書というのは初めてここに出てくる。この「両属の国」であった琉球を、清国になんの相談もなしに一方的に処分するのは不当だというのが中国側の抗議の理由です。しかもその時、中国の外務省に当たる総理衙門《がもん》は日本との国交条約を結んだばかりだと言って、琉球問題で国交を破綻させるつもりは全くないとはっきり公言している。「惟《た》だ隣誼《りんぎ》を以て論ずれば、中国と貴国」、つまり中国と日本は「実に唇歯《しんし》相い依《よ》るの勢いあり」、歯と唇の間の関係のように密接である。「区々《くく》たる琉球、何ぞ軽重に関わらんや」、こんなちっぽけな琉球の問題が日清の重要な問題を左右することはない、「必ず此に因《よ》りて邦交を失うに至るは、亦《また》殊に計に非ざるなり」、琉球問題で日清国交断絶という事態になるのは得策ではない、と言う。清国側の対応はあくまでも外交交渉のルートを通して琉球問題を解決する事を前提としていた。

では、清国側は琉球問題をどのように解決しようとしたか。グラントの仲介による日清外交交渉の中で、清国側はどういう主張を展開したのかという事が、重要な論点になります。次の史料は、李鴻章《りこうしょう》という当時の中国の最高実力者と、明治政府が派遣した政府の意向を代表するエージェントだった竹添進一郎、両者が会談した筆談記録の一節です*12。

一八八〇年三月二十六日に行われた会談の中で、琉球問題が議論されています。その時、竹添は日本が清国で欧米列強と同等の権利を得る、通商貿易を清国側が日本に認める代償として、琉球の宮古・八重山を清国に割譲するという提案をした。つまり日清修好条規の改定によって日本は欧米並みの利権を得る、琉球を分割して宮古・八重山を清国へ譲渡し、日清の国境線を画定する。この二つをリンクさせるという提案を行った。

この提案に対して、李鴻章がどのように答えたか、これが重要な論点になります。返答の中では台湾事件等についても色々と議論されていて、李鴻章はあくまでも台湾事件の決着として結ばれた日清議定書の中には「日本国属民等」と書いてあって琉球人とは書いてない、議定書の中に「並《た》えて未だ琉球人を指明せず」、つまり琉球人と書いていないと指摘し、さらに彼はしきりに中国が琉球人を日本人とみなす事はありえないと強調します。

他方で、琉球分割と日清条約改定というこの二つをリンクさせた竹添の提案についても、李鴻章は否定的な反応を示しますが、李鴻章の返答を受けて竹添はさらにこう言い返す。

台湾事件については、確かに「未だ琉人を指明せずとは誠に大教の如く然り」、議定書の中に琉球人という固有名詞がない事は仰る通りだ、ですが琉球分割の提案については、こう言う。「中土は僅かに不毛の地を棄てて以て之を俄《が》に与う」、「俄」というのはロシアです。ロシアと中国との間でも、ちょうど琉球処分が起こっていた同じ時期、「伊犂《いり》問題」という国境紛争が起こっている、その伊犂地方に駐在するロシア軍を撤兵させるために、清国は相当譲歩して領土をかなりロシアに譲った。その時、ロシアとの条約を結んだ人物は崇公《すうこう》といいますが、崇公は国に帰ってただちに逮捕され、死刑判決を受ける事になった。

それを捉えて竹添は、僅かな土地を割いただけで中国は崇公を死罪にしたではないか、日本の場合も同じだと言う。我が国つまり日本が、「琉球を割きて疆域《きょういき》を定むるに至っては」、琉球を分割して国境を決めるとすれば、全国の激論を招く、日本全国から批判の声が噴出する。にもかかわらず、「今、両国の交誼《こうぎ》を重んずるが為め」、私つまり竹添は日清両国の友好を重んずるがため、「奮然として此の策に出づ」、つまり勇気を振るって琉球の分割という提案をやっているんだ、自分も批判を受ける覚悟で申し出るのだから、それを受けたらどうかと言う。

このような竹添の「説明」に対して、李鴻章は即座に「伊犂と琉球はまた当に別論すべし」、伊犂問題と琉球問題は全く別問題だと言い、「伊犂は久しく我が属に隷し」、伊犂地方というのは中国の領土に属するから、「未だ土を割きて和を議するに便ならず」、領土を割譲して講和するのは不都合だ、と指摘しながら、さらに「琉球は自ら一邦たれば中土に非らず、また日土にも非らず」と強調している。つまり、琉球は一つの国家であって、中国の一部ではない、日本の一部でもない、今論議すべきは琉球国の主権を回復するかどうか、これが問題なのだ。領土の割譲という問題ではない。だから、伊犂と琉球というのは全く別問題なのだ、と言う。

領土割譲の問題が伊犂の問題。主権の回復が琉球の問題。そういう風に反論している。この時点では、清国側はあくまでも、琉球の主権の回復を論題、協議の一つとしてテーブルに載せるという事を目指していました。

ところが、それから数ヶ月後の、八月から十月までの二ヶ月間、北京で行われた正式の日清外交交渉の中で、日本側が提案した琉球分割条約、宮古・八重山を清国へ、沖縄本島以北を日本へ属させ、それと引き換えに日本は清国の中で内地通商権、経済的利権を手に入れることを取り決めた「琉球処分条約」（琉球分割条約）が合意・締結され、十日後に調印、三ヶ月後に批准書交換という約束までやったわけです。

この条約の第一義的意義は琉球分割によって日清の国境を画定する事にあったという意味で、私は「琉球分割条約」という用語を使用しています。

合意、締結された「琉球分割条約」は、結局のところ、調印される事なく、歴史の底流に埋もれてしまいます。何故、調印されなかったのか？　これが重要な論点の一つです。その当時、北京に滞在していた亡命琉球人（未だに「脱清人」と言う警察用語を使う人もいますが）、その代表的人物の林世功《りんせいこう》(名城里之《なしろさとぬ》子親雲上《しぺーちん》)あるいは向徳宏《しょうとくこう》（幸地朝常《こうちちょうじょう》）が清国当局に対して断固たる反対の意思表示を続けていた。林世功の場合は条約調印に抗議し、調印を思いとどまらせるために、決死の請願書を遺して自決している。向徳宏の断固たる調印反対請願や林世功の抗議自決事件は、清国側当局に非常に大きなショックを与えた。さすがに清国はおいそれとは調印するわけにはいかなくなったわけです。清国内部で大規模な調印可否論争が起こって、一八八一年の三月に、清国皇帝から「もういっぺん交渉をやり直せ」という命令が下って、一旦条約は廃案となりますが、一八八一年三月以降も、清国と日本の間では、琉球問題を解決するための水面下の再交渉が始まり、日本側は解決するとしたら分割条約以外ないんだと強調し、清国側も結局は何らかの手直しをして、宮古・八重山に久米島あたりを加えるとか、そういう手直しをして、分割条約を復活させる方向に傾いていった。その情報を入手した琉球側の指導層は、最後の三司官(琉球の国政を司る三人の宰相)の一人だった毛鳳来《もうほうらい》（富川盛奎《とみかわせいけい》）を急遽北京へ派遣して、琉球の全面返還を訴えさせる、毛鳳来は秘かに清国へ亡命して琉球分割条約に断固反対の意思を訴え続けます。

清国側も属国として位置付けてきた琉球から反対、断固反対だという意思表示があるにもかかわらず、調印するわけにはいかないんです。冊封の「理念」が重要な意味を持つというのはそこなんです。あくまでも宗主国は属国を護る立場に立たなければならない。これがつまり冊封の原則的理念なんです。だから、琉球の同意を得なければ調印できない。こういう清国の立場は伝統的な冊封理念に基づいているわけです、これが当時の清国外交の理念。

清国の中でも近代的な外交理念に移行する動きはあって、琉球は独立させた方が良いと主張する論者も出ている。

日本の中でも、たとえば自由民権派の植木枝盛などが「琉球は独立せしむべし」という有名な論文を書いている。同時期に、清国の外交官で英仏公使を勤めた郭嵩燾《かくすうとう》という人物も、国際的な保障のもとで琉球を独立させるべきだという提案をしている。もちろん、彼らは国内の少数派で、その提案は採用される事なく歴史の底流に埋《うず》もれてしまうわけですが、そういう提案、言論があったという事に注目して頂きたい。

この琉球処分の問題が今日の尖閣の問題とどう関わってくるのか、これからの勉強会で色々な角度から検討されると思いますので、これまでの研究で明らかになっている事実をベースにして、明治政府の尖閣領有過程の概略を年表[*13]にまとめておきました。これを参照して頂きたいと思います。

残り時間も僅かですので、最後に今日の講演の内容を総括しながら、「暫定的な結論」を提示して、締めたいと思います。

第一に、廃琉置県以前の中琉関係史において、尖閣諸島は琉球の那覇と中国の福州を往来する冊封使船や進貢船などの航路の標識として中琉双方に認識され、双方の境界に位置する無主地の無人島として、その周辺の漁場と共に双方の生活圏内にあったという事。もう少し踏み込んで言うと、これは中国側の領有という事ではないし、琉球側も領有という意識は持っていないという事。どっちの領域でもないけれども、どっち側にも共用の航路標識として位置づけられていたと言えるのではないか。

第二に、江戸幕府や薩摩藩は対外的には琉球国を「両属国」「隣国」と位置付けていた事。五代秀尭の提案に見られるように、琉球はあくまでも「隣国」です。近代以降になって、明治政府が琉球王国を対馬藩と同様の「純然たる日本国内の一藩」とみなした事。江戸幕府や薩摩藩が「両属国」「隣国」と位置付けたのに対して、明治政府は対馬藩と同様、「純然たる日本国内の一藩」とみなす立場から、琉球側の懸命の抵抗を押し切って琉球処分（廃琉置県）を断行し、これを「内政問題」として処理しようとしたものの、処理しきれない事から、「外交問題」として位置付け直さなければならなかった点に注目したい。

第三に、清国政府は廃琉置県の直後に、琉球を「属国にして一自主国」とみなしながら、同時に「日本にも属し中国にも属する」という立場から、はじめて琉球の「両属」を公式に認めた事。以前は琉球王国は清国の「専属」だと主張していたが、初めて琉球の「日清両属」を公式に認めた上で、明治政府の一方的な廃琉置県に抗議し、改めて琉球の「主権回復」を要求した事。李鴻章などは「琉球は中土でもない、日土でもない、一自主国である」、あるいは「数千年来の自主国」という風に言っている点に注目したい。

第四に、外交交渉において、清国側は琉球の「主権回復」を論点に挙げながら、最終的には日本側提案の琉球二分割案で条約に合意し、調印を約束したものの、在清琉球人の断固たる反対請願（調印阻止運動）によって、分割条約は一旦廃案に追い込まれ、日清戦争前まで続けられた分割条約の復活交渉も、琉球人の阻止運動（救国運動）によって頓挫させられた事を強調したい。

第五に廃琉置県後の尖閣諸島については、古賀辰四郎や沖縄県が探険調査を繰り返し、政府に領有確定を要請したものの、政府は琉球分割問題の未決着を配慮して要請に応じず、日清戦争の勝敗がほぼ決定した時点で領有を閣議決定、日清講和条約の中でも尖閣諸島には全く言及されず、この時点で尖閣諸島は日本領土に編入された、国際法的にはそう言えるだろうとは思いますけれども、歴史的経緯から見れば尖閣諸島は日本の「固有の領土」、あるいは中国の「固有の領土」だとはとても言えない事、「固有の領土」論に固執すれば、尖閣問題の解決の道筋は見えてこない事を強調したい。

ただ、尖閣問題は言うまでもなく、歴史的な側面、国際法的な側面以外にも、自然環境や資源管理・開発の側面など、色々な角度から議論すべき多くの問題を包括していますので、今日の私の報告（講演）の

「結論」は、あくまでも「暫定的結論」に過ぎない事をお断りしておきたいと思います。

かなり大急ぎで強引にまとめてしまいましたけれども、色んな疑問あるいは質問もあるかと思いますので、答え得る範囲で答えたいと思っています。以上です。ご清聴ありがとうございました。

＊1【講演史料】冊封使来琉関係年表参照

＊2【講演史料】図録参照

＊3【講演史料】③中国地方当局の琉球認識の一例参照

＊4【講演史料】①陳侃『使琉球録』(一五三四年)の「使事紀略」の記述参照

＊5【講演史料】①陳侃『使琉球録』(一五三四年)の「使事紀略」の記述参照

＊6【講演史料】②趙新『続琉球国志略』「針路」の記述参照

＊7【講演史料】⑤五代秀尭『琉球秘策』における琉球処分論参照

＊8【講演史料】⑥林文海(城間親方)の時勢認識と選択肢参照

＊9【講演史料】⑦副島の「国体政体永久に替わらず」との約束を再確認する書翰参照

＊10【講演史料】⑧松田処分官の「琉球藩処分案」参照

＊11【講演史料】⑨清国側の廃琉置県に対する「抗議書翰」参照

＊12【講演史料】⑩⑨日清予備交渉(李鴻章・竹添進一郎会談)における主要論点参照

＊13【講演史料】尖閣諸島関係年表参照

質疑応答

質問者①（嶺井）　『季刊沖縄』の六十三号という資料の中に一八七三年の『台湾水路誌』が紹介されていて、翌一八七四年に、日本の軍隊が台湾に派兵して戦争状態というか、清の方も戦争の準備をする寸前までいった事があります。この一八七三年に既に今尖閣諸島と言われている島々の測量をやっている。当時の海軍大佐（柳楢悦）、水路問題の責任者が英国版の支那海路誌を基にまとめたものです。

私はその時から既に台湾攻撃の為に尖閣列島を利用する腹構えがあったんじゃないか、同時に一八八六年頃の『申報《しんほう》』という中国の新聞にも、「最近日本では島嶼、島々をかなり測量していてどうもキナ臭い（台湾警信）」と、当時巨文島という朝鮮半島のすぐ近くにある島をイギリス軍が占領してのちに返還するんですが、その動きを見て日本は慌てて島々を測量し始める。つまり日清戦争の準備をしているんじゃないかというような事が書いてある。

それから一八九〇年、一九〇〇年には、山県有朋が国会で、「今までは日本を防衛するという事だったけど、これからは朝鮮半島などを目指して、日本の国家の利益を守るためにやらなきゃいけない」と言って、そのまま日清戦争に入っていますから、その意味では既に一八七三年頃から日清戦争の準備というか、台湾との戦争があって、それとの関連で尖閣列島の調査や測量などもやっている。この資料をどうご覧になるかという事。

もう一つ、明清中国と琉球王国との境目についてです。冊封船とか、進貢船などが通過する時に島の名前を覚えるだけでなく、『中山伝信録』あるいは汪楫の『使琉球雑録』の中には、はっきり「界」という字が使われている。この意味は元々田んぼと田んぼの間の境界線、つまり所有者がいたらその間を区分するという意味で漢字の「界」があったそうです。『歴代宝案』に、北山(琉球)が奄美大島(日本)を取った時に、これが日本国と琉球との間の境だと「界山」と書いてある。

だから国と国の領土の境を表すのに、この「界」という文字が使われていると理解したら、中山伝信録や使琉球雑録では、赤尾嶼と久米島の間を境目にするという認識があったと思うんです。

西里　一八七三年の台湾水路誌の件ですが、やはりイギリスの調査報告を土台にした記録ですね。これはイギリス海軍のベルチャー艦長(サマラン号)が指揮した調査である、と言うのはアヘン戦争の直後、一八四三年から五年にかけて、ベルチャーはアヘン戦争に参加した人物ですが、彼の船団が琉球列島を含む海域、中国沿岸を含む海域の調査をやっている。その時の調査記録がかなり使われているという事ですね。アヘン戦争の直後からイギリスはすでに琉球を戦略的位置という視点から相当重視して、何回も調査船を派遣し、その成果を公刊した。それを日本の海軍が利用している。確かに台湾事件が一八七四年ですから、その前に水路誌が出ている事から言えば日本も相当の関心をその時期から持っていた。ただ、日清戦争を想定した準備活動の一環と見ることは、あまりにも飛躍しすぎるのではないでしょうか。

それから「界」をどう理解するかという話ですが、これは前近代において、そういう「境界」とか「界域」というのは近代の国境のように線で引かれるのではなく、相当な幅を持った、領域、海域という理解が必要だと私は思います。確かに隔てる、という意味の「界」でもあるわけですから、こっちからここまではA、ここはBという、その境目ですが、今日で言う国境とは少し違うという理解が必要だと思います。つまり国境というとすぐに主権とか国権とか領域とか、そんな観念が入り込んでくるが、そうではなくて、やはり航海上の必要性から生じた、「界」である、と理解する必要があるのではないかという事です。

質問者②(城間)　先生の暫定的結論で、周辺の漁場と共に双方の生活圏内にあったとありますが、漁場と漁民との関係で言うと、廃琉置県の時点でそれほどに沖縄あるいは台湾の人たちが、尖閣を本当に漁場として生活圏の中に位置付けて往来をし、やれるような状況にあったのか？という事をお聞きしたい。これは発動機と言いますか、帆船の時代との関係で、どういう状況にあったかちょっとわからないので確認をしたいです。

それから私たちは尖閣列島問題で、今にも戦争をしないといけない、という状況に追い込まれていますが、本当に今先生が言われた生活圏との関係において、台湾とか、向こうの人たちが廃藩置県から現在までの間にどのように尖閣を見ていたのか、一般の人や漁民の人たちが見ているかというと、その辺はある意味で全く知らないんです。たまに台湾・中国から問題になるように（抗議の船などが）来て、ガタガタするんですが、台湾や中国の人たちが、この問題を生活という意味において、本当はどう見ているか？これを知りたい、ずっと前から思ってます。

新崎　双方の生活圏内にあったというのはどういう事か、船とか動力といった問題もある中で、どういう状況にあったのかというご質問だと思います。台湾の方面に関しては、西里先生がお答えできる範囲でお答えいただき、会場に何か関係の方がいたら補足して頂きたいと思います。

西里　まあ漁場としてどの程度使われていたかというと、資料的に確認していくような事は、私もまだちゃんとやっていないので答えられません。ただ琉球列島の中での漁民の行動範囲を考えると、糸満漁民や久高漁民は相当広範囲の海域で漁業活動を展開していたようですので、尖閣諸島あたりまで往来する事は可能だったのではないでしょうか。ただ、具体的な資料で確認していないので今は何とも言えませんが、航路標識として利用していた事は色々な資料で確認できます。その限りでは、琉球側の生活圏域だったと言えると思います。あるいは「釣魚」にしろ「魚釣」にしろ、やっぱり名称自体の持つイメージというものがどこから出てきたかという事も、一つの手がかりになると思いますけど、正直に言って私もよくわからない、というのが現状です。これからの課題にしたいと思います。廃琉置県以後の台湾側の認識については、他の方に話して頂いた方が良いと思います。

新崎　今の生活圏云々の問題。それから時代毎の、技術的能力の範囲内でどういう生活圏であったかという問題。これは今後の課題としたいと思います。それから台湾からどう見えるかという事についても同様ですけど、これについても発表いただける方を探したいと考えております。特に近代になって日清戦争以後、台湾と先島の間に国境が無くなる。そうすると非常に入り乱れた関係になっている事は間違いないので、この辺も整理していずれ取り上げたい。そこで、今この会場の中でそういう事だったら私がこういう事を知っている、補足的にでも発言したい方がいたら、是非お願いしたい。はい、どうぞ。

質問者③（栗野）　沖縄史を勉強しています。今日のお話を聞いていて自分の勉強不足を痛感させられて非常にためになりました。ただやっぱり今日は尖閣諸島という題なので、できれば尖閣問題をもう少し詳しくお聞きしたかった。それで一つだけ気になった所、小さな事ですけど、もしかしたら大きな事に繋がらないかと思っています。先生が用意された講演史料の趙新『続琉球国志略』の記述ですが、読み下しの最後の方で「釣魚山を過り、久場島を過ぎる」、そのあとに、「久米赤島を過ぎる」、という所が出てきます。

僕は原田禹雄《はらだのぶお》さんの記述を読んだだけの付け焼刃ですが、中国側の資料、冊封使録などでは、中国側の名称は釣魚嶼、赤尾嶼、黄毛嶼ですね。ところが趙新は久場島とか久米赤島という琉球側の呼び名を採用している。なぜ久米赤島という名称なのか、これは久米島の隣にあるから久米赤島だという話があって、そうするとちょっと飛躍しますけど、現在尖閣諸島と言われる島々を当時の、近世以降の琉球の人たちがどういう風に考え呼び続けていたかという、要するに琉球の中の認識です。たとえば最近の新崎先生の琉球新報の記事の中で、「沖縄の圧倒的な人々が、尖閣諸島は沖縄、もっと現実的に言えば石垣に属していると確信している」という文章がありますが、久米島に属するという考え方はないのか。その辺の事について、何かヒントでも良いですので知りたいんです。

久米島と隣りあった島で久米赤島と呼んでいたり、久場島も「イーグンクバジマ＊」と琉球では呼び方がある。ですが当時は無人島なわけで、琉球側が生活圏として利用していたとしても、今で言うどこに所属するという意識とは別の向き合い方があったのではないか。それが現在の問題を考える時にヒントになればと思います。その歴史の呼び名に関して、何かありましたらお聞きしたい。

＊（編者註）尖閣諸島の通称だと言われる。他にも、ヨコン、ユクン、イーグン、イグン、魚根、阿根などある。しかしこの場合は魚釣島南北小島を指して言う場合が多い印象、おそらく限られた資料の中から推測を深めるしかなく、簡単に断定できない。

西里　クバというのはビロウの事です。我々が子どもの頃まで、井戸水を汲む時に釣瓶にして使ったり、扇子にしたり、色々な使い方があって、生活に必要な植物だった、そのビロウを連想させる久場島は、やはり沖縄の名称だと思います。

また久米島と久米赤島との地理的位置から言って、中国側の赤尾嶼という名称は沖縄側の言う久米赤島を指している事は間違いないと思いますが、近代になって、八重山の行政管轄に含まれる事になった経緯については、行政当局の要請があったからなのか、よくわかりません。八重山では、尖閣諸島を総称して「イーグンクバジマ」という言い方もありますね。

沖縄側の名称自体も一定しているわけではなく、「尖閣」というのもそもそもベルチャーが調査した時点で、ピナクルアイランドと呼んだ。それは北小島・南小島を合わせて「ピナクル」であって、魚釣島自体はホアピンスと名付けていますが、後に黒岩恒が総称して「尖閣列島」と名付けた事から、日本側の名称となった事はご存じの通りです。日本側で使っている「魚釣島」の名称がいつ頃どのような経緯で使用されるようになったのかも、はっきりとはわかりません。島々の名称は必ずしも定着していたわけではないようですので、その点も含めて、これから一つ一つ丹念に検討すべき課題だと思います。

新崎　基本的に、今日の一回でこの問題を解決させるつもりはありません。

今どこの固有の領土かという話が出ていますが、固有の領土ってのは一体なんなんでしょう？　非常に曖昧な言い方なんです。たとえば日本は、北方領土、竹島、尖閣が固有の領土だと言っているが、それがどういう意味なのかというのは、実ははっきりしていない。少なくとも近代国家が登場してきて固有の領土とか国境とかになって出て来たわけです。それで近代国家の登場というのは、それこそ琉球処分の時期か、あるいはロシアと日本が北方で国境線の交渉をし始めた時とか、そういう頃からです。その中で、そこに住んでいた人間はどう考えたのか、先ほどの「生活圏」の問題と関係しています。そういう意味ではまさに、沖縄・琉球の人間がこの辺をどう理解していたのか。これは国家の論理と離れて発言する必要がある。そういうような多面的なところから見ていきたいと思っています。

質問者⑤（宮城弘岩）　ちょうど台湾で尖閣列島問題が出た時、エカフェが発表した時期、石油が出るとかいう話が出た時に、私、台湾に学生としていました。

新崎　それは何歳の時ですか？　あと年代も。

質問者⑤　一九六八年です。台湾大学の図書館で、あの時に清の時代の書籍等を読んでいて、ちょっとわからない箇所が出てきた。何かというと、中国側の「琉球」は、呂宋もそうですけど、大体今で言うラインじゃなくてゾーンなんですね、大体呂宋島からあの辺り、琉球とはこの辺り、そして「琉球」というのはもっと、モンゴルの近くにも「琉球」があって、そこも「琉球」と言う。要するに日本人が考える「琉球」と中国人が考えている「琉球」は全く違う。そして台湾の研究者の論文などを読んでいますと、尖閣諸島というのは、琉球のものではあるけど沖縄のものではないという話になる。

それから先ほど話された、「界」これもいわゆるラインではなくてゾーンであるという捉え方が向こうにある。それからちょうど問題が起こった時、一年以内に向こうの小学校、中学校で使っていたテキスト、全ての教科書は、当時琉球に入っていた尖閣諸島が、全部中華民国の所管に入るような教科書に変わってしまった。これは意図的だったと思います。それで私は（教科書を）全部集めてあります。以上です。

新崎　はい、それでは今日のところはこれぐらいにしたいと思います。先ほどから話に出てきている六八年ぐらい、つまりいわゆるエカフェが海底油田が存在する可能性があるとした辺りから、具体的な領有権に関する主張が出てくる事は間違いない。そこから（問題が）始まっているのに、歴史を遡って、どちらの固有の領土だというところで日本が領土に編入したという一八九五年が出てきて、一八九五年はどこに繋がっているのかというと、琉球処分や分島改約問題というところで繋がって、更に明や清の時代にまで繋がって、色々な主張が出てきたりする。

こういう議論の最初は、井上清さん（『尖閣列島　釣魚諸島の史的解明』現代評論社、一九七二年）が沖縄返還のころに尖閣諸島は中国のものだという主張をして、それが中国側では沢山色々と引用されましたが、そのあとで原田禹雄さん（『尖閣諸島　冊封使録を読む』榕樹書林、二〇〇六年）などが冊封使の琉球使録をそんな読み方をするのは間違っていると言ったり、浦野起央《たつお》さんの、一万円もするような高い本『尖閣諸島・琉球・中国』（三和書籍、二〇〇五年）もある。

そういう事で入り乱れていますが、その割には観念論だけで、尖閣がどっちの領土か、中国の覇権主義とか、陸上自衛隊を宮古に派遣するとどうなるかという論議に飛躍している事に非常に私などは不安を感じています。ここ（沖縄）は日米の戦場になりましたけど、下手して日中両軍の戦場にされると非常に困る。そういう時に、沖縄は、もっと平和的な、そういう軍事的対決とか抑止力とか言うものに対して、違う論点で解決していくために使える論点を提起できると思っています。

現在、この問題は、非常に軍事的に利用されているように思います。あの大震災さえ沖縄の海兵隊が出動して、それを「トモダチ作戦」などと称して在沖米軍基地の存在の正当化に使おうとする論調もある時代状況ですから。そういうものに巻き込まれないように、私たちは事実を一つ一つ、歴史的にも産業の面でも、国際法の面でも検証して、確信を持って、国家と国家の境界領域に住んでいる人間はこう考えているんだという事を、発信していかないといけない。そのために私たちは色々学んで、ある意味では理論武装していく必要があるだろう。そういう試みを少しづつ積み上げて行きたい。

今日は第一回ですが、非常に多くの方々にご参加頂いた。西里先生の厚みのある講義は私自身にとっても役に立つものでした。改めて感謝申し上げたいと思います。それから今日は第一回、これから色んな角度からやりたいと思っています。今後も知識を共有する事ができたら幸いです。どうも今日はありがとうございました。

【講演史料】

①陳侃《ちんかん》『使琉球録』（一五三四年）の「使事紀略」の記述

（A）是月、琉球国進貢船至、予等聞之喜、閩人不諳海道、方切憂之、喜其来得詢其詳。…世子亦慮閩人不善操舟、遣看針通事一員、率夷梢善駕舟者三十人、代為之役。

［読み下し］是《こ》の月（嘉靖十二年、一五三三年十一月）、琉球国の進貢船至る。予（陳侃）等、之を聞きて喜ぶ。閩人（福建人）海道に諳んぜず、方《ま》さに切に之《これ》を憂う、其《そ》の来りてその詳を詢《たず》ねるを得るを喜ぶ。…（琉球国の）世子また閩人の善く舟を操らざるを慮《おもんばか》り、看針通事《かんしんつうじ》一員を遣わし、夷梢《いしょう》（琉球人船乗り）の善く舟を操る者三十人を率《ひき》い、代りて之が役と為さしむ。

（B）至八日、出海口、方一望汪洋矣。…九日隠隠見一小山、乃小琉球也。…十日、南風甚迅、舟行如飛、…過平嘉山、過釣魚嶼、過黄毛嶼、過赤嶼、目不暇接。

［読み下し］八日（嘉靖十三年、一五三四年五月八日）に至り、海口を出でて方めて汪洋を一望せり。…九日、隠隠として一小山を見る。乃ち小琉球なり。…十日、南風甚だ迅く、舟行飛ぶが如し。…平嘉山を過り、釣魚嶼を過り、黄毛嶼を過り、赤嶼を過り、目に接するに暇あらず。

②趙新《ちょうしん》『続琉球国志略』「針路」の記述

同治五年六月初九日、卯刻放洋、…午刻轉正南風、用辰針、過竿塘、申刻過東湧東沙洋面。初十日、轉西南風、用辰針、申刻過半架山。十一日、轉午風、用卯辰針、酉刻過釣魚山、戌刻過久場島、…十二日、…未刻過久米赤島、申刻風停、是夜轉巳午微風。十三日、風停、船順流而行、…十五日、轉卯風、…辰刻見姑米山。十六日、轉寅卯風、…申刻駛近姑米山、酉刻該島有小船数十隻來引、三更進姑米山前寄椗。…二十一日辰刻到馬歯山、酉刻抵那覇港収泊。

［読み下し］同治五年六月九日（一八六六年七月二十日）、卯の刻（午前六時）に出港、…午の刻（午後零時）正南風に転じ、辰針を用い、竿塘を過る。申の刻（午後四時）、東湧・東沙の洋面を過る。初十日、西南風に転じ、辰針を用い、申の刻（午後四時）半架山を過る。十一日、午の風に転じ、卯辰針を用い、酉の刻（午後六時）釣魚山を過り、戌の刻（午後八時）久場島を過る。…十二日、…未の刻（午後二時）久米赤島を過ぎ、申の刻（午後四時）風停む。是の夜巳午（東南）の微風に転ず。十三日、風停み、船は風に順いて行く。…十五日、卯（東）の風に転じ、…辰の刻（午前八時）、姑米山を見る。十六日、寅卯（東北）の風に転じ、…申の刻（午後四時）駛して姑米山に近づき、酉の刻（午後六時）該島より小船数十隻来たりて引くあり。三更（午前二時）、姑米山の前に進みて寄椗す。…二十一日、辰の刻（午前八時）馬歯山に到り、酉の刻（午後六時）那覇港に抵りて収泊す。

③中国地方当局の琉球認識の一例

乾隆二（一七三七）年浙江省へ漂着の琉球人に関する張若震《ちょうじゃくしん》の上奏

浙江布政使《ふせいし》の私、張若震から皇帝陛下へ申し上げます。本年（乾隆二）六月二十八日、定海県知事の黄《こう》応熊《おうゆう》からの報告によりますと、青龍港地方に小琉球国の大鳥船《だいちょうせん》が粟・米・綿花を載せて漂着したが、台風に遭って帆柱《ほばしら》を折られていて、乗船者は合計三十六人います、とのことです。また八月八日、象山県《しょうざんけん》知事の張珽《ちょうてい》からの報告によりますと、南盤塗《なんばんと》地方に中山国船一隻が台風にあって帆柱を折られ、南盤塗の海域に漂流し、乗船者十人は蓄髪剃頂《ちくはつていちょう》し（欹《カタカシラ》 髪を結い？）、大袖《おおそで》の芭蕉布を着け裸足《はだし》のままで、漢語は通ぜず、船には粟・米を載せている、とのことです。（中略）

私が思いますに、福建省には琉球国の館舎《かんしゃ》があり、雍正八（一七三〇）年に琉球船が浙江省の温州へ漂着した時、福建省から護送役をつけて帰国させたことがあります。今回も旧例に照らして、小琉球国と中山国の二国の船隻を護送して福建へ送り、護送役をつけて帰国させたいと思います。ただ二隻の船は破損あるいは破壊され、帆や帆柱もなく、冬になると単衣《ひとえ》の薄着では可哀相《かわいそう》ですので、私は大学士の嵇曽筠とともに、皇帝陛下の遠国の人を思い遣《や》る深い仁徳に思いを致し、公費を支出して船隻を修理して堅固にさせ、帆や帆柱を取り換え、器具を整備し、食料を十分に支給し、原船の積荷を返還し、各人に冬の衣服を支給するなど、すべて遠国の人が生活の術《すべ》を失うことがないように取り計らい、処理し終わった後、福建へ出発させることをお願いすることにしました。以上、小琉球・中山の二国の漂着船と漂着人を救済した経緯を上奏致します。（中略）伏して皇帝陛下のご賢察《けんさつ》をお願い申し上げます。

（硃批《しゅひ》）是なり。該部に旨する有り。（中国第一歴史档案館編『清代中琉関係档案選編』一〜二頁、原文は漢文、西里訳）

④遷界令《せんかいれい》の撤廃に対する琉球側の対応（蔡鐸の提案）

康熙三十一年（一六九二年）壬申五月十日、漂着難民の送還について新しい規定を定めるために要請した事。

旧例を検討してみたところ、中国人民が琉球に漂着して自ら帰国できない場合には、日本に送って日本から郷里へ送還させることになっている。しかしながら、琉球と日本の往来関係は未《いま》だ曽《かつ》て中国皇帝の耳に入ることはなかった。当時は海禁が実施されていたので、中国人は私《ひそ》かに出国しても敢《あ》えてその事を他人に漏らすことはなかったからである。今や、海禁が解除され、各地各国と通交することが公許されたので、もし琉球に漂着した中国難民を日本へ送り日本から郷里へ送還することになれば、送還された顛末《てんまつ》は必ずや中国官憲へ申告されるはずで、そうなれば琉球が中国と日本の両国に仕えている事実が露見《ろけん》し、責められることになるだろう。

それ故に謹んでその顛末を薩摩藩主に申し上げ、今後はもし漂着民があれば琉球から福州への船便で送還することをお願いすべきであると国王に上奏し、三司官の協議を経て薩州の許可を待った。

丙子（一六九六年）秋九月二十六日、許可が下りて御条目《ごじょうもく》を渡された（「蔡氏志多伯家家譜」『那覇市史』資料篇第一巻六、九三四頁、原文は漢文、西里訳）。

※遷界令とは、明清交代の時期に、清国側が南明勢力（鄭氏政権）に対抗するため実施した、沿岸から三十里以内の住民を内陸部へ強制移動させた政策。清国支配下の住民が海外へ出る事を禁止した海禁令の一つである。遷界令を撤廃する措置を、展海令という。

⑤五代秀尭《ひであき》の『琉球秘策』（天保甲辰＝一八四四年八月）における琉球処分論

客問テ曰《いわく》、仏朗察［フランス］琉球ニ来テ交易及和好ヲ求ム、是ヲ許ンヤ、又軍兵ヲ発シテ武威ヲ主トシ、是ヲ追払ンヤ否。

対曰《こたえて》、孫子十三篇ニ好計廟算ヲ根本トス、方今、彼我形勢ヲ廟算スルニ、大綱ノ趣意、絶ツト和トノ二策ヲ用ユヘクシテ戦ハ用ユヘカラス、絶トハ何ノ謂ソヤ、交易和好ヲ絶ツ事也、和トハ何ノ謂ソヤ、通商和好ヲ許スノ事也。（中略）

客又問曰《といていわく》、琉球ハ本藩［薩摩藩］兼領ノ地ニテ、其《その》十二萬石大府朱章ノ封内ニ係ル、然ルニ今、蕃人ニ交通ヲ許サントス、通商ノ路一タヒ開カハ其害多シ、何ソ初発ヨリ戦ヲ主トシ、琉球ヨリ藩地［薩摩藩］ニ至リ、人皆死守セハ義ニ当レリ、何ソ和ヲ主トシテ志気ヲ弱フスルヤ。

対テ曰、是、余カ深謀遠略ニ出ルナリ、琉球ハ我兼領ノ地ナリト云ヘトモ、表向唐土ヨリ封爵ノ国ナレハ、皇国封域ノ内トハ名義異ナリ、我藩ニ附庸タルハ日本国中迄《まで》ノ事也、其詳ナルハ前章ニ論スルカ如シ、故ニ海外諸国ニ推出シテ言ヘハ、本藩ヨリ軍ヲ発シテ琉球ニテ戦フモ、隣国応援ノ義ヲ免レス、故ニ通商ヲ蕃人ニ許シタリトテモ、義理ニ失アルヲミス、假令ハ清主ヨリ琉球ニ表向勅ヲ下シ、西洋人ニ通商及ヒ天主教ヲ許サル時ハ、本藩ヨリ表向西洋人ニ対シ、其命令ヲ破ル事アタハサルカ如シ、其命令ヲ破ル事アタハサルハ、唐土ハ表向、本藩ハ内属ナレハ也、（後略）（沖縄歴史研究会編『南聘紀考　沖縄歴史研究会テキスト』所収、一〇四～一一四頁）。

⑥林文海（城間親方）の時勢認識と選択肢―真境名安興の誤解

「幕府の末路より維新に至りし政変が、如何に沖縄に於て観測せられしかといふに、慧敏なる沖縄の政治家は当時外国船屡々《しばしば》渡来して、外国関係を生ぜしより、夙《つと》に世界の気運に鑑《かんが》み、我国開国の已《や》むべからざると察知し、延いて亦沖縄の政界にも何時か低気圧の襲来すべきことを予測せり。安政五年即ち明治十二年に於ける沖縄の廃藩置県を距《へだた》ること二十余年前に於て、当時七十三歳の紫金大夫林文海（城間親方）は、英仏の勢力が漸《ようや》く東亜に瀰漫《びまん》し来り、支那に朝貢せし安南国等の末路を観て、琉球の運命を揣摩《しま》し、支那と朝貢を絶ちて、我本土と併合統一せらるべきことを論断して曰く、『我国微弱にして謀を失し、終に呂宋《るそん》、安南と、事弊相同じきことを深く恐る。異端を退りぞけて正学を崇《たっと》ぶこと能はざれば、後ち威勢の制する所と為り、尤《とが》めを日本に招き、貢を天朝に絶ち、社稷《しゃしょく》保ち難し』といへり」。（原漢文、

林文海平書本）」（真境名安興『沖縄現代史』『真境名安興全集』第二巻、十三頁）

⑦副島の「国体政体永久に替わらず」との約束を再確認するための書翰

一、先達テ被成下候《なしくだされそうろう》御書付ニ、国体政体永久不相替《あいかわらず》トノ御趣意、委敷《くわしく》難相分候付、外務卿副島種臣殿・同六等出仕伊地知貞馨殿へ尋上候処《たずねあげそうろうところ》、府県ハ政体旁朝廷ノ御任藩ト申候ヘハ、総《すべ》テ藩王ノ任ニテ、御書付相見得候通、琉球永久ノ藩屏ト被仰出候ニ付テハ、朝廷へ抗衡或ハ残暴ノ所業等アルニ非サルヨリハ、廃藩ノ御処置ハ固《もと》ヨリ有之間敷《これあるまじく》候付、国体政体永久不相替所ハ相含《あいふくみ》、且清国交通向モ矢張《やはり》是迄ノ通被仰付候段、承知仕候ニ付、右ノ趣ハ藩王ヘモ致知達候様仕度申上候処、弥其通可宜段、仰達候事（癸酉〈一八七三年〉十月五日）。

一筆致啓上候。（中略）尤右通廃藩ノ御処置ハ固ヨリ有之間敷候付、国躰政躰永久不相替、且《かつ》清国交通向モ是迄ノ通被仰付候段、御口達ノ趣等、藩王始諸官委曲拝承仕、誠以難有仕合、安堵仕申候。就テハ永年国躰政躰不相替、益教育向行届、庶民致愛護候様可仕候。右御請御礼為可申上、如斯御坐候。恐惶謹言。

〈明治七年＝一八七四年？〉三月廿七日

池城親方／浦添親方／宜野湾親方／伊江王子

外務大丞　花房義質殿／外務省六等出仕　伊地知貞馨殿　（『明治文化資料叢書』第四巻、八九～九〇頁）

⑧松田処分官の「琉球藩処分案」

該藩［琉球］ハ万国公法ニ論スル所ノ隷属ノ国即チ半主国ヲ以テ論スヘキモノニアラスシテ、純然タル内国ノ一藩地ニシテ、恰《あたか》モ対馬ト同一般ナレハ、方今該藩ノ体制、我カ国体ニ適セサルモノハ、之ヲ改革スルニ何ノ憚ル所アランヤ。然ルニ先年副島種臣外務卿奉職ノ時ニ当リ、該藩ニ説クニ国体政体永久変更セサルノ事ヲ以テス。此言ヤ永遠変ス可ラサルノ官令ニアラスト雖《いえど》モ、外務卿ノ職任ヨリ出タルモノナレハ、全ク効力ナシトス可《べか》ラス。故ニ該藩ニ於テハ不朽ノ金言トシテ、常ニ之ヲ主張シ、旧制ヲ維持スルノ辞柄トナシ、且政府モ該藩ヲ久シク制外曖昧ノ間ニ置ク欠典アリ。故ニ今俄然《がぜん》変革ヲ行フニハ、適当ノ条理ト辞柄《じへい》トナカル可《べか》ラサルナリ云々」（『明治文化資料叢書』第四巻、二〇三頁）

⑨清国側の廃琉置県に対する「抗議書翰」

大清欽命総理各国事務王大臣恭親王《きょうしんのう》等、照会の事の為にす。…中国は琉球を冊封して中山王と為す。蓋《けだ》し琉球は自ら一国たるを認むればなり。…夫れ冊封を頒《わか》ちて職貢を受くる者は属邦の実なり。政教禁令もて遥制《ようせい》を為さざる者は、自ら一国たるの実なり。…中国は和好の大局を全《まっと》うせんと欲す。乃《しか》るに貴国は人の国を滅し人の祀《し》を絶《た》つ。而して外務大臣の回函《かいかん》には、猶《な》お我が政府固《もと》より隣誼《りんぎ》を重んじ、違言もて徒《いたずら》に葛藤《かっとう》を為さんと欲せず等の語を称せり。是れ行は和好を損《そこ》なうの事あるに、仍《なお》和好を傷つくる無きの言を為す。本王大臣、実に解せざる所あり。…惟《た》だ隣誼を以て論ずれば、中国と貴国は実に唇歯《しんし》相い依るの勢いあり。区々たる琉球、何ぞ軽重に関わらんや。必ず此に因りて邦交を失うに至るは、亦殊《またこと》に計に非ざるなり（七九年八月二十二日、清国総理衙門より宍戸公使あて書簡、『日本外交文書』一二巻、一八六～一八七頁、原文は漢文、西里読み下し文）。

⑩日清予備交渉における主要論点（李鴻章・竹添進一郎会談、光緒六・二・十六、一八八〇・三・二十六）

（李）答えて云う。琉球は別に一事を是とし、当さに辨法［解決策］を妥商すべし。通商・徴税に至っては、両国交渉の常事に係れば、応《ま》さに牽合［連動］すべからず。挟《はさ》みて求むるあるに似《に》たり。中国は転じて允行《いんこう》［許可］し難し。（中略）

竹（添）云う。夫《そ》れ琉球の敝国に隷属するは前統領もまた以《もっ》て然《しか》りと為す。但《ただ》、東洋の大勢に就《つ》きて之《これ》を論ずれば、清日両国は鷸蚌《いつぼう》［しぎとからすがい］相争い、欧人の冷笑する所と為るを免れず。是を以て、敝国は勉めて為し難きの挙を為し、以て両国の交を密にせんと欲す。（中略）今、敝国、体面を傷つくるを願わず、琉島を割きて両国の疆界《きょうかい》を定め、長く紛紜《ふんうん》［トラブル］を杜《とざ》して以て好意を表さんとす。

（略）

（李）答えて云う。美統領の函内には、並《た》えて琉球は専ら貴国に属するを以て然りと為すなし。故に妥法《だほう》［妥当な解決策］を会商せんことを請う。東洋の大局に就いて論ずれば、中日両国は必ず応さに倍々《ますます》和好《わこう》を敦《あつ》くすべし。琉球の争は貴国より先に難端を発す。中国は今に至るも隠忍《いんにん》して発せず。実に両国の和好、東方の大局を顧全《こぜん》［配慮］せんが為に見を起こし、力の自ら其の説を伸ばす能わざるには非ざるなり。辛未に和約［日清修好条規］を定むるを准すに至っては、また睦隣《ぼくりん》［隣国との友好］の為めにして、（中略）両国大臣は皆画諾《かくだく》［調印］互換［批准］せり。旋いで即ち台湾の役あり、また旋いで琉球を廃するの挙あり、甘心《かんしん》［満足］して約に違い、怨《うら》みを匿《かく》して友とす。豈《あ》に大邦信義の為す所なるや。今、議して琉界を定めんとす、是非は已に分明ならず、また通商改約に牽及《けんきゅう》［連動］して以て中朝を脅制《きょうせい》［脅迫強制］せんとす。（中略）

竹（添）云う。（略）辛未の約は敝国に於いては実に意に満たざる者あり。然り而して当局者は深く東洋の大局を慮《おもんぱか》り、切に中土の和好を敦くするを冀《ねが》い、意を屈して之に従うのみ。高論の中朝を脅制するに至っては、則ち大いに敝国の意には非ざるなり。抑も琉球は我が隷属たること、邦人皆之を信ず。外人もまた之を知る。故に台湾の役には、中土は金を遺《おく》りて死者の家族を恤《あわ》れむ。是れ中朝は琉民を視て以て敝国人と為すなり。今、敝国割きて以て中土属にせしむるは苟《いやしく》も口実なければ、則ち何を以てか敝国の論者の口を閒執《かんしつ》するや。然らば則ち敝国敢えて中朝を脅制するにはあらず。乃ち中朝の好意を請いて以て両国の

友愛を敦くせんとするの心なり。（略）

（李）答えて云う。辛未に約を立つるは、中日数千年の比隣にして無き所の事たり。（略）乃るに、擅ままに台湾の兵を興し、擅《ほしい》ままに琉球千年自立の国を廃す。此等の挙動は、天下の約あるの各国、未だ見ざる所なり。百喙《ひゃっかい》もて其の非を飾る能わず。台湾の金を遺りて死者の家族を恤れむに至っては、本大臣与《とも》に議するの事には非ざるも、節略［日清互換條款、北京議定書］内には並《た》えて未だ球人を指明せず。豈に中朝は琉民を視て日本人と為すと硬派する能わんや。中朝好んで以て邦交を敦くせんと意《おも》うは一日には非ざるなり。萬国の共に信ずる所は、貴国当さにまた揣測《しそく》して知るべし。今、必ず球事を議するに藉《か》りて通商章程を増改せんと欲するは、脅制に非ずして何ぞや。（略）

竹（添）云う。台湾の兵は敝国擅いままに之を興すには非ざるなり。敝国、員を派して難民の事に議及す。中朝答うるに、生番は中朝統御の外に在るを以てす。日本往きて其の罪を責むるはまた可なり。故に敝国兵を興して之を伐つ。節略内に、未だ琉人を指明せずとは誠に大教の如く然り。（中略）抑も小子の回国するは一に両国の和好を敦くするを以て旨と為さんと意えばなり。（中略）故に婉曲に妥弁の法を為す。而るに閣下の言、此の如し。小子、痛哭の至りに勝えず。試みに思え。土を割くは大事なり。中土は僅かに不毛の地を棄てて以て之を俄に与う。乃るに論者は蜂起し崇公は罪を得ると為す。敝国琉球を割きて疆域《きょういき》を定むるに至っては、豈に闔国《こうこく》（全国）の激論を招くなからんや。今、両国の交誼を重んずるが為め、奮然として此の策に出づ。（略）

（李）答えて云う。台湾の事、中朝には実に日本往きて其の罪を責むることまた可とするの説なし。（中略）総署、威妥瑪・大久保と議結するの時、汝我均しく未だ場に在らず。祇、当日の文字に就きて評論する能うのみにして、意を以て増損するを得ざるなり。伊犂と琉球はまた当に別論すべし。伊犂は久しく我が属に隷し、未だ土を割きて和を議するに便ならず。琉球は自ら一邦たれば中土に非らず、また日土にも非らず。即え尊議の如きも、また土を割くこと比すべきに非らず。（後略）【『李文忠公（鴻章）全集』訳署、巻十、二十七～三十二頁、原文は漢文、西里読み下し文】

冊封使来琉関係年表

	国王名・即位年	冊封・正副使
	三　山　時　代	
1	武寧・1404年	時中（行人）
2	他魯毎・1415年	陳季芳（行人）
	明　代・第一尚氏王統	
3	尚巴志・1422年	柴山
4	尚忠・1440年	余忭・劉遜
5	尚思達・1445年	陳傳・万祥
6	尚金福・1450年	陳謨・董守宏
7	尚泰久・1454年	厳誠・劉倹
8	尚徳・1461年	潘栄・蔡哲
	明　代・第二尚氏王統	
9	尚円・1470年	官栄・韓文
10	尚真・1477年	董旻・張祥
11	尚清・1527年	陳侃・高澄
12	尚元・1556年	郭汝霖・李際春
13	尚永・1573年	蕭崇業・謝杰
14	尚寧・1589年	夏子陽・王士禎
15	尚豊・1621年	杜三策・楊掄
	尚賢・1641年	
	清　代・第二尚氏王統	
16	尚質・1648年	張学礼・王垓
17	尚貞・1669年	汪楫・林麟焻
	尚益・1710年	
18	尚敬・1713年	海宝・徐葆光
19	尚穆・1752年	全魁・周煌
20	尚温・1795年	趙文楷・李鼎元
	尚成・1803年	
21	尚灝・1804年	斉鯤・費錫章
22	尚育・1835年	林鴻年・高人鑑
23	尚泰・1848年	趙新・于光甲

※典拠：『中山世譜』『明実録』『歴代宝案』、野口鉄郎『中国と琉球』、真境名安興『沖縄一千年史』、原田禹雄『琉球と中国』等

（西里喜行、國吉まこも作成）

【尖閣諸島関係年表】（西里・國吉作成）

1372年	察度、明の洪武帝に朝貢開始
1429年	尚巴志、三山を統一
1533年	冊封使陳侃来琉、尚清を冊封
1562年	胡宗憲『籌海図編』
1609年	薩摩の琉球侵攻
1644年	明王朝から清王朝へ
1683年	清朝の台湾領土編入
1843年	英艦サマラン号、琉球近海を測量調査（～1845年）、ピナクルアイランズ（南北小島）、ホアピンス（魚釣島）等を確認
1866年	最後の冊封使趙新来琉、尚泰を冊封
1871年	日清修好条規・牡丹社(琉球人台湾遭難)事件
1872年	明治天皇、琉球国王の尚泰を琉球藩王へ冊封
1873年	明治政府、琉球の五島（久米島・宮古島・石垣島・西表島・与那国島）に国標掲揚指示
1874年	日本軍、台湾出兵。日清互換條款（北京議定書）締結
1876年	幸地朝常(向徳宏)ら密使として渡清
1879年	廃琉置県(琉球処分)　グラントの日清仲介
1880年	琉球分割条約の妥結　林世功、条約妥結に抗議して自決
1881年	琉球分割条約廃案　日清交渉、水面下で再開される
1884年	古賀辰四郎、尖閣諸島の貸与を明治政府へ申請 清仏戦争始まる　朝鮮で甲申政変おこる
1885年	沖縄県、尖閣諸島の調査と領土編入上申（二回） 古賀辰四郎開拓御願 清国メディア、清国沿海の島嶼をめぐる日本の動向に注意を喚起する記事掲載　外務卿井上馨より内務卿山県有朋あてに、魚釣島等への国標掲揚を延期すべしとの意見書提出
1886年	日清修好条規の改定交渉始まる（～1888年)、清国側は条約改訂と琉球問題のリンクを主張
1890年	沖縄県、領土編入の上申と尖閣諸島における漁業を聞取調査
1893年	沖縄県、領土編入の上申 この頃漁業者が尖閣諸島に定期的に出漁
1894年	日清戦争開始
1895年	尖閣諸島領土編入　日清戦争講和　台湾割譲 古賀辰四郎開拓御願
1896年	尖閣諸島沖縄県の所轄に、古賀辰四郎へ三十年無償貸与

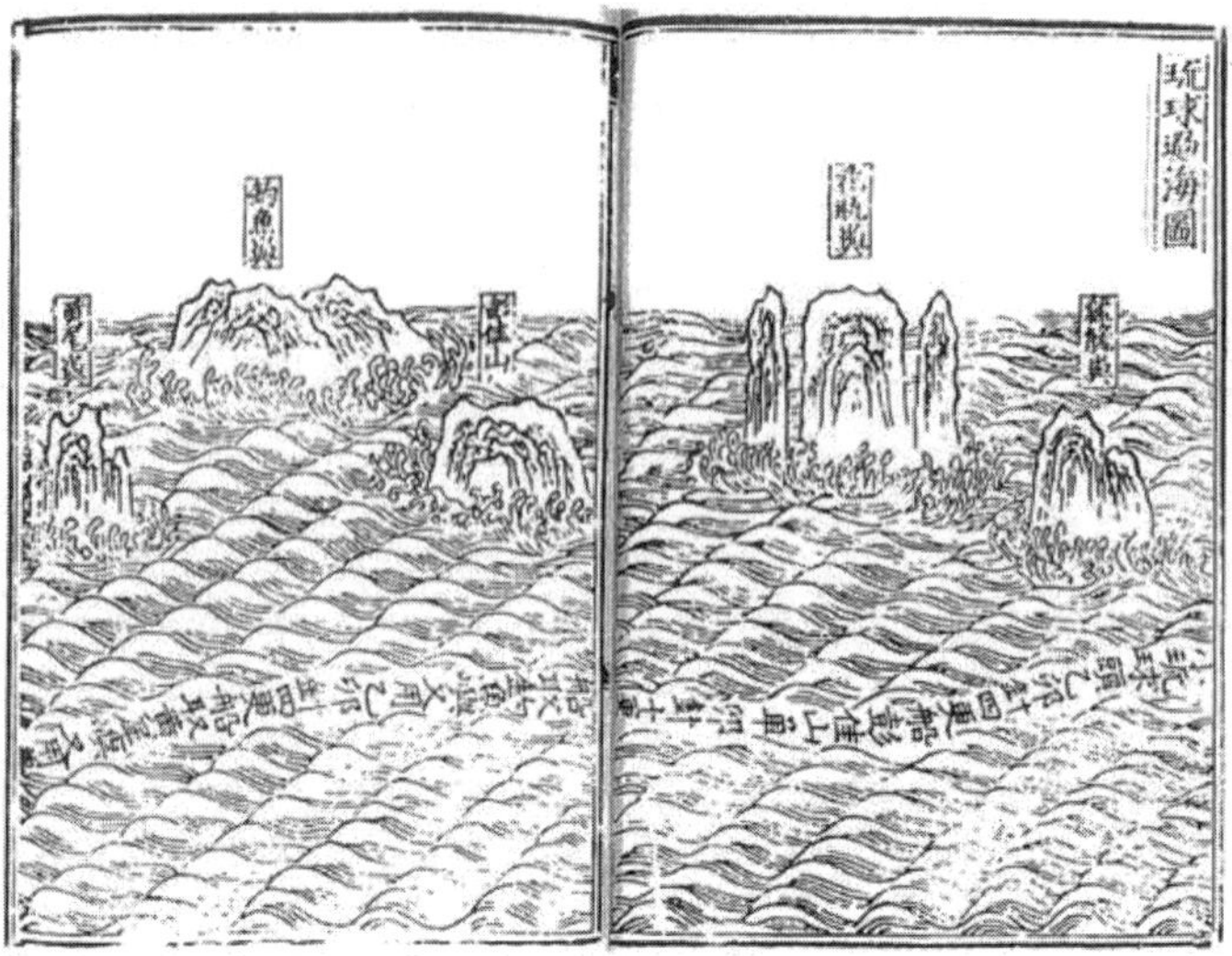

①蕭崇業・謝杰『使琉球録』の「琉球過海図」
福州から琉球への往路において釣魚嶼、黄尾嶼、赤嶼のいわゆる尖閣諸島は重要な標識島であった。

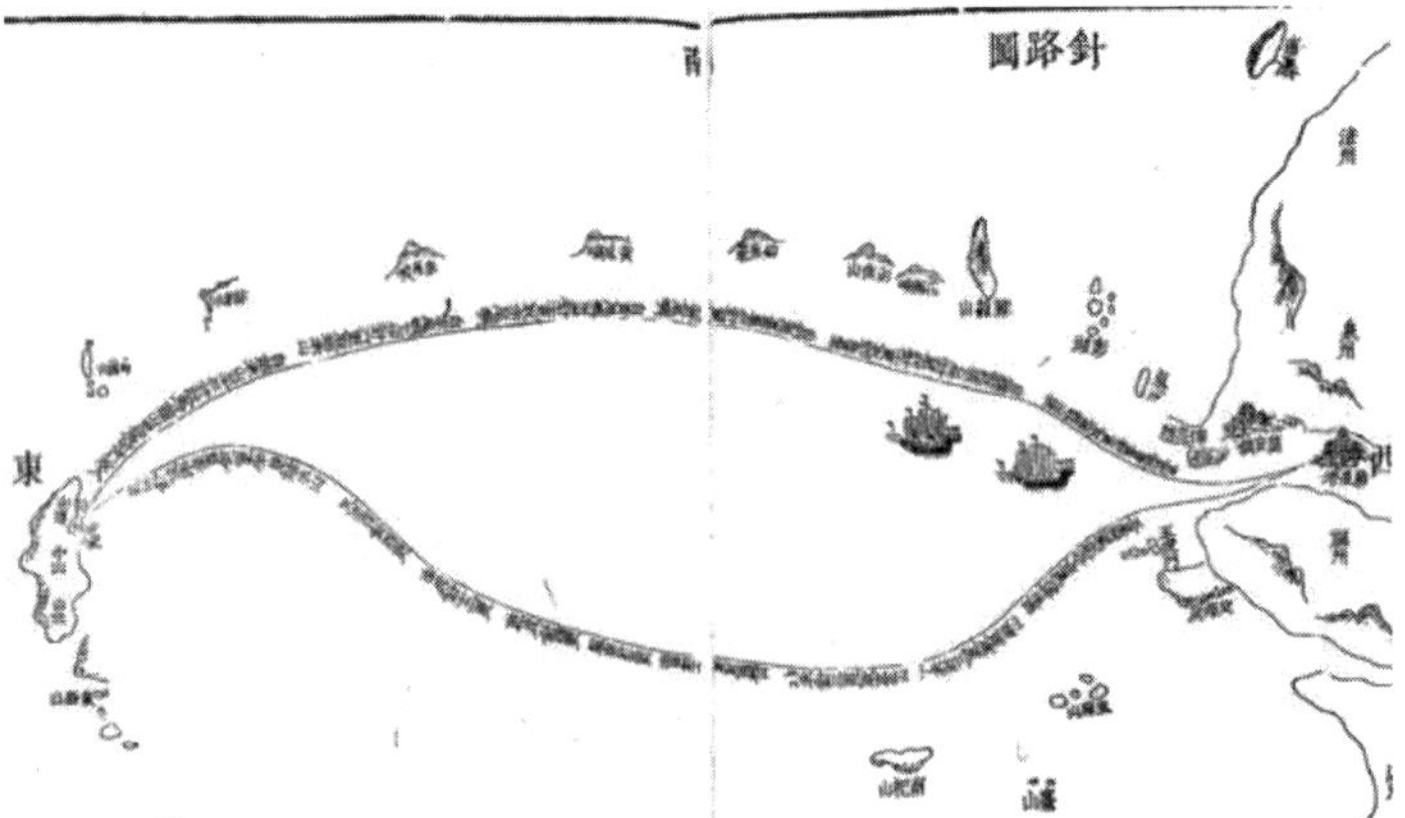

②徐葆光『中山伝信録』の「針路図」
上に同じだが名称が釣魚臺、黄尾嶼、赤尾嶼と若干変化を見せている。

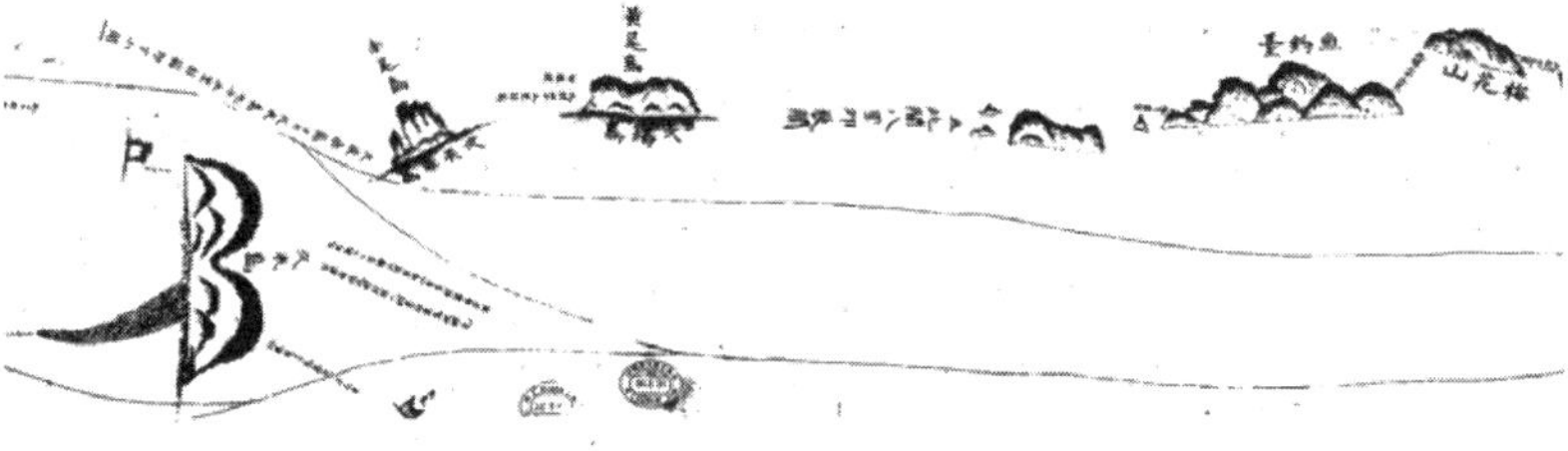

③『渡閩航路図』部分を元に作成（久米島〜尖閣）

十九世紀、琉球処分以前に作成されたと考えられているこの航路図には、中国名と琉球名の併記（黄尾島、久場島）（赤尾島、久米赤島）がみられる。また釣魚台は魚釣台と記されている（國吉まこも作成）。

④蔡大鼎『閩山游草』の「八重山開洋四首」より

一八六一年の進貢に同行した蔡大鼎が八重山から福州を目指した船上で詠んだ一首には、魚釣台の記述が見られる。

「十幅蒲帆風正飽　十幅《とふく》の蒲帆《ほはん》は風《かぜ》に正《まさ》に飽《あ》き
舟痕印雪迅如梭　舟痕《しゅうこん》雪を印《いん》し、迅《すみや》かなること梭《ひ》の如し
回頭北木白雲裏　頭《こうべ》を回《めぐ》らせば北木《ほくむ》は白雲の裏《うち》
魚釣臺前瞬息過　魚釣台《うおつりだい》前、瞬息《しゅんそく》に過ぐ」

＊「梭」は織機の付属用具、舟形をしており速いものの例えに用いる。
「北木」は八重山のこと。「魚釣台」は魚釣島のこと。

（輿石豊伸『閩山游草』一九八二より）

『尖閣問題』の歴史的前提　―中琉日関係史から考える―

西里喜行

はじめに

今年（二〇一二年）は沖縄の「日本復帰」四〇周年、日中国交回復四〇周年の節目の年に当たる。「復帰」から四〇年後の今日、日米当局によるオスプレイの暴力的配備に対して、沖縄では怒りのマグマが沸騰点に達しつつあり、他方でアメリカにおける石原慎太郎東京都知事（当時）の尖閣購入発言、日本政府の尖閣国有化の閣議決定を契機に、反日デモが中国全土で荒れ狂い、日本のメディアでも偏狭なナショナリズムが煽られている。

この四〇年間に、日中間でも本土・沖縄間でも、人・物・情報の往来は飛躍的に増大し、密接不可分の互恵関係が形成されて来たにもかかわらず、他方では、四〇年前に先送りされた基地や尖閣の問題が解決されないまま肥大し続けている。沖縄内外の事態は四〇年前の歴史的転換期を飛び越えて、一気に一四〇年前の琉球王国の廃滅・沖縄県の設置（廃琉置県）前後に舞い戻ったかのようである。むろん、東アジアの歴史舞台は一回転して一四〇年前に戻ったわけでは決してない。とは言え、舞台の主な配役はやはり日本・中国・琉球（沖縄）、そしてアメリカであることに注目すべきであろう。

ここでは、東アジア海域の中の琉球（沖縄）と尖閣諸島を、中琉日関係史の長いスパンの中に位置づけ、歴史舞台の配役の動向や役割にも注目しながら、現在の尖閣問題の「歴史的前提」を考える手掛かりを提示したい。

一、東アジア海域の動乱期と安定期（上）——動乱期の琉球の等距離外交——

歴史的スパンで見れば、東アジア海域は動乱期と安定期を繰り返してきた。動乱の記憶は人々の潜在意識に沈殿し、事ある毎に、位相を代えて呼び戻されることになる。

元寇と倭寇―「国難」の記憶

一二七四年（文永十一年）、一二八一年（弘安四年）の二度にわたる蒙古軍の日本襲来（元寇）は、日本では最初にして最大の国難として受け止められた。元寇は台風の襲来で失敗したことから、神風による「神国日本」の救済という幻想も、元寇の記憶とともに、日本人の歴史意識に沈殿することになるが、国家的危機が叫ばれる時期には、排外的ナショナリズムの様相を呈しつつ想起されることに留意したい。

一三世紀中頃から一四世紀末、一六世紀前半から一七世紀にかけて、日本人海賊・商人の諸集団が東アジア海域に横行し、朝鮮半島から中国大陸の沿岸部にかけて、物品の略奪や住民の拉致・転売などを繰り返し、朝鮮・中国では倭寇として恐れられた。琉球でも倭寇の襲撃に備えなければならなかった。

倭寇の被害が最も甚大であったのは中国大陸の沿岸部である。明朝（明国）にとっては、北方遊牧民の脅威（北虜《ほくりよ》）とともに、倭寇の東南沿岸部襲撃（南倭《なんわ》）に対する防衛が最大の課題となった。尖閣諸島（釣魚島《ちょうぎょ》）も一時期、明国の防衛ラインに位置づけられたものの、防御拠点として利用された痕跡はない。

ともあれ、倭寇の記憶は中国人の対日感情に潜在し、事ある毎に、対日警戒心を引き起こすトラウマ

（心的外傷）となり、繰り返し想起されていることに留意すべきであろう。

朝鮮侵略・琉球侵略

最大の倭寇は豊臣秀吉の朝鮮侵略軍であった。一六世紀の九〇年代に、二度にわたって繰り返された秀吉の朝鮮侵略（文禄・慶長の役）は、高麗・明国の抵抗と秀吉の死去によって中止されたが、甚大な損害を被《こうむ》った高麗と明の両国はその後遺症に苦しみ、衰亡の一途を辿って間もなく滅亡した。琉球もまた深刻な対外的危機に直面することになる。

秀吉の朝鮮侵略に続く薩摩島津軍の琉球侵攻（一六〇九年）、中国大陸における明清交替（一六四四年～一六八三年）という動乱の荒波が琉球王国を翻弄した。薩摩島津軍の侵攻の後、「幕藩制日本」の従属国となった琉球王国は、生き残りのために、日本・明国との「御取合《ウトイエー》」（外交）に腐心しただけでなく、中国大陸における明清交替の動乱の時期には、清朝（清国）と明朝亡命政権（南明）との狭間でも「御取合」（外交）に苦心し、等距離外交を展開せざるを得なかった。

明清交替と琉球

一七世紀の六〇～七〇年代、台湾に拠点を置いた南明勢力の鄭氏政権《ていしせいけん》が東アジア海域の制海権を掌握するや、琉球の等距離外交は窮地に陥り、清国へ向かう琉球進貢船が鄭氏政権の妨害を受け、略奪される事態にも再三直面した。一六七〇年（康熙九年）の冬、蔡国器（高良親方）らを乗せた進貢船が福建の海塘《かいとう》で襲撃され、積荷を略奪された事件は、その一例である（「蔡氏家譜」『那覇市史』資料篇第一巻六）。

鄭氏政権と国交のない琉球は、事件の経緯を薩摩藩・江戸幕府へ報告し、外交的解決を要請した。長崎貿易を通じて鄭氏政権と通交関係を維持していた幕府は、他方で琉球と清国の通交関係を容認していたことから、琉球の要請に応えて、長崎奉行に事件の調査を命じた。長崎へ入港した鄭氏政権の貿易船を差し押さえ、海塘での進貢船略奪の罪状が判明したため、幕府は罰金三百貫目を取り立てて琉球側へ引き渡し、一件落着する。その後も琉球船襲撃事件は繰り返されるものの、琉球は外交交渉による解決を訴え、鄭氏政権に対しても等距離外交の方針で対応し、関係改善を期待し続けたことに留意すべきであろう。動乱の時代を生き抜くために、琉球は外交的バランス感覚を身につけたとも言える。

二、東アジア海域の動乱期と安定期（下）——中琉日関係の安定と「父母の国」意識——

明清交替（一六四四年～一六八三年）の動乱期を経て、一七世紀末以降、東アジア海域は比較的静穏な安定期に入り、中琉関係にも薩琉（日琉）関係にも相対的安定の軌道が敷設されるようになり、往来する人・物・情報も量的・質的に増大し緊密化する。

二つの国際秩序と琉球

東アジア世界では、古来、中国王朝の皇帝と周辺諸国の国王との間に君臣関係が成立すれば、それが国家関係に置き換えられて宗主国・属国関係（宗属関係）と見なされた。宗属関係成立のための前提条件として、中国皇帝による周辺国王の認証（冊封）と、国王から皇帝への忠誠表明が必要とされ、国王は皇帝に対して忠誠誓約書（表文）の提出と進物の献上（進貢）を義務づけられた。従って宗属関係はまた冊封進貢関係とも称される。

明清交替を経た後、朝鮮・琉球・越南（現在のベトナム）は各々清国との宗属関係に入り、清国を中心とする国際秩序（冊封進貢秩序）の一翼を担ったが、日本は清国との宗属関係に入らなかっただけでなく、薩摩藩の従属下に置かれた琉球国を、朝鮮国とともに「通信の国」と位置づけて独自の国際秩序(日本型華夷秩序)を形成した。従って、琉球は東アジアに並存する二つの国際秩序に組み込まれ、両者を結ぶ「キーポイント」の位置に置かれることになったわけである。

中琉船舶の往来

琉球から清国へは、進物(進貢品)献上のための進貢使、皇帝即位等を慶賀するための慶賀使などが派遣され、清国から琉球へは、琉球国王を認証するための皇帝の使者(冊封使)が来琉した。冊封・進貢は中琉関係を安定的に維持するための二本の幹線道路の役割を果たしていたと言えるであろう。

進貢使を乗せた二隻の進貢船は二年に一回派遣され、進貢使を迎えるための接貢船一隻が翌年に福州へ派遣されたので、琉球船は毎年琉球と清国の間を往来したことになる。

東アジア海域では、各国の船舶の漂着事件も絶えず発生した。琉球へ漂着した中国人や朝鮮人は琉球の進貢船・接貢船で、漂着人が多数の場合は、特別に護送船を仕立てて福州へ送還された。他方、中国へ漂着した琉球船(琉球人)は丁重に保護され、進貢船・接貢船で送還されるか、清国当局が原船を修理した上で、航海に必要な物資を支給し帰国させた。清国でも琉球でも、漂流漂着人の救護送還システムは整備され、順調に機能したのである。

進貢船(『唐船図』19世紀、より)
琉球から福州への航海に用いられた、遠洋航海用の船。

琉球の進貢船・接貢船・漂着船・護送船などが、那覇~福州の間を毎年頻繁に往来するのに加えて、琉球国王の代替わり毎に、冊封使を乗せた御冠船《うかんせん》（冊封使船）が福州～那覇の間を往来した。御冠船の来琉は明代（約二〇〇年間）に十五回、清代（約二〇〇年間）に八回であるから、二〇～三〇年に一回の頻度で福州～琉球の間を往来したことになる。

琉球人の航路案内

福州～琉球間の航路については、冊封使は琉球側からの情報に頼り、琉球人の航路案内を必要とした。一五三三年、福州で琉球行きの準備に追われていた冊封使の陳侃《ちんかん》は、次のように記録している。――「（嘉靖十二年）琉球国の進貢船が福州へ到着した。私（陳侃）らはこれを聞いて喜んだ。閩人（福建人）は航路を知らないので心配していたところだった。琉球の進貢船が到着したので、琉球人に航路の詳細を聞くことができるのは幸いだった。（中略）琉球の国王世子（尚清）はまた閩人が船の操縦に不慣れであることを心配して、看針通事（航路案内役）一人と夷梢《いしょう》（琉球人船乗り）三〇人を派遣してくれた」（『使琉球録』）、と。

陳侃は明代に尚清王の冊封のため来琉した冊封使であるが、清代になっても冊封のたびに、琉球から迎接使（接封使《せっぽうし》）が福州へ派遣され、福州から御冠船を案内して来琉することが慣例となった。陳侃の『使琉球録』に「釣魚嶼」などの名称が登場し、その後の冊封使も同様の名称や異称を付けているものの、明清時代の冊封使は琉球側からの情報をもとに、航路上の標識として記録していることに留意したい。毎年、頻繁に往来する進貢船・接貢船・護送船などの琉球船（琉球人）が、尖閣諸島を航路上の重要な標識として認識していたことは言うまでもない。

冊封・進貢は清国にとっても琉球にとっても、政治・経済・社会・文化・教育など、あらゆる分野において波及効果を随伴し、さまざまのメリットとデメリットを併せ持っていたが、総じて言えば、メリットがデメリットを大きく上まわり、中琉双方の互恵関係を支える重要な役割を担っていたことに留意したい。

薩琉（日琉）関係

この間の薩琉（日琉）関係もまた、琉球側の年貢（租税）負担を伴いながら、相対的安定を維持し続けた。那覇の在番奉行所と鹿児島の琉球仮屋（琉球館）が薩琉関係維持のための拠点として機能した。琉球側は毎年交代で、薩摩（鹿児島）に上国使者《じょうこくししゃ》を派遣・滞在させただけでなく、江戸の徳川将軍の代替わりごとに、江戸上りの使者（江戸立使者《えどたちししゃ》）を派遣した。琉球側は江戸立使者の派遣を、「異国」としての琉球王国の存在を誇示する機会として位置づけ、「異国」的独自文化を日本全国にアピールした。

経済の面でも、琉球の黒糖は日本市場で消費され、日本市場で調達された昆布などの海産物は進貢貿易によって中国市場で売り出された。進貢の面でも、進貢品としての紅銅や白剛錫だけでなく、進貢貿易で中国製品を購入するのに必要な渡唐銀も薩摩の協力を得て調達された。要するに、薩琉（日琉）関係は中琉関係継続のための不可欠の前提条件であった、ということである。

琉球が日清両国との「御取合」（外交）に細心の注意を払ったのは、中琉日関係の安定こそ琉球の存立基盤であると自覚していたからに他ならない。日清両国が琉球にとって「父母の国」と認識されたのは、東アジアの国際関係に対する琉球人のリアルな認識にもとづいていたことに留意すべきであろう。

楷船（『天保年間鹿児島城下絵図』より）
琉球～福州間の航海に3回程度使用された後、進貢船は楷船として琉球～薩摩間の貢納物の輸送に使用された。

三、琉球の「自己決定権」の行方（上）——日清関係の新展開と琉球「内国化」方針——

中琉日関係が安定的に維持される限り、琉球の「主権」（自己決定権）も保障されるはずであった。しかし、東アジア海域に欧米列強の圧力（外圧）が加わり始めると、中琉日関係にも想定外の亀裂が生じ、琉球の「自己決定権」は根底から揺さぶられることになる。

日清の国交樹立

一八七〇年代に入ると、東アジアの国際秩序は新たな展開を開始した。江戸幕府に取って代わった明治政府が、国内の近代化・文明化とともに、「万国対峙」の国際環境の中で新たな対外関係を模索し始めたからである。

欧米との不平等条約に苦しめられていた日清両国は、欧米諸国への対抗手段として日清提携による不平等条約改正の必要性を認識し、互いに異なる思惑を秘めながらも、国交樹立のための条約締結交渉を開始した。二ケ月足らずの交渉を経て、一八七一年九月十三日、明治政府の外務卿（伊達宗城《だてむねなり》）と清国の北洋大臣（李鴻章《りこうしょう》）は、天津で日清修好条規に調印し、正式に国交を樹立する。

調印から一年半後の、一八七三年四月に批准・発効したこの修好条規は、日清両国が対等平等の立場で交渉・締結した友好同盟条約とも言うべき特徴を帯び、その後の日清関係において、いずれの側でも外交基調となるものと期待された（藤村道生『日清戦争前後のアジア政策』等参照）。

しかし、調印から批准・発効までの一年半の間に、早くも明治政府の内部では「脱亜入欧」の傾向が強まり、国内統治をめぐる対立・矛盾と連動しながら、朝鮮・琉球・台湾の位置づけ方が、対外関係全般を左右する最重要課題として論議されることになる。「万国対峙」の国際環境の中で、国権の確立・伸張、国境の画定等が緊急の外交課題として優先されるに至ったからである（安岡昭男『幕末維新の領土と外交』等参照）。

日琉関係の再編

明治政府はまず琉球に注目し、日琉関係の再編を試みた。一八七二年（明治五年）に入ると、明治政府の内外では、すでに琉球の「所属」問題を視野に入れた議論が始まり、琉球併合論、日清両属公認論、尚泰冊封論などが提起された。最終的には外務卿の副島種臣が提案した尚泰冊封論が採用され、明治政府は前例のない冊封実施のために、その意図を隠したまま、まず琉球当局に対して維新慶賀使の上京を要求した。

慶賀使の伊江王子らは同年九月三日東京へ到着、九月十四日に明治天皇から尚泰あての冊封詔書を受け取るに至る。一方的で抜き打ち的に行われた尚泰冊封は、琉球王国の「主権」を「琉球藩」の看板で覆い隠すための巧妙な演出であった。明治政府は尚泰冊封の事実を対外的に公表せず、他方で「琉球藩」を外務省の管轄下に置き、日琉関係の窓口を外務省としたことから、琉球は依然として「外国」と位置づけられたままであったことに留意したい。

尚泰冊封は琉球「内国化」の第一歩であった。冊封の翌日、副島外務卿は「我藩属の体制徹底」のため、外務省官員を琉球へ出張させることを提案した。出張を命じられた伊地知貞馨《いじちさだか》は、一八七三年（明治六年）三月に来琉するや、早速、久米島・石垣・宮古・西表・与那国の五島に国旗を掲揚すること、琉球と欧米各国との間で締結された条約の正本を提出することなど、外務省の指令を琉球当局へ通達し、従来の薩摩藩の在番奉行所（在那覇）を外務省出張所として引き継いだ。

国旗の掲揚要求については、掲揚したかどうかを確かめるため、事実経過を報告するよう要求していることから、日本国の国境確定を意図した措置であったと思われる。もっとも、掲揚を指示された五島のなかには、魚釣島などの尖閣諸島は含まれておらず、この時点ではまだ明治政府の視野には入っていなかったことに留意すべきであろう。

台湾出兵・北京議定書

琉球の「内国化」は台湾出兵と連動して進められた。大久保利通の主導する明治政府は国内の不平士族の目を対外問題に逸《そ》らせるために、琉球人や小田県人らの台湾遭難事件に着目し、台湾出兵計画を具体化する。駐日アメリカ公使のデロングやアメリカ国籍の外交官ル＝ジャンドルらは、「漂着人を殺害・略奪した〈生番〉は清国の管轄下に入らず、その居住地は無主の地である」とみなし、国際法の「無主地先占論」を台湾出兵の論拠とするよう明治政府当局へ進言した。

台湾出兵の情報に接した琉球当局は直ちに出兵計画に反対し、中止を要請した。しかし一八七四年五月、西郷従道《さいごうつぐみち》率いる三千六百余名の日本軍が台湾の東南部へ上陸し、「生番」(原住民)の居住地を武力制圧したことから、清国政府の抗議と国際世論の反発を招いた。

一触即発の危機を回避するために、大久保は自ら全権大臣として北京へ乗り込み、清国政府と談判する。この時、国際法の顧問として大久保を補佐したのは、「お雇い外国人」のボアソナードであった。

二ヶ月間の談判は決裂寸前に駐清英国公使ウェードの調停で妥結、日清互換條款(北京議定書)でひとまず落着したものの、北京議定書には「日本国属民等」と記載されているだけで、琉球・琉球人に関する記載は全くないことに注目すべきであろう。

ボアソナード意見書

ボアソナードは北京議定書の前文に記載された「生番は曾て日本国属民等を将《も》って妄《みだ》りに害を加えたるが為め」の文言を根拠にして、一方的に北京議定書は琉球人を「日本臣民ト名称シタ」と読みかえ、「琉球島ニ日本ノ権アルコトヲ」清国に認めさせたと解釈したが、大久保は議定書で琉球の「日本所属」が明確になったとは言えないと受け止めていた。そこで、談判を終えて帰国するや、直ちに琉球処分に着手する（『沖縄県史』各論編5近代参照）。と同時に、今後の対琉球施策について、ボアソナードに諮問した。

諮問に応えて提出されたボアソナードの意見書は、日本の主権を琉球に「拡張スルノ時」であるという視点から、清国側から異議が提起された場合の対処策を検討しているが、同時に琉球の内国化についても、今後の採るべき「適当ノ方策」を提示している。その内容の中心論点は、次の二点に要約されるだろう。

一、北京議定書で清国は琉球が日本の属地であることを認めたとは言え、清国と琉球の歴史的な宗属関係に鑑みて、「租税及兵事ニ於ケル如ク、政令及裁判ニ於テモ亦《また》仮リニ多少ノ独立ヲ許シ」、琉球の最終的内国化に当たっては、事前に日本政府が琉球に代わって清国と話し合うべきである。

二、琉球の内政については、重税を止めて人民の負担を軽減し、日本の刑法よりも苛酷な刑法のみ改正し、「港、灯台、及ビ電信ノ為メニ財用ヲ助」けるなど、琉球人民の心服を得る政策を実施しながら、長期的展望をもって、漸進的に日本の支配を受け容れさせるべきである（「仏人ボアソナードノ意見」、平塚篤編『続伊藤博文秘録』参照）。

要するに、日清友好を前提として、琉球人民の理解を得ながら漸進的に内国化を達成すべし、という結論であった。ここには、琉球の将来について注目すべき選択肢が提示されていたと言えるけれども、大久保内務卿の率いる明治政府はボアソナードの意見書の一部を取り入れながら、提案の核心部分については顧みる余裕がなく、強引に内国化（廃琉置県）を急いだことに留意すべきであろう。

四、琉球の「自己決定権」の行方（下）――「内国化」抗争から廃琉置県へ――

琉球「内国化」を急ぐ大久保内務卿の方針は、松田道之（内務大丞）らの内務官僚によって実施に移され、具体化する。

「内国化」と選択肢論争

一八七五年（明治八年）に入るや、大久保・松田は琉球使節（池城安規ら）を東京へ呼び寄せ、若干の要求項目を突きつけた。琉球を狙う外国の存在を強調して危機感を煽りながら、熊本鎮台兵の兵営設置を受け容れよと迫る大久保・松田に対して、池城らは次のように回答した。――琉球は従来「寸兵ヲ備ヘス、礼儀ヲ以テ」外交交渉を行い、いかなる国とも平和を維持してきたのに、新たに兵営を設置すれば外国の攻撃対象となるだけでなく、清国に対しても信義を失うことになるので、兵営設置の件はお断りする、と（松田編『琉球処分』）。

「藩王」尚泰の上京謝恩、藩制の改革等の要求項目についても、池城らは琉球の「自己決定権」への干渉と受け止めて尽く拒絶したため、東京での日琉交渉は行き詰まる。

七五年七月、琉球へ乗り込んだ松田は琉球の首脳部へ、「六ケ条ノ御達書」を読み渡し、中琉関係の廃絶を含む「内国化」方針を明らかにした。と同時に、松田は琉球が日本の版図（領土）であることを強調し、その論拠として、日本と琉球の地脈の連続性、人種・言語・風俗の共通性、歴史的な支配・保護の実績、台湾出兵を「義挙」と認めた北京議定書等々を挙げたが、いずれも一方的「論拠」と受け止められ、琉球当局の受け容れるところとはならなかった。七月二〇日の非公式会談では、琉球側は松田に対して、「地理・人種・風俗・言語等が〈似かよっている〉からと言って、どちらか一方の〈版図〉と決めつけられては迷惑である」等々と、詳細な反論を展開した。説得に失敗した松田は琉球を引き上げ、日琉交渉の舞台は再び東京へ移される。

この間、琉球内では中琉関係の停止命令をめぐって対応が分かれた。命令遵奉《じゅんぽう》派は「日本に従ひ琉球の社稷《しゃしょく》（国家）の存続を図れ」と主張し、生き延びるための選択肢として日本専属論の選択肢を提起した（尚球『廃藩当時の人物』参照）。

他方、清国との関係を離脱して日本専属となれば「自己決定権」を失い、直ちに琉球廃滅を招くと受け止めた遵奉反対派は、従来の国是《こくぜ》（国家の根本原則＝日清両属）を最善の選択肢として堅持した。しかし、いずれの党派も、「社稷」の保持、即ち琉球救国という共通の目標を掲げながら、目標達成の方法をめぐって対立したこと、松田らが誤認しているような清国専属論を主張する党派は存在しなかったことに注目すべきであろう。

日清当局の琉球認識

日琉交渉の舞台が東京へ移された七五年後半以降、琉球人の救国運動が琉球内でも、東京・福州・天津・北京などでも展開された。

進貢停止に関する明治政府の命令の撤回について、琉球側から外交的支援を要請された駐日清国公使の何如璋《かじょしょう》は、総理衙門《そうりがもん》（清国の外務省）へ琉球問題の解決案を献策するとともに、明治政府の外務省当局とも命令撤回のための交渉に当たる。

一八七八年九月～十月、何如璋と寺島外務卿は琉球問題について会談した。何如璋が中琉関係の停止命令を撤回するよう繰り返し要請したところ、寺島外務卿は琉球をどのように処分するかは日本の「内政問題」であると主張して取り合わなかった。そこで、何如璋は寺島に対し、「琉球ハ元来清国ノ藩属、自治ノ国ナルニ、何故日本ハ其進貢ヲ差止《さしとめ》タルカ」との質問と抗議の書翰を提出し、進貢停止命令を暗に「不信不義、無情無理」の仕打ちだと非難した（『日本外交文書』十一巻）。

要するに、寺島は琉球を「日本所属」とみなし、琉球の内国化を「内政問題」と位置づけたのに対して、何如璋は「清国所属」論の立場に立ちながらも、同時に「自治ノ国」とみなしていたことに注目すべきであろう。

廃琉置県の「論理」

何如璋・寺島会談と同時期に、松田道之（琉球処分官）は「琉球藩処分案」を策定し、「琉球藩は万国公法に言う隷属国（半主国）ではなく、対馬と同様の純然たる国内の一藩である」との立場から、一八七三年時点での副島外務卿の琉球に対する約束（「琉球の国体政体は永久に変更せず、清国関係も従前通り」）を反故《ほご》にして、最終的「内国化」を断行する理由と具体的措置を明示した。その理由（大義名分）とは、琉球が進貢停止命令を遵奉せず、救国請願書を外国公使へ提出したということであった。因果関係を転倒させた「大義名分」によって、三年前の副島外務卿の「約束」は反故にされたことに留意しておきたい。翌七九年一月から三月にかけて、松田処

琉球処分官一行（1879年）
松田道之（前列中央）と随行者９人で、琉球処分後に東京で撮影した写真とみられる（沖縄県『資料に見る沖縄の歴史』より）。

分官は二度、三度と来琉を繰り返し、ついに三月二七日、五〇〇余名の日本兵と警官に護衛されながら首里城に乗り込み、「琉球藩廃止、沖縄県設置」（廃琉置県）を宣言した。続いて四月四日、明治政府はこの事実を内外に公布した。ここに、琉球の「自己決定権」は否定され、王国は名実共に廃滅されたのである。

英国公使の琉球認識

廃琉置県断行のため、松田処分官が横浜を出港してから五日後の七九年一月十三日、寺島外務卿は駐日英国公使のパークスと琉球問題について意見交換した。面談のなかでパークスは、「一、琉球は日清の〈両属地〉とみなされるのではないか」「二、松田を琉球へ派遣したのは廃琉置県のためか」などと質問し、「三、琉球藩ハ自カラ国法アリテ敢《あえ》テ兵器ヲ用ヒス、道理ヲ以テ能《よ》ク人民ヲ服セシメ」ているとか、「四、米国公使も帰国前に琉球を日清両国の保護のもとに置くべきだと言っていた」などと主張して、寺島外務卿を大いに困惑させた（松田編『琉球処分』）。英米外交当局は明治政府の廃琉置県に必ずしも納得していたわけではないことに留意すべきであろう。

五、日清の琉球分割交渉の行方（上）――琉球の「主権」問題から「所属」問題へ――

廃琉置県に直面した琉球社会の指導層は松田処分官あての請願書のなかで、琉球は「自ら開闢し、素《もと》より君主の権を有し」、「内地の旧藩とは異なる」との歴史認識に依拠しながら、琉球国廃滅と引き替えにどれほどの物質的恩恵を得たとしても精神的に「安着」できず、「憂心焚《や》くるが如き」苦痛に堪えかねていると訴えて（『琉球見聞録』）、廃琉置県に不同意を表明、その後、長期にわたって琉球内外で救国運動を展開する。宗主国としての体面を傷つけられた清国も明治政府へ抗議するとともに、外交的解決の方針を伝えたが、両国のメディアの開戦気運は収まらず、日清関係は緊張した。折しも、アメリカ前大統領グラントの一行が日清両国を訪問するという情報を得て、両国の首脳部はグラントに調停を期待する。

グラント・李鴻章会談

一八七九年五月、上海に到着したグラントは官民の大歓迎を受け、北上して天津から北京へ入り、総理衙門の諸大臣と会談、正式に琉球問題の調停を依頼された。帰途、再び天津へ立ち寄ったグラントは、李鴻章（北洋大臣）とも会談した。会談では、琉球復国への協力を期待する李鴻章が、グラントの関心を琉球に惹きつけて、「琉球問題」の調停を引き受けさせるために、日本の琉球併合によってアメリカ・清国間の通商航路にも多大の影響が生じることを強調した。

グラントは日本の琉球併合を間接的に批判しながら、李鴻章の真意を確かめるため、李鴻章発言を「清国の争う所は土地であって朝貢に非ずというのは甚だ道理である」と要約して確認したところ、李鴻章は異議を唱えず、グラントの発言を「甚だ正大である」と肯定した。そこで、グラントは清国にとっては「朝貢」（琉球復国）よりも、通商航路上の「土地」（領土）が重要なのだと受け止めた。両者の思惑の擦れ違いが琉球分割構想の発端となったことに留意したい。

グラント・明治天皇会談

清国旅行を終えたグラント一行は、軍艦リッチモンド号で横浜へ入港し、日本の朝野の盛大な歓迎を受けた。一八七九年七月二十二日、日光で伊藤博文・西郷従道らと会談したグラントは、廃琉置県について の日本側の主張に耳を傾けるとともに、清国側の対日不満の要点をも伝え、日清両国が互いに譲歩して平和的に解決するよう要望した。グラントは東アジアの国際関係における英露の二極構造に対抗し、米国・

日本・清国・韓国の四国同盟を立ち上げて、第三極を形成したいという思惑で琉球問題へアプローチしていたこと、グラントの思惑は駐日の清国公使何如璋やその参賛官（補佐官）の黄遵憲《こうじゅんけん》らにも共有されていたことに留意すべきであろう（「朝鮮策略」『日本外交文書』第十三巻参照）。

日光会談に続いて、八月十日に浜離宮で明治天皇と会見したグラントは、日清提携の必要性を強調しながら、琉球列島の「疆界《きょうかい》ヲ分画シ、太平洋ニ出ル広闊《こうかつ》ナル通路ヲ彼［清国］ニ与フ」れば、日清間の懸案は解決できるだろうと勧告した（『日本外交文書』第十二巻、一四五頁）。明治政府は日米関係を強化したいという思惑から、グラントの勧告を無視するわけにはいかず、清国外交当局と公式・非公式の接触を試みることになる。

李鴻章・竹添会談

一八八〇年三月、明治政府の内命を受けた漢学者の竹添進一郎が、秘かに天津の李鴻章を再訪し、いわゆる「分島改約」案を提示した。宮古・八重山を清国へ割譲する代償として、清国から「内地通商権」や「最恵国待遇」などの経済利権を得る、という提案である。李鴻章が琉球の分割と条約の改定をセットにすることに難色を示したところ、竹添は提案の理由を次のように説明した。——領土を割譲する際には代償が必要であることは、伊犁問題（新疆省伊犁地方の国境紛争）をめぐる清露交渉でも見られることで、日本側としては、何の代償もなく宮古・八重山を割譲するわけにはいかず、代償として条約改定を求めることにした次第である、と。

竹添の説明に対して、李鴻章は次のように反論している。——伊犁と琉球は全く別問題である。伊犁は長い間清国の属地であり、割譲を条件に講和するのは適当ではない。琉球は一つの自主国であって、中国の領土ではなく、日本の領土でもない。たとえ貴殿の見解の通りであったとしても、一国家の滅亡と領土の割譲は比較できない問題である、と（『李文忠公（鴻章）全集』訳署、巻十）。

李鴻章は琉球問題を日清の「領土問題」ではなく、琉球国の「主権回復」の問題と認識していたにもかかわらず、独自の解決案を提示できないため、竹添の琉球分割案を事実上黙認せざるを得なかったことに注目したい。

沈葆楨の「義・利」論

清国内でも、グラントの勧告を無視するわけにはいかず、琉球問題を決着させるためには、竹添の提案をベースとして日清交渉に応じる他はないという議論が大勢となった。しかし、駐日公使の何如璋から琉球分割案についてコメントを求められた沈葆楨《しんほうてい》（南洋大臣）は次のように回答している。――日本が廃琉置県を断行したのは「利」のために過ぎない。中国が断固として日本と論争するのは「義」のためである。にもかかわらず、中国が琉球の土地の一部を得ることで決着したとすれば、「義を以て始まり利を以て終わる」ことになる。最も浅ましいことだ。もし琉球分割が既成事実となってしまったのであれば、中国に割譲される土地を琉球人へ返還し、「利益」を貪ることを潔しとしない我が国の公明正大な「正義」の立場を、世界に明瞭に示すべきである、と（中央研究院近代史研究所蔵『清季外交檔』〈琉球檔〉所収の沈葆楨書簡）。分割して得た琉球国の土地を、そのまま琉球人へ返還すべし、と主張する沈葆楨の議論は、清国内の伝統的な道義的責任論の潮流を反映していることに留意すべきであろう。

六、日清の琉球分割交渉の行方（下）――琉球分割条約の妥結から廃案へ――

日清修好条規の改定と琉球列島の二分割をセットにした竹添の提案に対して、李鴻章は難色を示したものの、独自の対案を提示することができず、「琉球問題」をめぐる水面下の予備交渉は一見、不調に終わったかのようであった。とは言え、日清両国ともグラントの勧告を無視するわけにはいかず、内外情勢に迫られて、公式の外交交渉開始の可能性を追求せざるを得なくなる。

日清の正式交渉の経緯

日清の正式交渉は北京において、清国総理衙門の諸大臣と駐清公使の宍戸《しし ど》璣《たまき》／井上毅《こわし》らとの間で、一八八〇年八月十八日にはじまり、十月二十一日までの二ヶ月間に、前後八回もの会談を繰り返しながら継続された。この間、日清両国の代表団は交渉の妥結を志向するあまり、琉球の「主権」問題を回避して、もっぱら自国の体面を保つことに腐心する。

日清会談は日本側の提案（分島・改約）をベースに進められ、清国側は早々に琉球二分割案を受け容れたものの、「改約」については現行の平等条約を清国に不利な不平等条約へ改変するものであったから、懸命の抵抗を試みて難航した。すでに受け容れた「分島」についても、清国側は琉球復国の思惑から、尚泰あるいはその子息の引き渡しを要求し、日本側に拒絶されて不満を表明した。とは言え、伊犁問題（清国とロシアの国境紛争）を視野に入れた日本側の巧みな外交戦術によって、日露同盟形成の可能性を恐れた清国側は、日本側に妥協して日清提携の方向を選択するに至る。

日清の条約妥結の「意義」

十月二十一日の最終会談で、日清両国の代表団は国境画定を第一義的目的とする「琉球処分条約」（以下、琉球分割条約という）に合意し妥結した。その主な内容は沖縄島以北を日本領、宮古・八重山を清国領とし、同時に日清修好条規を改訂して日本側に清国内地通商権と最恵国待遇を認めるというものであった。琉球分割は日本側にとっては経済利権獲得の代償（手段）にほかならなかったが、清国側にとっては宮古・八重山に琉球国を復活・存続させるためのやむを得ない譲歩のつもりであった（『台湾琉球始末』等）。琉球の頭越しに合意された日清両国の琉球分割条約は、琉球にとっては、亡国と民衆分断の既成事実化を意味していた。

もっとも、最終会談の場で、日本側代表の宍戸璣は国境画定に伴う民衆の不利益を想定して、「附単」に次の一条を追加するよう提案している。――「宮古・八重山群島の民人は従前沖縄民人と有無貿易する者あり。今、遽《にわか》に往来を絶てば、恐らくは生意［生活手段］を失うを致さん。（日清）両国、応《まさ》に暫く其の旧に仍《よ》って、以て民利に従うを准《ゆる》すべし」と（『沖縄県史』一五巻）。

自己の意思とは関わりなく生活圏を分断されることになった琉球列島の人民、とりわけ清国へ割譲される宮古・八重山の人民について、宍戸は「両島と沖縄島の往来を絶ち候ては、在島の人民、必然難渋《なんじゅう》致すべし」と予想し、暫時往来の自由を保障するよう提案したものの、「此方［日本側］ヨリ相望候儀ニハ無之候ニ付、（提案の）御取捨ハ貴意ニ任セ候」と清国側に一任する消極的態度を表明したに過ぎない。清国側もまた「此一条ハ即今強テ附単ニ加エ不申候トモ、其節照会ヲ以テ取極候テモ可然」として「附単」への追加に同意せず、暫定措置としての自由往来さえ保障されないままで妥結したことに留意すべきであろう。

琉球分割の危機と琉球人の対応

琉球分割の危機に直面した在清琉球人たちは琉球分割条約の調印阻止運動に立ち上がった。天津滞在中の向徳宏《しょうとくこう》（幸地朝常）は李鴻章に対して、琉球二分割に断固反対する決意を表明し、北京滞在中の林世功《りんせいこう》（名城里之子親雲上）は総理衙門あてに決死の請願書をしたため、一八八〇年十一月二〇日、日清の琉球分割に抗議して自決し果てた。

向徳宏や林世功の断固たる意思表示は、琉球分割条約の妥結を容認してきた李鴻章らの清国当局に衝撃を与えた。最大の実力者で分割条約を黙認していた李鴻章が、向徳宏の懸命の訴えによって、分割条約の調印延期（反対）論者へ転身した。これを契機に、清国内では条約調印可否論争が展開され、八一年三月に至って、調印延期と再交渉を命ずる清国皇帝の上諭が下された。琉球分割の試みはひとまず阻止されたのである。しかし明治政府は八一年三月以降も、分割条約復活の可能性を主導的に追求し続ける。

天津領事に就任していた竹添進一郎は、八一年後半から八二年前半にかけて、再び李鴻章と水面下の再交渉を繰り返し、条約復活に全力を傾注した。外務卿の井上馨も尚泰引き渡しの譲歩案まで用意し、竹添に再交渉の早期妥結を促した。他方、清国側でも新任駐日公使の黎庶昌や李鴻章らは、一部手直しを加えて琉球分割条約を復活させる方向へ傾斜しつつあった。

琉球救国運動の「意義」

日清の外交当局から圧力を受け、再度、琉球分割の危機に直面した琉球人指導層は、対応策を協議の上、急遽、最後の三司官の一人で沖縄県庁「顧問」に据えられていた富川盛奎（毛鳳来《もうほうらい》）を秘かに清国へ派遣した。福州経由で北京へ入った富川（毛鳳来）は、直ちに清国当局へ琉球全面返還の請願書を提出した。清国は琉球側の請願を無視して分割条約の復活に踏み切るわけにはいかず、竹添・李鴻章会談も行き詰まるに至り、再度、琉球分割の危機は阻止されたのである。

その後も、琉球分割の危機は朝鮮・越南問題と連動しながら繰り返し浮上したが、その都度、琉球人の粘り強い救国運動によって阻止された。救国運動は琉球の意思を無視した日清の分割条約を廃案に追い込むことに成功したのである。その歴史的意義は再評価されて然るべきであろう。他方で、「(日清）両国の疆界《きょうかい》を清く」するはずであった琉球分割条約が未成立に終わったため、国境線が未画定のままとなったことにも留意しなければならない。

七、同時代少数派の「琉球論」

廃琉置県の前後、日本国内のメディアは明治政府の方針に沿って、琉球問題を内政問題と位置づけ、「国中一般の例に従って廃藩の命を下したるのみ」と受け止めつつ、琉球側の抵抗を「頑迷固陋」と批判する論調が大勢を占めた（芝原拓自他編『日本近代思想体系十二　対外観』参照、岩波書店）。清国側のメディアは琉球を清国の所属と位置づけながら、日本側の「干渉」を批判する論調が主流であったものの、日清関係が緊迫化するにともなって、対日強硬論と和好論（日清提携論）の間を微妙に揺れ動いた（西里喜行『清末中琉日関係史の研究』第四編参照、京都大学学術出版会）。

欧米列強のメディアの論調は、清国寄りの立場から、「日清両属」の琉球を一方的に「処分」したのは万国公法に違反するとみなす論調と、日本の主張を支持して廃琉置県を内政上の当然の措置、あるいは「やむを得ざる措置」とみなす論調に大別される（『外国新聞に見る日本』第二巻、毎日新聞社）。ここでは、内外メディアや諸論客の琉球論のなかでも、ユニークな視点から琉球問題を論じた同時代少数派の琉球論に注目し、その中で提起されていた論点（琉球の採るべき選択肢）の「歴史的意義」を再確認しておきたい。

植木枝盛の「琉球独立論」

一八八〇年代の初頭、「外交史上にも比類稀なる秘密外交」（三浦周行）によって、日清両国の琉球分割交渉が推進されつつあった時期に、日本国内で分割交渉の情報を入手した自由民権派の植木枝盛は、琉球分割を批判して次のように論じている。

「琉球を両断して二国［日本・清国］交々《こもごも》これを分取すると云うが如きは、実に残忍酷虐《こくぎゃく》の甚だしきものにして、野蛮不文の極に達すると云うべし。何となれば則ち琉球もまたかつて一個の独立を為し、琉球と云へる一個の団結を為したるものなれば、これを両断することは、猶《な》お人の一身を両断してこれを殺すに同じく、人の一家を両分して、その愛を割《さ》かしむるに異なることなければなり」と（『愛国新誌』第二六号）。

一個の「歴史主体」として「団結」してきた琉球の民衆（民族）を、「残忍酷虐」に「両断」して「殺す」よりも、むしろ「独立せしむべし」というのが植木の結論であったことは周知の通りである。同時代の多数派の琉球論が領土としての琉球の「所属」（帰属）論の範囲内に留まっていたのに対して、「一個の団結を為したる」歴史主体としての琉球民族を視野に入れ、その意思を尊重して「独立」の選択肢をも認めるべしという植木の琉球論は、琉球分割への痛烈な批判であっただけでなく、多数派の所属論（領土論）の陥穽を回避し、二〇世紀に入って世界的に公認された民族自決権の「核心」へ通じる道筋を、萌芽的に提示していたと言うべきであろう。

郭嵩燾の「琉球自立＝国際保障論」

清国初代の英仏公使を勤めて帰任したばかりの郭嵩燾《かくすうとう》は、上海滞在中に、日清関係緊迫の情報に接し、李鴻章・恭親王・沈葆楨等へ矢継ぎ早に琉球論策を献策した。李鴻章にあてた書翰では、次のように提案している。

「琉球の清国への朝貢免除を前提として、日本および欧米各国の公使と協議の上、琉球の自主権を保障する方法を検討する必要がある。日本は全ての面で欧米の法律に従っているから、欧米の国際法によって相互に牽制《けんせい》し合い、琉球には清国にも日本にも進貢させないようにし、その独立を国際的に保障してやるべきである」（郭嵩燾『養知書屋詩文集』巻十二）。

郭嵩燾の琉球論策の核心は、「一、万国公法の理念に従い」、「二、国際会議を招集し」、「三、琉球の日清両国への朝貢を免除し、自立国として存続させ」、「四、その独立を国際的に保障することを、清国側から主張する」、という四点に要約される。

ヨーロッパ滞在中に近代国際法の理念を学び取っていた郭嵩燾の琉球論策は、李鴻章や恭親王からも一定の評価を得たが、国際会議招集の目途が立たなかったことから、採用されるには至らなかった。とは言え、清国内部から、冊封進貢秩序（理念）に囚《とら》われない郭嵩燾のような論策が提起されたことに注目すべきであろう。

「循環日報」の民衆意思論

清国のメディアの中でも、琉球の民衆意思を重視した議論が展開された。香港の「循環日報」は「民を得れば則ち興り、民を失えば則ち亡ぶ」という儒教の政治理念をベースとして、明治政府の対琉球施策（廃琉置県）を次のように論評している。

「日本はすでに琉球を併合した。思うに、日本が琉球の土地を統治し、民衆を慈《いつく》しみ安んじ、民衆が旧主を棄てて自発的に新君の国家に身を寄せることを希望しているのであれば、琉球問題は一件落着したわけで、もはや清国がクレームをつける筋合いではない。ところが、日本の君臣は琉球の民衆が〈義を守りて服さざるを慮《おもんぱか》り〉、いたるところで恫喝している。何故だろうか。最近の欧米メディアの伝えるところでは、琉球の民衆は日本に対して〈心悦誠服〉［心から悦んで服従］しているわけではなく、日本の統治に〈甚だ不平〉で、いたるところでトラブルが頻発し、復国への協力を求めて使者を清国へ派遣した、という。欧米メディアの情報が事実ならば、清国は琉球民衆の意思を尊重して復国に協力すべきであろう」（一八七九年八月二十九日付「循環日報」）。

琉球民衆の意思を第一義的に尊重することを評価の基準に据えて、廃琉置県の是非を見極めようとする「循環日報」の論説は、清国メディアの中では少数派ながらも注目すべきであって、宗属関係を前提とした多数派の「琉球＝清国所属論」から一歩はみ出しているだけでなく、客観的には、琉球民衆の民族自決権の承認へ向かう論理を内包していることに注目すべきであろう。明治政府が「循環日報」のこの論説を、対清外交の判断材料の一つとして収集し、大いに注目していたことにも留意しておきたい（外交史料館所蔵『琉球藩関係書類』所収、外務省編『日本外交文書』第十二巻、一八八〜一八九頁）。

八、「琉球問題」と「尖閣問題」（上）――中琉日関係史における「主権」／「領有権」――

琉球の「所属」、王国の「主権」をめぐる一四〇年ほど前の「琉球問題」と、尖閣諸島の「所属」、無人島の「領有権」をめぐる現在の「尖閣問題」は、中琉日関係史の底流で連動しているが、問題の核心部分で相異なる側面もあり、両者は区別して議論されるべきであろう。

まず、一四〇年ほど前の「琉球問題」を、日本・清国・琉球はどのように位置づけ、向き合ったのか、改めて三国の立脚点と対応の特徴を要約し総括すれば、次のとおりである。

「琉球問題」の総括

第一に、明治政府は琉球を「対馬と同様の純然たる国内の一藩」と位置づけ、琉球の「内国化」を日本の「内政問題」と強弁しながら、琉球側の抵抗と清国側の抗議を却《しりぞ》けて廃琉置県を断行したものの、グラント（前米大統領）の勧告によって、「琉球問題」を日清の外交問題へと転換したということ、加えてまた、日本側は経済利権（国益）獲得の手段として、宮古・八重山を清国へ「割譲」することを自ら提案し、いわゆる琉球分割条約の成立を主導的・積極的に追求した、ということである。

第二に、清国側は琉球を「藩属国にして自主国」と位置づけ、「自主国」としての琉球の「主権」（自己決定権）を剥奪した明治政府の廃琉置県に抗議し、琉球の「主権」回復を図りたいという思惑からグラントに調停を依頼したものの、琉球分割の勧告を受け入れた日本側の「分島改約」案が提示されるや、自らの具体的対案を用意しないまま日清交渉に臨んだということ、加えてまた、清国側は宮古・八重山に琉球王国を復活することを意図して、日本側の琉球二分割案に同意したものの、琉球側の断固たる反対に直面して、分割条約の調印を見送らざるを得なかった、ということである。

第三に、琉球側の立脚点と対応については次の点を強調すべきであろう。即ち、琉球は日清を「父母の国」、自らを「自主の国」と認識し、中琉関係・日琉関係の維持、琉球の「主権」（自己決定権）護持のため、明治政府の一方的「内国化」に抵抗しただけでなく、廃琉置県後も長期にわたって「主権」回復のための救国運動を展開し、その一環として日清の琉球分割の企《くわだ》てに断固反

首里城正殿前に立つ熊本鎮台分遣隊

首里城正殿に立つ分遣隊の歩哨。廃琉置県の布達により「首里城明け渡し」が行われ、分遣隊の駐屯地になった（那覇市『那覇百年のあゆみ』より）。

対の意思を表明し続け、最終的に調印寸前の分割条約を廃案に追い込み、その復活を阻止した、ということである。

「琉球問題」の核心

廃琉置県のプロセスで、日本も清国も琉球側の意思を全く無視するわけにはいかず、琉球側の動向を考慮して対応せざるを得なかったこと、琉球側の長期にわたる頑強な抵抗が自らの歴史的・民族的一体性と「主権」（自己決定権）の維持・回復のためであったことは、中琉日関係史の真相を直視すれば、明白な史実として確認できるであろう。とすれば、「琉球問題」の核心（本質）は琉球が日清のいずれに属するかという、いわゆる所属問題にあったわけではなく、植木枝盛・郭嵩燾や「循環日報」の論説など、同時代の少数派の琉球論が強調していたように、琉球の「主権」（自己決定権）をどのように維持・保障するのかという、「主権問題」であったと受け止めるべきであろう。

なお、琉球の「主権」（自己決定権）の問題は、その後の一世紀余にわたる沖縄近現代史においても、位相を変えながら伏流し続けることに留意したい。

交流史の中の尖閣諸島

中琉日関係史の中で、「琉球問題」と「尖閣問題」が連動して顕在化するのは廃琉置県以後のことである。とは言え、尖閣諸島（釣魚島《ちょうぎょとう》）はすでに明清時代の中国人にも琉球人にも、その存在を知られた無人島であって、福州と那覇を往来する船舶の航路上に点在し、重要な航路標識として位置づけられていたことは、前述の通りである。

那覇と福州を往来する琉球船舶は毎年数隻に達し、清代二〇〇年余の間だけでも、千隻もの琉球船舶が尖閣諸島（釣魚島）を航路上の標識として利用したことになる。他方、琉球国王の代替わり毎に、新たな王位継承者を冊封するために二隻の御冠船に分乗して来琉した冊封使節団（数百名）は、平均すれば二〇数年に一回、琉球人に案内されながら、航路標識としての尖閣諸島（釣魚島）海域を通過し、その存在を確認しただけであった。

要するに、航路標識としての尖閣諸島（釣魚島）の利用頻度からすれば、中琉間を往来する琉球船舶が中国船舶よりも圧倒的に多く利用しており、琉球側にとって尖閣諸島（釣魚島）は常時、生活圏域の一部として利用しなければならない、航路上の不可欠の存在であったと言うことである。この間の歴史的事実は、眼前の「尖閣問題」の歴史的前提として考慮されなければならないであろう。

「尖閣問題」の一論点

廃琉置県後、無主地・無人島の尖閣諸島に注目して足を踏み入れたのは、日本人の古賀辰四郎であった。一八八五年、古賀はアホウ鳥の捕獲、羽毛輸出のため、魚釣島《うおつりじま》などの貸与を沖縄県を通じて明治政府へ申請した。内務卿の山県有朋は「清国所属ノ証跡」はなく「無人ノ島嶼」であるから魚釣島などに国標を建てても差し支えないとの見解であったものの、外務卿の井上馨は「清国ノ疑惑ヲ招」くと判断し（『日本外交文書』十八巻）、国標設置を延期するよう内務省へ進言したため、古賀への貸与は実現しなかった。

井上外務卿はこの時点で、琉球分割条約の復活の可能性を考慮せざるを得ず、清国との新たな紛争を恐れたことも、延期判断の一要因となったのではないかと考えられる。清国側が公式の外交交渉の課題として、琉球分割条約の復活だけでなく「琉球問題」自体の「再議」を提起する可能性は、まだ依然として潜在していたからである（西里喜行「東アジアにおける琉球処分」『経済史研究』第十三号所収、大阪経済大学日本経済史研究所）。

なお、一八八五年の時点で、「近時、清国新聞紙等ニモ、我政府［日本政府］ニ於テ台湾近傍清国所属ノ島嶼ヲ占拠セシ等ノ風説ヲ掲載シ、…清国政府ノ注意ヲ促シ候モノモ有之」（『日本外交文書』第十八巻、井上外務卿より山県内務卿あて「親展」）と指摘されているように、清国メディアは「島嶼」をめぐる対日関係の情報を掲載し、しきりに清国政府に注意を喚起していたにもかかわらず、その後の日清戦争までの十年間、清国当局は尖閣諸島（釣魚島）について、公式に何の意思表示も、問題提起もしなかったことに留意しておきたい。

沖縄県当局は古賀が貸与申請した一八八五年から日清戦争までの十年間に、魚釣島などの調査を繰り返した上で所轄確定を申請したが、明治政府が久場島・魚釣島を沖縄県の所轄として国標設置を認める旨、閣議決定したのは日清戦争最中の一八九五年一月のことであった。この事実から、日清戦争と「尖閣問題」との関連の有無が一つの論点として浮上する。すなわち、日清戦争の渦中で、日本側が尖閣諸島を窃取したのかどうか、という論点である。

この論点については、さまざまの角度からの論証が必要とされるが、日清戦争の善後処理をめぐる講和会議等において、尖閣諸島（釣魚島）は全く論議の対象とはなっていないことから、日清戦争によって尖閣諸島の領有が決定されたとは言えず、両者の間には直接の関連性は認められないと言うべきであろう。

九、「琉球問題」と「尖閣問題」（下）——内外の歴史的経験に学べ——

廃琉置県に至るまで、琉球と清国の間で尖閣諸島（釣魚島）の「領有権」が問題となったことはなく、双方ともに友好往来の道標として認識していたが、二一世紀も一〇年代に入り日中国交回復四〇周年を迎えた今日、日本政府も中国政府も「尖閣諸島（釣魚島）は我が国固有の領土である」と主張して譲らず、歴史認識の問題とともに、「尖閣問題」が日中関係の悪化・対立の主要因となっている。

「固有の領土」論と「生活圏域」論

日本側の「固有の領土」論は、国際社会に対して、どれほどの説得力を持ち得るであろうか。歴史的視点に立てば、尖閣諸島（釣魚島）は一八九五年一月の時点で、国内的な領有手続きを経て、合法的に「新たな領土」として日本国の領土に組み入れられたとは言えるものの、日本建国以来の「固有の領土」の一部であったとは言えないであろう。

他方で、尖閣周辺の海底油田の可能性が公表される以前には、中国や台湾の公的機関が尖閣諸島（釣魚島）について明確な「領有意思」を表明し、具体的な「領有実績」を積み重ねたという事実はなく、日本の実効支配（領有）に異議を唱えたこともなく、一九七〇年代以降に海底油田の可能性を踏まえて「領有権」を主張し始めたとすれば、中国や台湾側の「固有の領土」論は尚さら説得力を持ち得ないと言うべきだろう。要するに、いずれの側の「固有の領土」論も、領土（国土）そのものの歴史性（時代的広狭／伸縮）を無視したまま立論しているために、国際的・客観的に説得力を持ち得ず、声高に「固有の領土」論を強調しても、相互の不信感を増幅するだけの、不毛の議論の応酬とならざるを得ない、ということである。

歴史的視点から、尖閣諸島（釣魚島）への関わり方を基準として衡量すれば、明清時代以来、那覇と福州の間を往来する船舶の航路標識として、もっとも頻繁に利用し、常時関わっていたのは琉球（沖縄）であり、次いで中国、次いで日本と台湾（近代以後）、次いでアメリカ（第二次大戦後）という順位になる。とすれば、「領有権問題」とは別に、歴史的にもっとも密接に関わって来た沖縄側も、「尖閣問題」について発言権を持っているはずであり、「生活圏域」に関わる問題として位置づけた上で、独自の立場からその平和的解決策を積極的に提示すべきであろう。

復帰／国交「四〇周年」の現実

歴史的に友好往来の道標として位置づけられて来た尖閣諸島（釣魚島）とその周辺海域は、一九七〇年代以降、怪しげな狼煙に包まれ始め、今年（二〇一二年）四月の石原慎太郎都知事（当時）の尖閣購入発言、九月の国有化閣議決定を契機として、緊張の海、一触即発の危険水域へと一変してしまった。日中国交回復四〇周年の憂うべき現実である。

他方で、沖縄県民の断固たる反対・抗議を嘲笑するかのように、米軍の欠陥機オスプレイの普天間への強行配備、米海軍兵の女性暴行事件等が「復帰四〇周年」の沖縄に襲いかかり、県民の人権と尊厳が踏みにじられるという「時代錯誤」的・植民地的現実がある。

一九七二年の「日本復帰」は沖縄の広大な米軍基地を取り除くことなく、日中国交回復も「尖閣」をめぐる「紛争の種」を残したまま「達成」された。むろん、両者は東アジア現代史の底流で密接不可分に連動している。その解決の道筋を探るには、まず何よりも内外の歴史的経験に学ぶべきであろう。

自己決定権「回復」の原点と展望

廃琉置県前後の琉球（沖縄）の自己決定権の問題は、第二次大戦後の講和会議の前後に位相を変えて再現した。米軍統治下に置かれた沖縄住民は主体的に自らの進むべき方向について「選択肢論争」を展開し、「琉球民族の幸福はあらゆる面に於いて、日本人民との結合なくしてはあり得ない」（『沖縄人民党の歴史』）という視点から、民族自決権の一形態として日本復帰を選択した。その後の二〇年間、ウチナーンチュ（沖縄民衆）は日本全国の民衆との連帯・共闘、中国をはじめとする国際的支援を得ながら、米軍の軍事的植民地支配に抗し、自決権（自己決定権）の回復を求めて、苦難に満ちた「復帰運動」を展開した末に、「日本復帰」を実現した。

その「復帰」式典において、屋良知事は次のように強調している。――主体性（自己決定権）の回復を求める「沖縄県民の強い願望」であった「復帰」は実現したが、「私どもの切なる願望がいれられたとはいえないことも事実」で、「新しい困難」も予想されることから、これまでの歴史的経験に鑑み、「沖縄が歴史上、常に手段として利用されてきたことを排除し、（中略）新しい県づくりに全力をあげる決意」である、と（一九七二年五月一六日付「琉球新報」）。

「日本復帰」四〇周年の現在、なおも沖縄県民の「切なる願望」を踏みにじり、「抑止力」などと称する鬼面を纏って、沖縄を「日米同盟」強化の「手段として利用」しようとする、日米当局とその周辺の画策は一時も止むことなく、手を替え品を替えて継続している。それ故に、四〇年前の「復帰」の原点に立ち返り、沖縄を特定の政治目的達成の「手段として利用」しようとする、いかなる国家や勢力の企《たくら》みをも許さない「決意」を、沖縄の総意として再確認しつつ、主体性（自己決定権）の完全回復を粘り強く追求し続けることが必要であろう。

「東アジア共同体」の展望

国交回復「四〇周年」を記念すべき日中関係においても、「尖閣問題」を特定の政治目的達成のための絶好の「手段として利用」し、偏狭なナショナリズムの炎を煽り立てようとする政治勢力の衝動が、日中両国の内部で強まり拡がりつつある。

歴史の教訓を踏まえれば、日中の軍事的対決が「尖閣問題」の解決を遠ざけるだけでなく、とりわけ沖縄にとって最悪の事態となることは、凄惨な沖縄戦を想起するまでもなく自明であろう。とすれば、問題解決の道筋は冷静な対話と交渉以外にはあり得ない。尖閣諸島とその周辺海域を歴史的な友好往来、互恵の海域として蘇らせるために、内外の歴史的経験に学ぶことも必要であろう。

ドイツとフランスの狭間にあって豊富な資源（石炭・鉄鉱石）の産地として知られたアルザス・ロレーヌ地方の歴史的経験はその一例に当たる。アルザス・ロレーヌは豊富な資源のために、一世紀以上の長期にわたって独仏がその争奪を繰り返し、悲劇的な「紛争の地」であった。しかし、第二次大戦後の一九五〇年、アルザス・ロレーヌ出身のフランス外相（シューマン）が石炭・鉄鋼産業の共同管理を提案したのを契機に、「紛争の地」は独仏の互恵関係を促進する拠点へ転化し、やがてＥＣ（欧州共同体）の成立からＥＵ（欧州連合）へ至る欧州統合の象徴的な地域となった、という歴史的経験に注目したい（鴨武彦『ヨーロッパ統合』等参照）。

アルザス・ロレーヌの歴史的経験に学び、尖閣諸島海域の豊富な資源（漁場、石油）を共同管理の下に置くことによって、中琉間の歴史的な友好・互恵の道標を「復活」させ、日中の「戦略的互恵関係」を促進し、さらには「東アジア共同体」の形成を展望することも可能となるのではないだろうか。

日中の「戦略的互恵関係」を基礎とした「東アジア共同体」の形成へ踏み出すのか、それとも軍事的衝突（第三次日中戦争）への道を歩むのか、現在を生きる私たちは歴史と未来への責任を果たすべき選択を迫られている。

〈付記〉

本稿は沖縄大学地域研究所主催の「土曜教養講座」（二〇一一年三月二十六日）における講演内容をベースにして、新聞掲載用に再構成し、二〇一二年十一月五日から十二月十三日までの間、九回にわたって「琉球新報」に連載したものであるが、今回転載するに当たって、新聞連載の際に紙面の都合で削除した部分を復活させたり、書き直したり、新たに書き加えたりして、若干の補正を加えている。

従って、講演記録と新聞連載と本稿の内容のベースは共通しているものの、それぞれの論理構成や論証のために用いた個々の資料等には異なる部分があり、筆者の意図するところを多面的に理解して頂くために、敢えて講演記録と併載することにした。重複する部分については、ご寛容頂ければ幸いである。

第二部

近代の洗礼を受ける沖縄の漁業

——尖閣諸島への出漁と領土編入

第四八〇回沖縄大学土曜教養講座
「国境を超えた共生圏を創るpart2」
（二〇一一年六月十八日、沖縄大学Ⅱ号館一一三教室）

司会（後藤哲志）　本日司会を務めます地域研究所の後藤と申します。よろしくお願いします。それでは初めに今日の主旨説明を、沖縄大学名誉教授の新崎盛暉先生から申し上げます。よろしくお願いします。

新崎盛暉　このシリーズを始めようと考えたきっかけは、去年の尖閣近海における中国漁船の衝突事件です。ここは沖縄にとって、極めて近いというか、多くの沖縄の人たちは、尖閣諸島は当然沖縄のもので沖縄に属していると考えてきました。日本という国家がいつそういう宣言をしたかという問題とは別に、長い間、歴史的あるいは文化的に、生活圏としてここを活用してきた人間たちの地域の声を、きちんと事実を踏まえて発言する中で、問題を国家間の衝突という事から、この地域に生活している人たちが、安心して従来と同じように活用出来るような状態に戻す必要があります。

沖縄という地域の視点でこの島々を見たらどういう事になるのか、例えばここは漁業者が大勢活用していたはずですから、そういう人たちの立場からも、色々な角度からいわば実証的に研究しよう、調べたいという、そこからこの企画が始まりました。

ただ研究会というよりは、おそらく一般の沖縄の市民も強い関心を持っているでしょうし、幸い沖縄大学は土曜教養講座というものを、一九八〇年代から始めて、もう四八〇回、もうすぐ五〇〇回になろうという、一般市民と共に学ぶ場を持っているので、土曜教養講座のシリーズとして展開していきたいという事でこういう試みを始めました。

前回は特に日本が領有宣言をした一八九五年前後に、いわゆる琉球処分とか、そのほか何があって、どうして今のような問題が尾をひきずっているという事について専門家である西里喜行さんにじっくりとお話を伺いました。

國吉まこもさんは特に尖閣諸島における戦前の漁業の関係について調べています。今回は、その調査・研究の成果をご披露いただきたいと思います。じゃあよろしく。

【講演】沖縄近代漁業史から見た尖閣諸島

國吉まこも

國吉　前回、西里喜行先生が「中琉日関係史における尖閣諸島」、この事についてお話し下さいました。尖閣諸島というのはかなり昔、およそ五百年以上前から、沖縄や中国の人たちには琉球・福州間を結ぶ航路標識として知られていた。その頃に、漁業が行われていたか、僕は残念ながら知りませんが、明治期以降、琉球国が沖縄県になって廃藩置県が起こる。それ以降近代化の波が、沖縄県に押し寄せてきた頃におそらく、沖縄本島や八重山地方の石垣島や与那国島から漁業者が目指すようになっていった。そう考えています。

一、島の概要

まず、およそ尖閣諸島というのはこういった場所にあるという事を念頭に入れたいと思います。これは海上保安庁の地図です。沖縄本島からおよそ四一〇キロ。石垣島からは一七〇キロ。台湾も同

尖閣諸島(魚釣島)の位置
(海上保安庁第11管区作成)

じ。中国大陸からは三三〇キロ。周辺の島々からも結構な距離がある。東シナ海の中では孤立というか、だいぶ遠いところにある島です。

一応我々は普通に尖閣諸島と言っていますが、島というのはおよそ五島、一番大きいのが魚釣島。魚釣島の周辺に南小島と北小島がある。そこから少し北に行くと、今度は久場島があって、そこから東の方に大正島がある。これら五島を合わせて、現在我々は尖閣諸島と呼んでいます。もう少し個別に見ると、魚釣島は山みたいな島です。実際に尖閣諸島に上陸して調査した方々が言うには、「海の中に山が突き出ているようなもの」だそうです。これは上空から、国土交通省が一九七八年に写した写真です。

少しわかりにくいかも知れませんが、大体三五〇メートルから二五〇メートルにかけて山々が連なり、東西に長く延びた島です。南側は、実は相当な急斜面、崖っぷちとか絶壁になっている。写真だとこれです。島の南側、船上から見た場合です。およそ尖閣諸島に行った人たちはこういった地形を目にしているはずです。この魚釣島の周辺に南小島と北小島がある。魚釣島よりはかなり小さいが同じく岩山みたいな島、上空から見るとこれです。

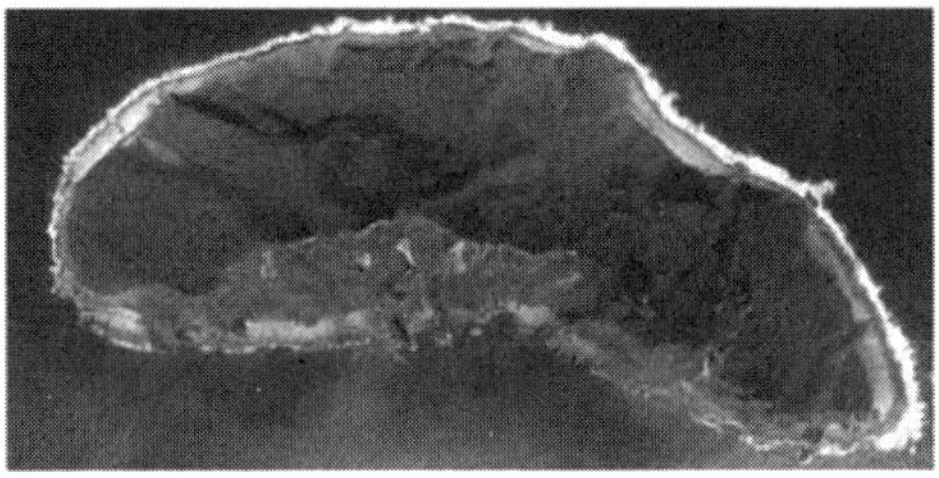

魚釣島（1978年国土交通省撮影）

魚釣島の南海岸（1971年野原朝秀撮影）

左側に見えるのが北小島で、右側が南小島です。南小島は左側にある大きな岩山と、右端のとんがっている部分。緑も余り生えていない、畑も出来ない、飲める水というのはもちろんありません。海鳥だけが繁栄している島だと言われています。

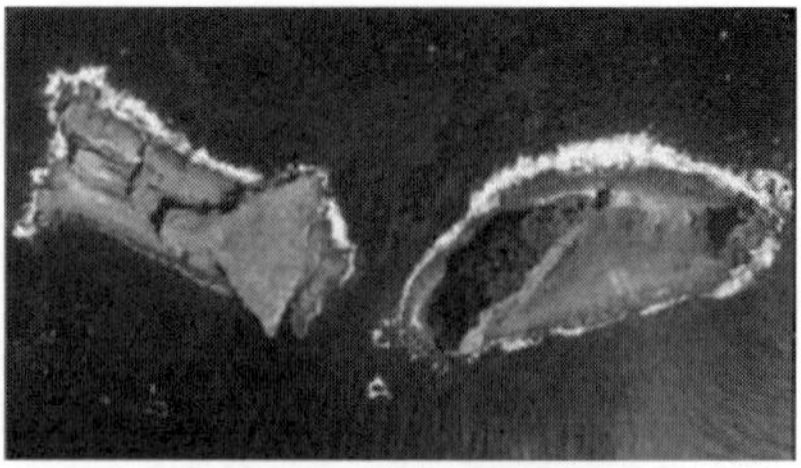

北小島（左）と南小島
（1978年国土交通省撮影）

久場島（毎日新聞社撮影）

魚釣島から少し北に行くと久場島があります。この島は魚釣島、南小島、北小島とは少し違って、見た感じで分かる通り、地形は緩やかですからひょっとしたら畑や何かも出来るかもしれない。

あと、大正島も岩山の島です。

そういった島々に、明治何年頃からか漁業をするために、八重山あたりから尖閣諸島を目指す人たちが出てくる。

二、尖閣諸島における漁業〈領土編入以前〉一八八五年

二〇一一年から、石垣市による尖閣諸島開拓の日（一月十四日）が制定されました。尖閣諸島は一八八五年沖縄県によって調査され、その一〇年後一八九五年に領土編入が閣議決定されている。このおよそ一〇年間は空白の期間と捉えられがちですが、実際にはこの期間に、沖縄地方より漁夫が渡島し始め、島に小屋建て等も為しており、尖閣諸島における漁業や開拓の基礎がほぼ定められたと考えています。大体いつ頃からだったのか、一八八五年の調査、この時に漁業は既に始まっていたのか？　まず、その事について考えていきたいと思います。

一八八五年の夏頃、内務省より沖縄県下の無人島について実地調査する旨の内命が下ります。これを受

けて沖縄県は、県属石沢兵吾《いしざわひょうご》（五等属勧業課長）以下五名に無人島調査を命じ、石沢等は雇汽船出雲丸で、先ず八月には大東島の上陸調査を実施、次いで翌九月に予備調査として当時美里間切詰山方筆者《みさとまぎりつめやまがたひっしゃ》の職にあった沖縄県士族大城永保《おおしろえいほ》、この方は廃藩置県以前に琉球福州間を何度か航海なさった経験があります。ですから当時尖閣諸島がどういったところなのか実際に知っていた。この方から聞き取りを行ない大体の見当を付けて、翌一〇月に実地調査しました。出雲丸で実地調査に赴いた石沢以下調査団、彼らは魚釣島に上陸して、「島上にはアホウドリが群集している事、岸辺には琉球船支那船といった難破船等の漂流物が大変多く漂着しているが、島に人がいた形跡はなく、いわゆる無人島である事」。ですからこの時には漁業がされていない。漁業者はおそらく行ってなかったと思われます。

報告に戻ると、「沿岸は水産資源が豊富だが、島には平地が無い」、どちらかというと山のような島です。そのために「開墾や漁業といった農漁の事業は不便」である事等の調査報告をまとめ、県に提出しています。

付け加えると、上陸出来たのは魚釣島のみで、他の島、久場島や大正島といった島は調査当時天候が悪化した。波が荒くなったりして、結局上陸を断念しています。

また調査団は魚釣島よりアホウドリを多数生捕り、当時那覇にあった県の勧業試験場で飼育を試みた。もし当時県の勧業試験場を訪れる方がいたら、魚釣島産のアホウドリを見た人がいるかもしれません。

調査報告後、沖縄県令の西村捨三《にしむらすてぞう》は領土編入を内務卿山県有朋、政府に上申します。

当初ですね、山県さんは「領土編入してもいいんじゃないか、無人島みたいだし出来るんじゃないの？」と言って、外務卿の井上馨に相談するんですが、井上さんは全く別の立場なんですね。「聞けば何か琉球福州間にある島で、昔から琉球と中国に知られている島なんじゃないか、しかも中国名も付いているぞ」「釣魚台《ちょうぎょだい》なり黄尾嶼《こうびしょ》なり赤尾嶼《せきびしょ》なり、そう名前の付いている島を無人島だからといって、今無闇に領土編入していいものか」と強く反対、山県さんはその主張に説得されて、この時沖縄県が上申した領土編入は必要ないと回答しています。

そうして、漁業の様子は見られなかったと同時に、調査はしたものの領土編入についても明確に「必要非ず」と回答されましたが、そのおよそ五年後の事です。

三、一八九〇・明治二十三年

漁業の形跡が確認されるんです。前回の調査から五年後の一八九〇年には、「漁業に俊敏なる糸満人《イチマナー》」これはいわゆる沖縄の専業漁業者、糸満の名で有名な彼らが多数久場島魚釣島に渡島・滞在し漁業を営むようになる。これを重く見た八重山島役所では所長西常央《にしつねのり》が県知事丸岡莞爾《まるおかかんじ》に八重山島の管轄としたい旨を上申しています。

少し細かく見ると、まず一八八九年、この頃に八重山で当時公費補助による八重山共同水産会社というのが設立された。そうしてその年の暮れ十二月二十五日に、八重山島役所長より沖縄県知事に、「以前に県が調査したことのある尖閣諸島なんですけど、水産物採捕の取締上、当役所と関係があるのでこちらの所轄内として処理していいか」と問い合わせがある。この問い合わせだけでは当時県庁としては把握できかねたようで、翌年一月、八重山島役所の方に、「それでは良く分からないので、水産物取締についてももう少し詳しく報告してくれないか」と指令を返すと、一月十日付で八重山島役所より沖縄県庁に返事が帰って来ます。「去年許可された八重山島の共同水産会社、これが尖閣で操業する関係があって、県庁に指示を御願いしているんです」といった内容です。

ですから当時八重山から集団で漁業者が尖閣の方にまで渡るようになっている。それを把握した八重山島当局では、そういう事であれば一応管轄に含めなければいけないとして、県庁に相談している。

それで県庁はどうしたか。三日後の一月十三日付で、明治政府に、沖縄県知事より内務大臣へ『無人島久場島魚釣島之義ニ付伺』という上申を出している、内容は要するに領土編入のお願いです。尖閣諸島を、水産物取締のため八重山島の所轄にしたいと訴える。で、その後一月から二月にかけて内務省県治局長と知事の間で書簡が取り交わされます。この内容ですが、内務省側としては島の詳細というのを把握してない、ですから明治十八年調査の詳細を沖縄県に提出するよう要求して、沖縄県側は書類をまとめて内務省に送ります。ですが内務省から返事は来なかった。結局領土編入についてその後指示は出されなかった。

そういった状況でしたが、同じ年の四月頃に、沖縄県は県属の塙忠雄《はなわただお》に命令して、「尖閣諸島における漁業状況聞取調査」を行なっている。命令を受けた塙さんは、当時尖閣諸島で漁業を行なっている途中、石垣港に戻ってきた糸満漁夫らから聞取調査を実施しました。その内容は「既に七十八名の漁夫が行っている」と、内訳は「大有丸《たいゆうまる》より三十二名」、この大有丸というのは蒸気船です。当時先島航路というのがあって、沖縄の那覇と先島の宮古島、石垣島、西表島、与那国島を結んでいた定期航路の便船です。この船を当時チャーターしたのか、回航をお願いしたのかわからないが、三十二名の人々がそれで尖閣まで渡っていると書いてある。また「鰹船からは二十六名」、これはおそらく日本型の漁船か少し大きい伝馬船のようなもの、沖縄では当時鰹漁が始まっていませんから、いわゆる鰹船は無かったと思われますが、そういったもので渡ったと考える外ない。「与那国より二十名」これはもうそのまま、サバニや伝馬船で二十名ほどが渡った。そうして総勢七十八名、尖閣諸島に当時渡島して、「夜光貝の貝殻採取等の漁業に従事しており、すでに現地に小屋建てし移植等の計画が認められる」。こういう内容の調査結果を県に報告したわけです。

補足として、この一八九〇年の尖閣諸島への出漁状況の記録は別の資料、『沖縄青年会誌』という雑誌、この同じ年に刊行された創刊号の中に、「南洋乃海産事業」として、ほぼ同様な記述が認められます。その部分を読み上げますと、「此に四五年以前より八重山群島に移住し、今は同島共同水産会社に従事し居る松村仁之助氏は去二月中、七〇余名の漁夫を従え八重山島より九十余海里北方なるコバシマと呼ぶ無人島に航着し、爾来僅々三ケ月余の間に既に巨額の漁獲を為したりと」。この七〇余名という数字や、共同水産会社という名称、『沖縄青年会誌』は当時の沖縄から上京してきた留学生で結成された組織が出していた会誌です。つまり東京で発刊されている。おそらく同じ出漁の状況を誰かが、故郷の便りか何かで知ったのか、雑誌の記事として載せています。

そういうわけで、八重山島共同水産会社というのが出来た一八八九年頃には、沖縄の八重山地方より短期の滞在を意図した出稼渡島及び漁業者の出漁が始まっていた、そう言えると思います。

次に「熊本県人伊澤弥喜太《いざわやきた》の出漁」これは出漁事例としては翌年、一八九一年頃に伊澤弥喜太が、沖縄の地元漁夫を率いて尖閣諸島魚釣島久場島に出漁、信天翁《しんてんおう》これはアホウドリの事で、これの羽毛や海産物採取に従事しています。この時の船はどういう船だったか、「当時にありて航海は、単に刳舟又は伝馬船によりしに過ぎず。而して島には永く留る事なくして、石垣港に帰来せり」。要するに八重山の石垣島から出航するんですが、船というのは刳船《くりぶね》や伝馬船、無動力のほぼ帆船です。手漕ぎだったり、風を受けて進む船でもどうにかこうにか尖閣を目指していた。伊澤さんはその二年後の一八九三年に再度出漁したものの、帰路台風に遭って福州へ流されてしまい九死に一生を得た経験をしている。そうして漁業者らが、何らかの危険を冒してでも尖閣を目指して、そこで夜光貝の貝殻やアホウドリの羽毛を集めてきて石垣港に戻ってくる。

そうしていた中、今度は沖縄県庁で一八九一年の十二月頃、『大東島支配方の件』という沖縄県の訓令、命令通達が作成されています。題名は『大東島支配方ノ件』。大東島を那覇役所の管轄にする事が主題ですが、この中で尖閣の事にも言及している。「阿根久場島」これが尖閣諸島。アコンクバジマいわゆるユクンクバジマの当て字だと思われます。これを八重山役所の管轄と心得る旨が記されています。「阿根久場島所管ノ儀ニ付キ別紙ノ通リ八重山役所所長ヨリ伺出候処右ハ目下所轄ノ儀ニ付キ其ノ筋へ経《けい》伺《し》中ニ候へ共」、いわゆる領土編入の上申中なんだけど、先ほど話した一八九〇年ですね。ただこの時は返事は帰って来ていない。だけれども、「地理上本邦藩図タルコトハ明瞭ナル次第ニ有之差向キノ処」我が国の版図、領土であることは明瞭である、よって、「大東島全様ノ取扱振リヲナシ八重山島役所ニ支配セシメ候方急務ト存候ニ付キ第二案ノ通リ御訓令可然哉」と言って、第二案の訓令四十五号で、尖閣諸島「阿根久場島」はこれより八重山島役所の所轄と心得なさいという訓令を出した。

それに飽きたらずと申しますか、翌年の一八九二年一月二十五日付で、県知事丸岡莞爾は沖縄県の無人島調査を海軍省に上申しています。もちろんこの無人島の中には尖閣諸島も含まれていて、調査の理由として、「一八八五年の調査、これが不十分であった」という事、当時は魚釣島しか調査していませんから、「今一度踏査をお願いします」と海軍省にお願いするんですけど、同年八月に来県した軍艦海門は、残念ながら尖閣の調査をやっていない。

一八九〇年頃に漁業者が尖閣を目指すようになってくる、これを把握した八重山島役所でも、お前ら行くなと言いません。逆に行っているなら県庁にお願いして、正式に八重山島の所轄にして頂こうと、そうして県庁では八重山の相談を受けると、県として政府の方にお願いしようと、そうして漁業状況の聞き取り調査を行い、その後は上申中なんだけど、一応八重山島の管轄と心得なさいと訓令を出して、再度の無人島の調査を海軍にもお願いしている。当時の沖縄県の当局者と言いましょうか、県知事も八重山役所長も、尖閣諸島にそれなりに関心と注意を払っていたと思います。

四、一八九三・明治二十六年

次に明治二十六年、笹森儀助著『南嶋探験』に見られる無人島胡馬《こば》嶋と領土編入の上申があります。笹森儀助は青森県の士族です。この方がちょうど一八九三年頃に沖縄に来て、沖縄本島から宮古島、八重山島、石垣島、西表島、与那国島、全ての島々を自分で踏査して、当時の沖縄諸島の実態なり、民情なりをつぶさに聞き取りました。その後帰って南嶋探験という沖縄紀行をまとめています。これの冒頭に附された「我南洋諸島略図」には無人島久米赤島《くめあかじま》、久場島《くばじま》、釣魚島《つりうおしま》としていわゆる尖閣諸島が記されています。

この地図、点線で無人島の航路図まで、丁寧に記されていますよね。

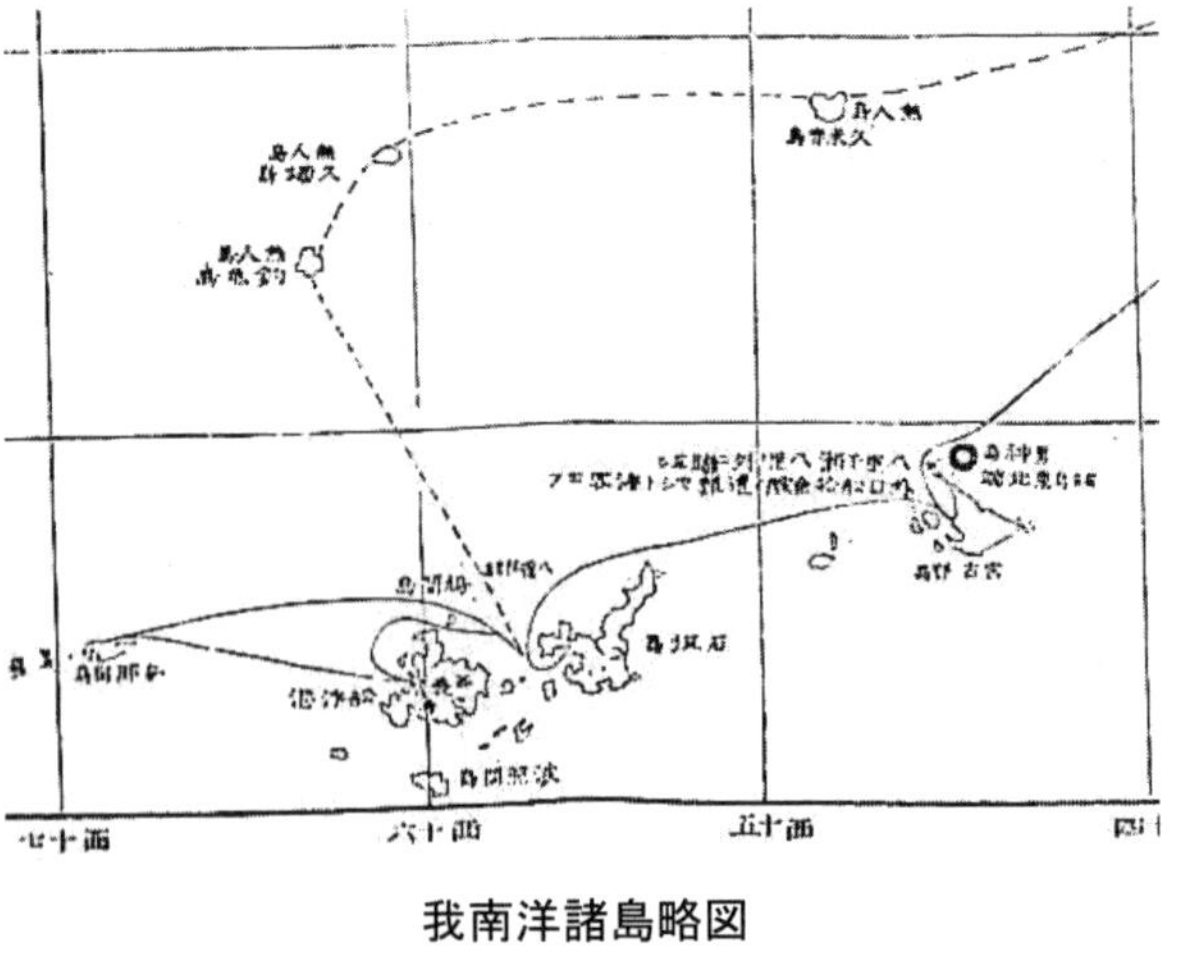

我南洋諸島略図

そうして笹森さんは南嶋探験の中で、「南島事務私見」として先島に宮古島庁八重山島庁を置き久米赤島胡馬島魚釣島を含めた先島二十島を統括管理する旨の提案をしている。笹森さんが訪れた時というのは尖閣諸島が少しぐらい話題になっていたんでしょうか、南島探験の本文の中にも尖閣諸島の出漁事例、これが二点ほどあるので、紹介したいと思います。

一番目ですが、鹿児島商人松村仁之助と永井喜右衛門、当時この二人の商人が尖閣諸島に雇用者を送り込みアホウドリ羽毛を採集させました。そうして羽毛が一定量貯まると、「自分たちはまたあとで来ますね」と言って彼らを置き去りにしてしまいます。彼らは島に移植してあったサツマイモ等を食して待つが、一向に雇い主は現れない。困り果てていたところ、当時夜光貝採取に訪れた糸満漁夫らに救出され那覇に戻った。こういった事が起こっている。お気付きでしょうか、松村仁之助さんというのは、さきほど話した一八九〇年頃に「共同水産会社に従事し居る松村仁之助」、当時石垣島を拠点にして尖閣諸島へ漁業者を送り込んだりしていた商人だと思われます。

次に二番目、「熊本県士族野田正《のだただし》ら十六人による尖閣諸島出漁計画」こういった事も、当時笹森儀助が沖縄を見聞して記しています。「当時熊本から野田正率いる漁業者集団が尖閣諸島を目標に定め来県し出漁を計画した」。この計画というのは県内の有志者に高く評価された。野田正らの計画は良いんじゃないかという事で、壮行会を開いています。そういった事も書いてある。

この計画は別の資料にもう少し詳しい記述があるので、そちらも見ておきたいと思います。『琉球八重山嶋取調書』の中の「無人嶋海産業者ノ主旨目的一班」によると、「漁業船団を組み無人嶋尖閣群島」。いわゆる尖閣諸島周辺へ進出する予定である事。同諸島はどういった場所であるか、「鱶《ふか》鰹鯨等の魚族及夜光貝等の貝類が最も豊富」であると書いてある。また漁業船団の中で「貫海」採貝専門の艦隊として、「糸満人多ク此中ニアリ」と述べています。これらの事例を笹森さんが聞いたのがおよそ九月頃です。

そうして同じ年の十一月二日付で沖縄県知事奈良原繁《ならはらしげる》より内務卿及外務卿宛に『久場島魚釣島へ本県所轄標杭建設之義付上申』、三回目の領土編入の上申が出されています。おそらく野田正らの計画を考慮したものであります。

南嶋探験に収められている事例は二つですが、別の例は同じ一八九三年に、糸満村平民、糸満漁夫です。彼らの「阿根ノ場島《あこんのばしま》」での操業、この阿根ノ場というのは阿根久場島が訛った表現で尖閣諸島を指していると思われます。彼らは尖閣で操業するんだけど帰航途中に遭難してしまう。これは『官報』、いわゆる国の公報に載っている。概要を言うと、「明治二十六年の暮に糸満より漁業のため渡島した糸満漁夫らが漁業を終えて石垣に帰航の際に台風に遭遇、うち三名が行方不明になり翌一八九四年二月二十一日付で官報に難船行方知れずとして公告がなされている」。お気付きでしょうが、この時はまだ領土編入以前です。当時はまだ日本の領土外ですが、当時漁業者が尖閣に出漁していた事が官報にも書かれているという面白い資料です。

領土編入以前のまとめとして、以上述べてきた資料や出漁事例により、尖閣諸島の領土編入以前にもかかわらず、漁獲の為に漁夫や労働者が、蒸気船を雇入るほか石垣与那国各島から自力で渡島していたことがわかると思います。漁獲物である夜光貝殻、この夜光貝が当時なんで盛んに獲られていたか、外国に売るためですが、外国では何に使われたか、貝ボタンの原料として、盛んに外商が買っていく。同様にアホウドリの羽毛、これは羽布団の原料として、上質の羽毛が珍重されていた。布団の中にはアホウドリの羽毛がいっぱい詰まっていると、おそらくこういったものは、県内や国内の消費では、当時はちょっと考えられない贅沢品です。主に海外、欧米向けの輸出品目だったと思われます。

当時の尖閣に渡っての滞在は二、三ケ月、長くても半年ぐらいの短期滞在が主だったと思います。滞在するにはそれほど環境が良い所ではない。そうして漁夫らは島に小屋建てすると共に、サツマイモ等食用作物の移殖もこの時期になされたと考えられます。

これまで廃藩置県以前の琉球王国だった頃は、福州と琉球間を航海する際の航路標識として知られていた尖閣諸島ですが、この時期から水産資源等を求める漁夫らが目指す八重山島より北方九〇海里にあるコバシマとして認知されるに至った。その背景には明治維新後沖縄に進出した寄留商人が、海外輸出を目的に夜光貝殻アホウドリ羽毛等の産物を大量に買い取っていた事がある。こうした動きによって、現在も県内の図書館等で目に出来る『沖縄青年会誌』、『南嶋探験』、『官報』等、幾つかの資料に尖閣諸島の名が記される事になったと考えています。

以上、これまでは領土編入以前にも漁業者の動きがあった事を述べてきました。次に尖閣諸島が領土編入された後、尖閣の開拓者として知られる古賀辰四郎の事について考えてみたいと思います。

五、尖閣諸島の領土編入と古賀辰四郎の開拓〈一八九五年〜〉

先ほど言いました、沖縄県が出した一八九三年十一月二日付の尖閣諸島領土編入上申、県知事奈良原繁が出したものです、翌年の一八九四年四月十四日付で内務省の県治局長から沖縄県へ返事が返って来る。「沖縄県が尖閣諸島を領土編入したいというならば、きちんと調べてあるんでしょうね」と項目を指定して聞いてくる。「島嶼ノ港湾の形状」「開拓の見込みの有無」、きちんと開拓できるような島なんですね？と「旧記口碑等、古来我国に属している証拠」、これらを県治局の方で照会したいと言ってくる。それで翌五月に奈良原さんは回答しますが、この内容はお粗末と言いますか、「明治十八年以降実地調査をしていませんから、それ以外の調査報告については確報出来ません」、つまり十八年の調査以外は良くわからないとした。回答としては及第点より落第点に近いものなんですが、それ以降、明治政府の側としては領土編入に向けて動き出す。

奈良原さんが回答して、七ヶ月後の一八九四年十二月、この時に秘別第一三三号、いわゆる尖閣諸島領土編入の閣議案が作成されます。その後内務大臣野村靖、外務大臣陸奥宗光、この二人の間で閣議案秘別一三三号についての協議がなされ、結論として閣議提出は問題無いという事になり、翌一八九五年一月十四日付をもって尖閣諸島の領土編入が閣議決定されます。明治十八年の西村捨三、明治二十三年の丸岡莞爾、明治二十六年の奈良原繁、歴代知事の上申は、ここに一応実を結んだ事となります。そうして翌一八九六年九月、沖縄県は古賀辰四郎に尖閣諸島を三十年無償貸与します。以降は古賀さんによる尖閣諸島の開拓が開始されるわけです。

さて、領有後の尖閣諸島における漁業は、島を貸与され開拓を任されている古賀辰四郎。この方のほぼ独占事業でした。なぜかと言うと、これ以降は尖閣諸島に関する漁業なり開拓なり、資料に出てくる人がほぼ古賀さん以外いない。

そういうわけで、古賀辰四郎について少し略歴と尖閣開拓の概略を見ていきたいと思います。

古賀辰四郎は一八五六年一月十八日、福岡県に生まれた。沖縄に来るのは一八七九年廃藩置県の年です。来沖後那覇に古賀商店を構え、続いて一八八二年に八重山石垣島大川《おおかわ》に古賀支店を設けます。以降は夜光貝殻等の海産物を中心に沖縄の物産を海外に輸出し財を成しました。

一八九六年以降は精力的に尖閣諸島の開拓に従事。開拓初期は久場島、後期は魚釣島を中心に開拓する。開拓の初期は糸満漁夫が漁獲する海産物の他、アホウドリ羽毛、アホウドリは乱獲されてすぐに減少してしまうが、その後は一九〇三年頃からアジサシ類の剥製を生産し大量に海外輸出した。また一九〇五年より鰹節製造のための鰹漁を開始。主に魚釣島を根拠として製造した鰹節は東京大阪へ輸出され、品評会等でも好成績を挙げています。また肥料原料として鳥糞採掘を試みますが、結局失敗に終わっています。

古賀商店を構えたとあるように、沖縄においてはどちらかと言うと商人、尖閣諸島の開拓者としても有名だったと思いますが、沖縄屈指の海産物商として知られた方です。

一例をあげると『明治年間全国商工人名通鑑』琉球国の部・那覇区商工人名に、砂糖商や織物商に混じって、「海産物商」ではただ一人「古賀辰四郎」の名が記されています。当時の古賀さんの強みは、実の兄等である、「古賀國太郎《くにたろう》・古賀與助《よすけ》」が大阪に古賀商店を構えていて、兄達が神戸の外商と直接交渉にあたれる点でした。ですから沖縄で大量に海産物を仕入れて、大阪のお店に送ったら売ってくれる窓口があった。そういう状況だったので、当時の古賀さんは沖縄において海産物を専門に扱い、外商との交渉窓口を有している唯一人の商人であると評されています。

また、古賀さんは尖閣諸島の開拓を進める一方、積極的に各種品評会へ鰹節、鯣《するめ》、海参《なまこ》、鱶鰭《ふかひれ》、介殻《かいがら》、羽毛、真珠等の海産物を出品し各種の賞を受賞されます。二等銀牌だとか三等銅牌だとか沢山もらっている。中でも真珠は当時の皇太子殿下、後の大正天皇から度々買い上げられた。当時の古賀さんは沖縄県を代表する水産実業家の一人だと認識されていました。

そうして一九〇九年頃に、尖閣諸島の開拓と海産物商としての実績が認められ、古賀さんは藍綬《らんじゅ》褒章を下賜されます。座間味間切の松田《まつだ》和三郎《わさぶろう》、沖縄における鰹漁の嚆矢として有名な方ですが、これに次ぐ沖縄県で二人目の受章です。当時尖閣諸島の開拓はその絶頂期を迎え出稼ぎ移住民は二百四十八名九十九戸を数えたと書かれています。

一九一八年八月二十八日、古賀さんは亡くなります。その後、事業は息子の古賀善次《ぜんじ》に引き継がれました。少し補足すると、移住民である尖閣諸島の開拓者、当時絶頂期を迎える頃に島で寝起きしていた人たちというのは、古賀さんが雇い入れてきた方々です、ですからおそらく一年間とか半年とか期間を設けて、お金を出して尖閣諸島に住まわせている。

資料を少し見ますと、一九〇六年二月十一日付琉球新報広告、『無人島出稼ぎ人募集』。この無人島は尖閣諸島です。広告の文面を読み上げると、「広告、一　無人島出稼人募集。陸業従事者四〇名、鰹漁従事者二〇名、事務員二名、但《ただ》し事務員は二十五才以上にして履歴書を要す。右募集す、志望の人は本月二十五日限

無人島出稼ぎ人募集広告
（琉球新報 1906.2.11）

り御来談あれ、二月六日　那覇区古賀商店」。

　こういう感じで、当時の琉球新報に度々広告を出して、無人島に行きたい人がいるなら相談に来なさいと、行きたい人といってもこれは出稼ぎ人です。そうやって集めて雇い入れて尖閣まで送り出した。

　もう一つ、一九〇七年六月二十一日付琉球新報広告では医者も募集している。「一、医師一名但し和宇山」、これは和平山《わへいやま》と言って、古賀さんは良く魚釣島をそう呼んでいる『久場島』在勤月手当金三十円食費は別に支給す」。全部読むと、「右傭聘《ようへい》致し度《たく》候間《そうろうあいだ》、志望の御方は本月二十七日までに御申込み相成《あいなり》度候也。六月二十一日　那覇西　古賀商店　追て本月末汽船を和宇山へ回航致し候間書状及び送り品等は」、家族から島への差し入れですか。「来る二十七日までに準備せられたし」。

　開拓希望者というよりはもう、雇い入れる形で二百四十八名集めた。当時としてもおそらく大変な事業だった。古賀さんはこんな顔です。若い方の凛々しいのが息子の古賀善次です。

　もう一つ、これは尖閣諸島で写されたものではないですが、古賀さんが懇意にしていた糸満漁夫、こういった方々を写した人、箕作佳吉という東京大学の理学博士が当時沖縄にナマコなどの標本を採集しに来た。古賀さんがこれをもてなして、知人の糸満漁夫を紹介している。この写真のような糸満漁夫の方々が尖閣諸島に行っていたのではと思います。

　ついでにもう一つ、魚釣島事業所建物配置図、これを見ると、造船場、作業小屋、鰹釜の納屋、従業員の寝所、こういった施設であって、〇〇さんち、といった家があるわけではない。もう全て役割が決まっ

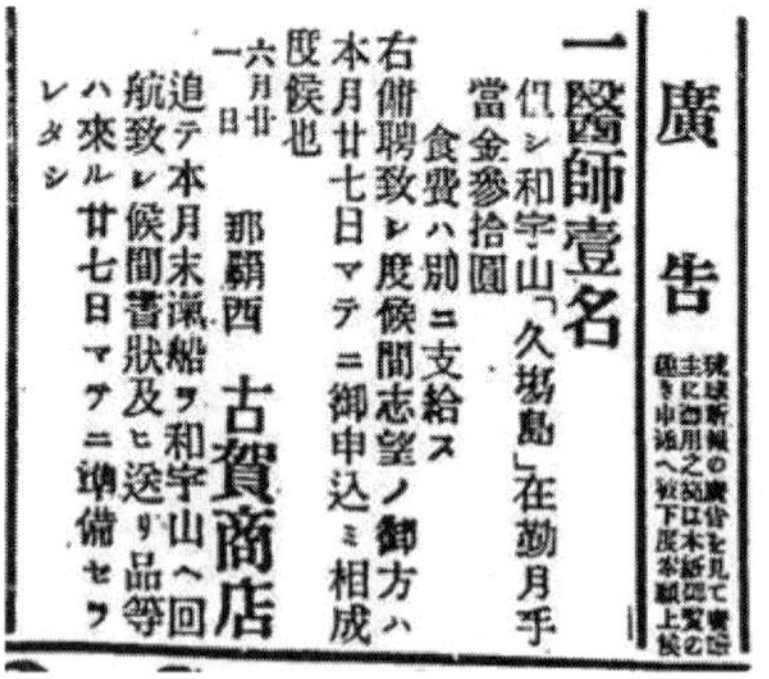
廣告
一醫師壹名
但シ和宇山「久場島」在勤月手
當金參拾圓
食費ハ別ニ支給ス
右傭聘致シ度候間志望ノ御方ハ
本月廿七日マテニ御申込ミ相成
度候也
六月廿一日　那覇西　古賀商店
追テ本月末汽船ヲ和宇山ヘ回
航致シ候間書狀及ヒ送リ品等
ハ來ル廿七日マテニ準備セラ
レタシ

医師募集広告
（琉球新報 1907.6.11）

玉城保太郎（ナビサ）

古賀善次

古賀辰四郎

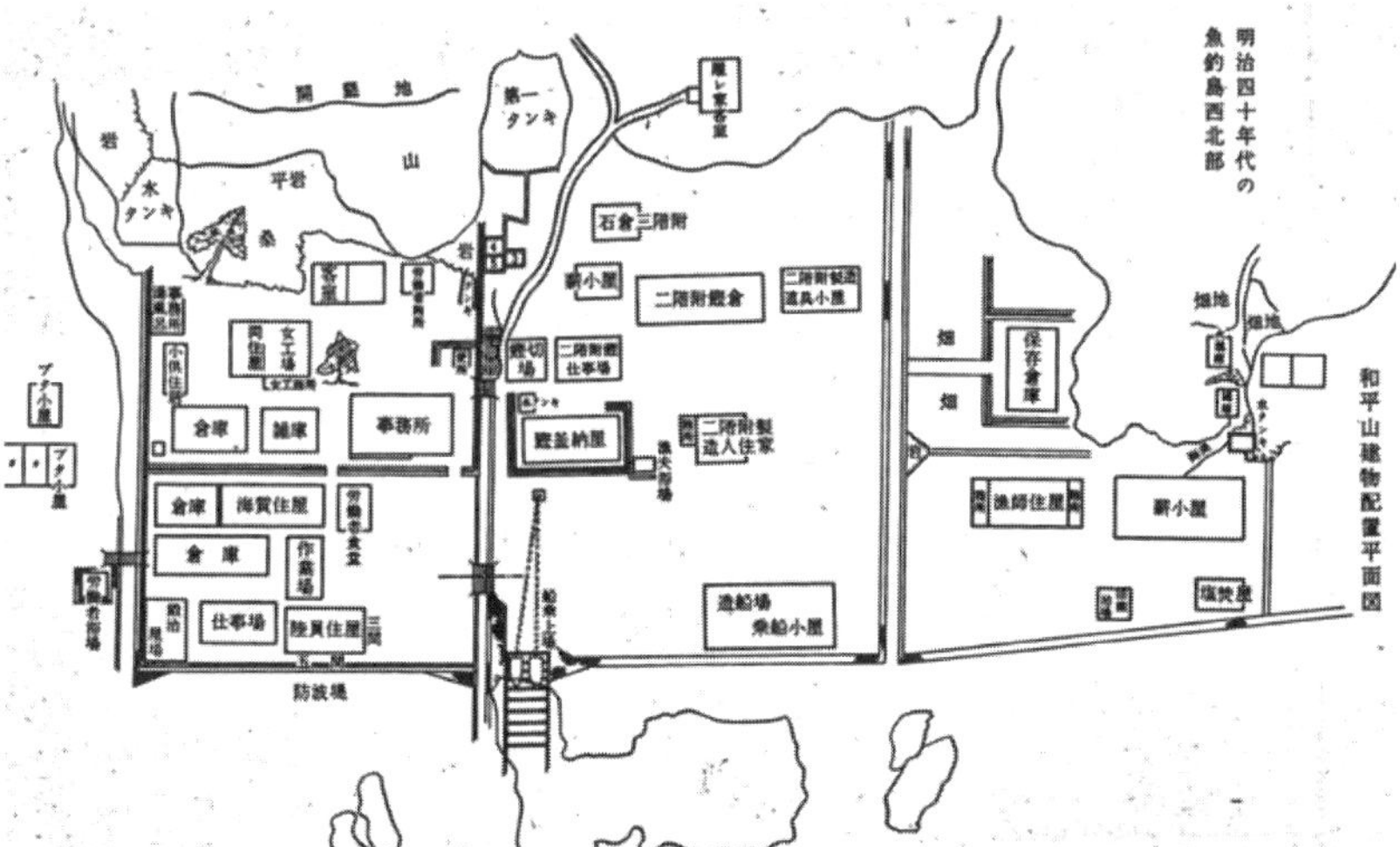

魚釣島事業所建物配置図（古賀辰四郎作成）

た作業場と、出稼ぎ人が寝起きする場所で構成されている。古賀さん自身が見取り図を残しています。
さて、漁業の方に戻って、各論として、尖閣諸島における開拓期の漁業、これを見たいと思います。

六、開拓期の尖閣諸島における漁業

先ほど一九〇九年に古賀さんは褒章を下賜されたと言いましたが、その時にかなり細かい履歴書を明治政府に提出しています、その中には尖閣諸島における事業についても詳しく記されている。この資料を参考にして、当時の漁業について考えていきます。

古賀さんの開拓のもとで行われていた漁業というのは主に三つにわかれていた。三つの分類は、まず「海鳥《うみどり》類」、これはアホウドリの羽毛、他にアホウドリ以外の海鳥、アジサシという小さいのがいて、この剥製を盛んに製造した。二番目は「鱶鰭《ふかひれ》、介殻《かいがら》、鼈甲《べっこう》等」の漁獲採集、三番目が「鰹漁と鰹節の製造」になります。

まずアホウドリの羽毛の採集ですが、最初はアホウドリの羽毛自体値段が高く売れた。開拓初期の主要産業、尖閣諸島経営の柱と位置付けられていたと考えられます。

古賀さんは開拓の認可後一八九七年より出稼移民三十五名を派遣。翌年には須磨《すま》丸という蒸気船を大阪商船から借入れて、人数を五十名に増やして移民を派遣しています。古賀さん自身が尖閣諸島にその都度渡って色々

主な水産物表

漁業種別（海鳥類含）	開始時期他
海鳥類：羽毛の採集 剥製製造	羽毛は1897年頃より開始 剥製は1903年頃より開始
鱶鰭、介殻、鼈甲他の漁獲採集	領有以前より糸満漁夫らが従事
鰹漁、鰹節の製造	1905年頃より開始

な指導をしたのではなく、当時は監督者として尾瀧延太郎《おたきえんたろう》という、古賀さんの甥らしいですが、この方が渡って色々な事業を指導しているという格好です。

これは古賀さんの履歴書にある羽毛採取高をグラフにしました。ぱっと見ておわかりになると思いますが、最初の三年間はぐんぐん増加していって、一八九七年には一万七千斤が一八九八年には四倍近い六万五千斤、翌一八九九年には更に増加し八万五千斤の羽毛を採取。どんどん増えていくのが、翌年の一九〇〇年には激減している。

なぜかというと獲りすぎた。乱獲状況になってしまって、一気に数が減った。その殺戮の規模は一九〇〇年六月二十五日付琉球新報記事『無人島の遺利《いり》』によると、当時人夫一人で一日三百羽を捕殺したと書かれています。ですから事業を始めて三ヵ年で、乱獲状況に陥って、棲息するアホウドリの数は無限ではないから、すぐに激減してしまう。一九〇〇年以降は目立って少なくなっています。

事業の継続を危ぶんだ古賀さんは一九〇〇年上京。東京大学より理学士宮嶋幹之助《みやじまかんのすけ》を招きアホウドリの調査を依頼。宮島さんと県師範学校教諭の黒岩恒《くろいわひさし》、尖閣列島の命名者とされている方です、この方々を連れて尖閣に渡ります。調査を終えた宮嶋さんの助言は、「アホウドリの捕獲を繁殖の障害にならない程度に制限しろ」、そういって指導するけど、グラフを見ればお分かりいただけると思います。

結局アホウドリの数は回復することなく、戦後には絶滅したと考えられるようになる。アホウドリの写真です、これは最近の写真、二〇〇二年頃で

鳥毛採取高（斤）

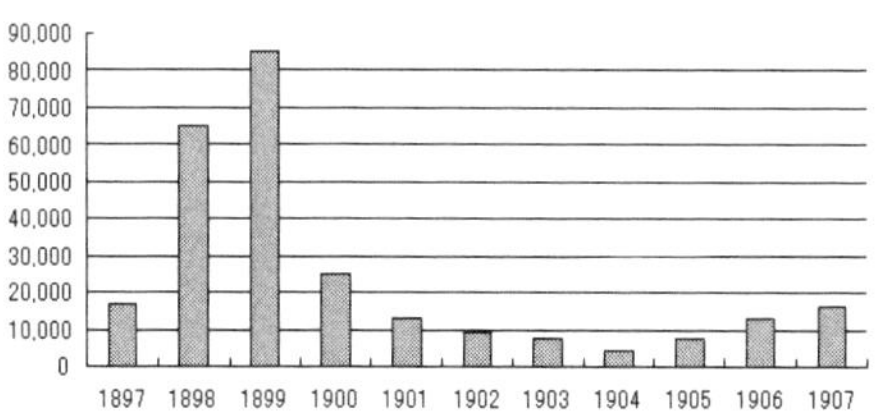

北小島のセグロアジサシ
（新納義馬氏撮影）

南小島のアホウドリ
（水島邦夫氏撮影）

す。水島邦夫というカメラマンの方が写された写真です。可愛らしい鳥ですけど、当時は盛んに棒で叩いて殺して、どんどん羽毛を取っていた。

で、どんどんアホウドリは減っちゃって、事業経営の柱とするには量が取れないので、別の産業というか別の金儲けのタネにシフトせざるをえない。それも同じような海鳥で、今度はセグロアジサシ等のアジサシ類といった、アホウドリよりは全然小さいですが、これをまた大量に獲って剥製状にして、欧州、主にドイツに輸出します。このアジサシ類の剥製は一九〇三年古賀さんが横浜で剥製職人十六名を雇入れ開始されました。南小島の海岸に加工場を設け、アジサシ類の海鳥を剥製にし、欧州婦人の帽子飾りとして大量に輸出しています。

グラフは一九〇四年から一九〇七年まで、四年間しか記録がないんですが、一九〇四年は十三万羽だったのが、三年後の一九〇七年には四十万羽を超える量を獲っている。これも結局捕まえて殺してといった事業です。剥製製造は明治末期の主要産業の一つだったと思われます。

この頃は無駄を無くそうという事か、このアジサシの羽根や皮というのは剥製にして輸出しますが、そうすると骨と肉が残るわけで、これは別に肥料として輸出する。肥料製造の際に出る絞り脂というのは、これも機械油として輸出する。海鳥をアジサシをまるごと輸出していた事になります。ですから古賀さんの開拓時代は、島に住む海鳥にとっては受難の時代というか、アホウドリの側は絶滅宣言を出されていて、アジサシ類にしても、南小島に設けた工場で相当獲った。

これは戦前の南小島の写真です。当時の写真だと、南小島のこの平地の部分にアジサシ類が沢山いますけど、戦後に調査に行った方々に言わせれば、鳥なんか全然見えない。ですから当時は本当に全島、島中に海鳥がいたのが、開拓時期を通じて、およそ絶対数というのが格段に減ってしまった、おそらく未だ回復していないと思います。

南小島（1900年）

海鳥の方はこのぐらいにして、二番目、鱶鰭、介殻、鼈甲等の漁獲採集ですが、これはおそらく領有以前から糸満漁夫等が従事していた。古賀さんの履歴書でも、これらの操業についての詳細は記述等がないため不明ですが、古賀さんが主導してこれらの海産物を製造させずとも、雇入れた糸満漁夫らを中心に海産物を漁獲、製造していたと思います。グラフを見ていただくと、まあ増えたり減ったりしていますが、羽毛や剥製のそれに見られるような、激増、激減ではありません。

次に三番目、「鰹漁と鰹節の製造」これは一九〇五年頃より開始されました。

剥製生産高（羽）

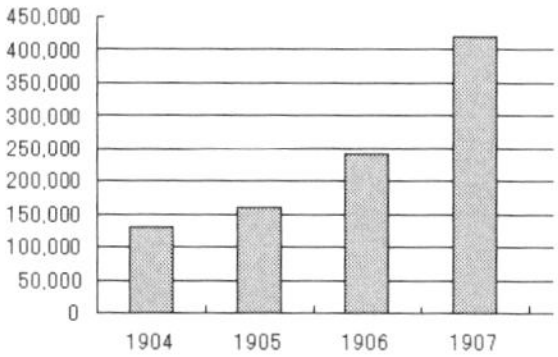

海産物製造価額（円）

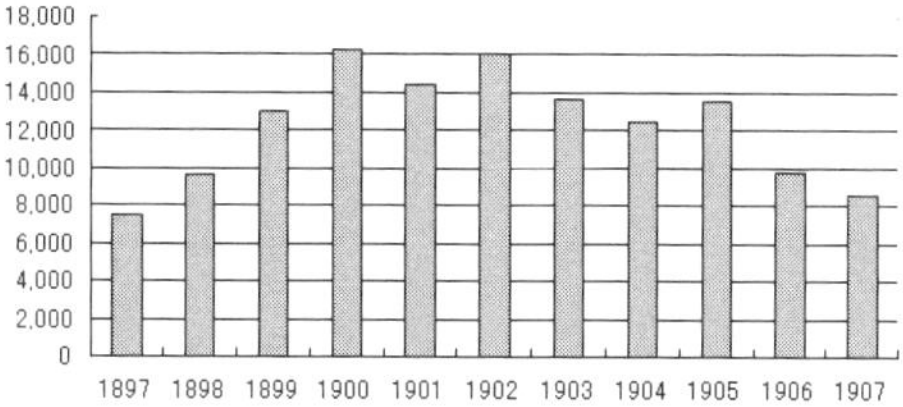

当初古賀さんは内地に於いて鰹船三隻を建造、そうして鰹の釣り手や節製造人、当時の沖縄ではまだ鰹漁や鰹節を作るというのは一般的でない、従事者が少なかった頃で、宮崎県より熟練の鰹漁夫及節製造者数十人を雇入れて、尖閣諸島での操業及鰹節製造を試みます。結果は良好ですが、この年沖縄を襲った暴風で鰹船三隻は破壊されてしまいます。ですが結果は良好なんで、翌一九〇六年、古賀さんは新たに鰹船五隻を新造して、「爾来一層ノ好成績ヲ収メツヽアリ」と記しています。

操業成績について、当時の新聞記事を見ると、まず一九〇五年十二月二十九日付琉球新報記事『縣下に於ける本年の鰹漁業(上)』書いた人は玉城五郎《たまぐすくごろう》という当時の沖縄県水産技手です。この年の尖閣諸島での鰹漁成績（六月〜十月）、これは鰹船二隻で三千八百六十円でした。ですから一隻あたりおよそ千九百三十円。そのぐらい釣れた。

その二年後の成績、一九〇七年十二月十六日付琉球新報記事『本年縣下の漁業状況(四)〈鰹釣漁業〉：玉城五郎』、これだと、鰹船三隻で一万八千円前後。ですから一隻あたり六千円。この金額は当時の本部慶良間に次ぐ県下で三番目の漁獲高です。もう少し細かく見ると、当時の慶良間地方十五隻で二万二千五百円、本部二十二隻で三万六千五百円です。両地方も一隻平均二千円満たないですが、尖閣は平均六千円。ちょっとなにか信じられないぐらい釣れている。この数字は本当なのかという気もしますけど。

次に鰹節の製造について、鰹漁は盛んに金額を揚げているけど、鰹節はどうだったのか。

これは一九一〇年十月二日付沖縄毎日新聞記事『水産製品検査高』、検査された鰹節の斤数を報じた記事に「▲鰹節：甲品—尖閣列島産二千六百三十六斤」とある。この時の検査甲品総量が五千六百一斤です。ですから半数弱が尖閣諸島で製造されたものだった。つまり鰹漁も鰹節製造も当時盛んに尖閣で行なっていた。尖閣産鰹節の評価、作った鰹節はどのような評価を貰っていたのか、これも記事があります。

一九〇九年五月二十五日付沖縄毎日新聞記事『鰹節即売品評会と受賞者』によると、大日本水産会主催の即売品評会で、古賀出品の鰹節は二等銀牌を受賞し本節十貫目（三十七・五キロ）に付き五十三円五〇銭で売れた。先ほど製造人は当初宮崎県から雇入れたと言いましたが、その後は土佐節を製するにあたり四国方面の節削り女工さんを雇い入れています。

「第一漁夫等の此の島に在る員數は大凡百人にも近かるべし。鰹節製造人も又た其の外にあり。四國方面より雇入れたる節削《フシケズリ》の技術婦もあり」。（「尖閣列島と古賀辰四郎氏（六）：漏渓」一九〇八年六月二十一日付琉球新報）。

「縣下の製造教師は多く宮崎から来て居ます。初め鹿児島から雇ふた人達は、薩摩節を造り居ました。古賀様の如きは高知から雇ふて來たから高知節が出來た」。（『沖縄教育第五三号』『沖縄縣水産一班』大村八十八」一九一〇年九月）。

そうして沖縄県の各地でも鰹節が製造されるようになった頃の記事、一九一〇年九月二十七日付沖縄毎日新聞記事『本県と鰹節(続)：勝男武士』では、「沖縄各地の鰹節の産地：尖閣列島」、として「同島産の鰹節は、主産地より職人を雇い入れているため、形状や品質が甚だ宜しい」、と高く評価している。

次に、鰹漁場としての尖閣諸島の有望性について、当時尖閣諸島周辺がどういう漁場だったか、古賀さんの履歴書によると「同列島ニ於ケル鰹漁ノ有望ナルコト第一ハ食餌ノ潤沢ナルト鰹ノ魚群ガ極メテ近岸ニマテ来集スルニヨリ必スシモ遠洋ニ出漁スルノ要ナキ等孰《いずれ》モ天与ノ好適地ナル」、食餌、これは鰹漁に使うエサ魚です。これが当時は豊富に捕れた。鰹の群れも島のかなり近くまで寄ってくる。だから遠くまで行く必要がない、と書いています。鰹が近くまで寄ってくるという事はどういう事か、一九〇八年に琉球新報に連載された『尖閣列島と古賀辰四郎氏(十一回)』によると、尖閣諸島での操業は日に四度の出漁が可能であり、「列島中鰹の大漁に際しては一日六、七千尾以上一萬近かくの鰹魚の釣り上げらることもありと云ふ」。一日に一万尾釣れる。大変釣れたものと思われます。

漁場として有望な点をまとめると「沿岸には餌料が豊富なこと」、「漁場が根拠地から大変近いこと」。この二点により、一日に数度の出漁が可能である。これが当時の尖閣諸島漁場の利点だったと思います。

この好漁場を古賀さんしか利用しなかったかという点を少し考えると、一九一〇年にはこの時期、県の水産技手から鰹漁業者に転進した玉城五郎が八重山久場島で鰹漁を試み一万六千四百九十五尾の大漁を記録しています（同年十月六日付沖縄毎日新聞記事『鰹の大漁』）。ですがこれは古賀さん以外の人が尖閣漁場を利用した唯一の資料なんです。加えて玉城さんは古賀さんの友人なので、他人とは少し違う。

おそらく他の人々は尖閣諸島を利用できる状況にはなかった。

尖閣諸島近海が鰹の好漁場だった事は確かですが、まず地理的問題があります、東シナ海洋上の孤島です。動力の問題として、当時は多くが無動力船です。魚体の鮮度の関係も考えないといけません、当時沖縄県には漁業用の製氷設備が無い。よって尖閣への出漁は同諸島を根拠地として、同島で節を製造するという前提が必要です。この場合、島を貸与された古賀さんのような一部の漁業者だけが操業可能だったと思われます。

鰹漁についてはこの辺にして、尖閣諸島開拓の利益と収支のグラフを見てみます。棒グラフが年毎の利益、折れ線が累積利益です。ご覧頂くように、黒字続きではありません。アホウドリが激減した一九〇〇年以降は赤字が続き、累積利益も使い果たしている。その後鰹漁を開始した一九〇五年から経営が上向いているのがおわかりになると思います。古賀さんは粘り強く無人島の経営及

年利益と累積利益

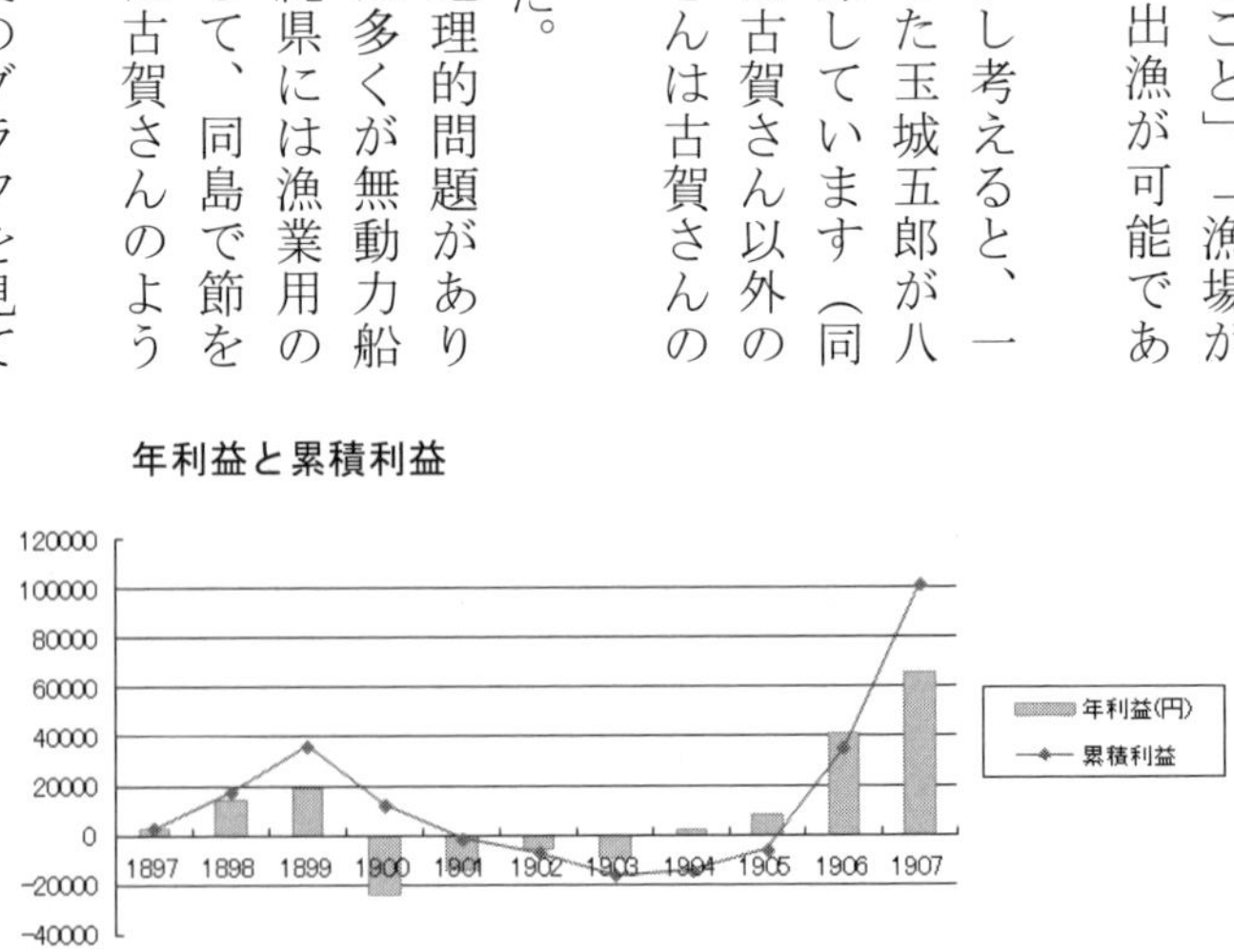

び開拓に取り組んでいたのでしょう。

次に、尖閣諸島における経営のその後ですが、一九〇九年の褒章受章以降、古賀さんのカツオ事業、他の事業や島の開拓等も含めまして、それほど拡大せず逆に縮小傾向にあったと思われます。

一九一一年の古賀さんの事業計画予定を見ると、「漁業：鰹船二十艘」「珊瑚船二十艘」。当時サンゴ漁業を始める計画がありました。また「監督者三人漁夫二百二十人、珊瑚採取者百人、海鳥剥製業：監督者三人剥製者百五十人」、およそ出稼移民が四百七十名位、漁船は四十隻、このような拡大計画を当時記してますが、実際に、現実にと言った方が良いんでしょうが、その二年後一九一三年の沖縄県の調査『宮古郡八重山郡漁業調査書』の中の尖閣諸島の項目によると、「大正二年中該漁業ニ従事スルハ漁船（日本型）二隻漁業者五十二人ナリ」。ですから拡大というより縮小している。「現今従業中ノ前記漁夫ハ與那城嶋(与那国の誤記か)ノ者多數ヲ占メ、(略)。但シ製造人ニハ與那國ノモノ無ク、全部沖縄本嶋ノ者ヲ採用セリト云フ」。

当時は宮崎県や四国からの雇入れをやめて、島の滞在者を沖縄県下から雇入れる方針へ転換していたと考えられます。鰹漁は縮小した、海鳥の剥製製造についても、この時の調査にはやめていると書かれている。おそらくアジサシ類の剥製製造は大正期以降途絶えていた。考えられる原因として、「アジサシ類は保護鳥に指定（一九〇八）」「第一次世界大戦により欧州向け輸出が停止(一九一五)」、カツオ節、剥製、どちらも大正二年には衰退している。

年代を下って、幾つかの資料を見ても尖閣諸島にある漁船はほぼ一、二隻です。大正期以降尖閣諸島における漁業の規模は縮小し、一九一八年古賀辰四郎死去後は鰹漁の根拠地についても、次第に石垣島へ移していったと考えられます。

七、尖閣諸島での事業の縮小とその後

そうして尖閣諸島における漁業を古賀商店が縮小する一方、大正期より県外の鰹船が進出してきます。一番よく来るのは台湾の方々です。台湾の鰹船は大正初期、一九一五年から一九一六年にかけて尖閣諸島まで漁場を広げ盛んに出漁するようになります。

また、本土よりは高鵬丸《こうほう》（高知一九一六）、照洋丸《しょうよう》（鹿児島一九二六）といった各地の水産試験場が所有する調査船が沖縄近海から尖閣諸島方面にかけての鰹漁場を調査して漁場を広げていく。そうして本土の漁業者は鰹漁船を大型化し漁期になると沖縄近海から尖閣諸島方面まで、この頃は鰹が釣れるのはわかってるから出漁するようになる。

八、台湾の進出

そういった感じでどんどん県外から漁船が来出し始める。少し個別に見ると、台湾の鰹漁業については、元々日本本土のような鰹漁、いわゆる鰹竿釣り、鰹一本釣り漁というのはおそらく無かった。鰹漁自体が無いのではなく、鰹をとるが、釣るのではなく網で捕まえる。沿岸まで来る宗田鰹《そうだがつお》、真鰹《まがつお》ではなく違う種類ですが、これを網で捕っていたという資料がある。

ですから台湾で始まる鰹釣漁業は、日本が台湾を領有して後に、台湾に入ってきた内地の宮崎とか九州方面の漁業者、おそらくこの方々によって勃興、発展していった格好だった。

で、どのように台湾船が尖閣に進出したか、台湾船の尖閣諸島進出です。

一九一五年八月の台湾日日新報記事『台湾の水産』には、「今日台湾本島に於て漁船の足場とする所は

基隆《きりゅう》、打狗《だく》の外に東港《とうこう》位なものである、領台以来より漁業の成功著しきは以上の三港にして将来も亦《また》益々漁業根拠地として繁昌すべき場所に相違ない。基隆を足場としては益々東北の海に漁場を拡大し、尖角列島や先島群島の沖合に出漁し石油発動機船が蒸気船となって活動すべき運命を有し」。今後台湾の鰹漁場として尖閣諸島や先島諸島まで広げていくべきであると書いている。そうして当時まだ新しかった石油発動機付の漁船をも蒸気船に変える。おそらく鰹漁船を大型化して遠洋漁業に乗り出そうと、台湾の水産業者はそこまで見ていた。

翌一九一六年の資料では台湾の鰹漁場は尖閣諸島周辺まで広がって、以降盛んに出漁するようになります。台湾側は尖閣周辺をどのような性格の鰹漁場と認識していたか、『台湾近海海洋調査報告：第三報』には、一九二三年度の一出漁あたりの漁獲千五百尾を超えた漁場として尖閣諸島が記載されています。千五百尾を超えた総数は二百四十六回ですが、このうち尖閣方面はその半数近くを占める百二十回、主に五から七月に亘り好漁、台湾側にも好漁場であると認識されていた。

報告を見ていくと、およそ尖閣で釣り上げる平均的な鰹の魚体はおよそ四〜七キロ、中判が多く大判ではない。釣れるには釣れるが中位のサイズが多かったと思われます。

九、本土船の進出

次に、本土船の進出について考えてみます。

進出の背景として、明治後期から発動機船が現れ日本各地の鰹漁業は活性化したが、大正後期には漁船の数が沿岸漁場の許容量を上回り、漁場の数よりも船の数が多くなってしまう。結果、遠洋への進出及び漁場拡張を余儀なくされていった。高知県の水産試験場では、一九一六年に試験船高鵬丸を西南諸島、鹿児島から沖縄・台湾にかけての海域に派遣して、漁場拡張のための調査を実施。沖縄・台湾の鰹漁場として尖閣諸島について記しています。また、一九二四年の報告では当時八重山漁場さえも台湾船が盛んに出漁する為、台湾漁場と認識されていると記している。「然《しか》レ共其ノ南端八重山漁場ハ此地ヨリ出漁少ナク却《かえっ》テ台灣ヨリ出漁スルモノ多キガ爲台灣ノ漁場トシテ數《かぞ》ヘラルヽコト多シ」。

次に鹿児島県の漁場調査の場合。沖縄県のすぐ上にある、いわばお隣の鹿児島県でも漁場の数が少なくなって、遠洋にどうにか進出・拡張できないかとして、まず民間人の原耕《はらこう》が一九二四年に大形漁船千代《ちよ》丸を建造、翌一九二五年沖縄沿海に遠征し久米島西沖の百尋《ひゃくひろ》線、いわゆる大陸棚の端ですが、そこに新漁場（大正島周辺）を発見する。翌一九二六年からは、鹿児島県水産試験場が漁場拡張のため、数回（一九二六～一九三六）に亘り尖閣諸島周辺の鰹漁場、大陸棚に沿った形で漁場を調査しています。

また鰹漁場だけでなく、一九三三年には同漁場での旗魚《はたうお》（カジキ）漁業試漁を行なっています。当時台風の影響もあって、十分な試漁を行えませんでしたが、尖閣周辺では大変多くのカジキを見た、おそらく好漁場であると報告しています。

十、沖縄側の動向

以上、簡単に県外の漁業の動向を述べてきましたが、沖縄側の動向はどうだったか。

台湾や鹿児島が漁場を拡張するにあたって大きな役割を果したのが、台湾の水産研究所や鹿児島の水産試験場といった専門機関と所有船である凌海《りょうかい》丸、照洋丸等の水産試験船です。

沖縄県に専門機関及び試験船が設置されたのは、一九二一年頃です。そうして調査船「琉球丸」（一九二一）、「図南《となん》丸」（一九二七）、を建造、各種の水産試験を実施すると共に、尖閣諸島沿海も調査しています（一九二八～一九三四）。昭和に入ると台湾の漁況が沖縄の新聞でも報じられ、「漁場は尖閣列島及び赤尾嶼」等といった文面が当時の紙面に見られます。

尖閣周辺が鰹漁場である事は沖縄でも知られていたと推察されます。一九三四年八月刊『地学雑誌第四六年第五四六号』「琉球島地学雑観：木下亀城《きのしたかめき》」には「沖縄近海漁場圖」として、鹿児島南部～奄美～沖縄～宮古八重山～尖閣諸島～台湾基隆方面に亘り点在する曾根《そね》（鰹漁場）が記されています。当時尖閣諸島周辺も鰹漁場であると沖縄側も認識はしていた。

じゃあ沖縄の民間鰹船はどの程度尖閣に出漁していたか、そういう資料が見当たらない。尖閣まで鰹を釣りに行ったという形跡が見られないんですね。漁場である事は認識していても、遠征するには沖縄の鰹船は小型過ぎる。沖合操業に耐えられる船ではなかった。また、地元で採れる餌料、エサ魚は当時慢性的な供給不足でした。沖縄でも鰹船は充分な隻数があります、漁場に比べて多いぐらいに。

そして又、エサ魚供給の問題がある。釣れても釣れなくてもエサ魚は消費します。自然エサ魚が足りなくなる。おそらくこの状況の改善というのは大変難しい問題だった。その肝心のエサ魚自体も、沖縄はサンゴ礁に囲まれた島々です。主にそういうサンゴ礁を棲家とする種である為、耐久性に乏しく遠洋航海には向かない。捕って一、二日で残念な事にすぐ死んじゃう。こういった事を考えると、鰹船出漁の条件は依然整っていなかった。

一九三九年『沖縄の水産概況：同県経済部水産課編』によると、沖縄県下の鰹竿釣業は、「全部日帰操業デ未明カラ餌場ニ出テ餌ヲ自給シテ出漁スル氷ヲ使ウ船ハ殆ド無イ五十浬《カイリ》位内ヲ終日操業」。大体が一日で終わる操業だと、島の周囲五〇海里以内とありますが、最初にお話したように尖閣までは石垣島からでも九〇海里あります。

こうなると、沖縄の鰹船にとって尖閣漁場は遥か遠くのもの。好漁場である事は分かってても、自分たちが使う鰹漁場としてはそれほど考えていなかったと思います。

鰹船の場合、沖縄からはほとんど行かなかった。ですが別の船が、マチ釣船、アカマチ、シチューマチ、マーマチといった深海の魚、こういう沖縄での高級魚の漁場が尖閣諸島周辺の大陸棚の端にあります。そこに行く船が沖縄側からもあった。

一九三八年四月十三日付沖縄日報記事、「垣花《かきのはな》漁夫の鮪、旗魚、マチ釣りは本縣に於ける唯一の深海漁業であり、現在鮪延縄漁業と底魚一本釣に従事する漁船数は二十五隻に上り、本島近海より遠く宮古、八重山、臺灣、尖閣列島近海まで遠征し絶えず新漁場の開拓に努めつゝある」。那覇垣花の漁業者が夏はマグロ延縄をやって、冬になると切り換えて、深海一本釣いわゆるマチ釣で尖閣諸島へ出漁している。

まとめとして、明治期領土編入後、尖閣諸島は古賀辰四郎の独占事業として開拓される。古賀さんは久場島や魚釣島を根拠地としてアホウドリ羽毛採取、アジサシ類の剥製製造、鰹漁及び鰹節の製造といった事業を展開したが、大正期に入ると事業規模を縮小。反して県外から多数漁船が出漁するようになる。これは県外船が漁船の動力化及び大型化と冷蔵設備の充実、漁船用の製氷所の設置も沖縄は相当遅い。台湾は相当早くから氷を積めるようになる。そういった事により、尖閣諸島を根拠地とせずとも出漁が可能となった事がその要因として挙げられると思います。

昭和期に入って沖縄本島からも主にマチ釣りを目的とする近代化された漁船が尖閣諸島方面まで出漁するようになる。そうして県内県外から主要漁場の一つと認識された尖閣諸島周辺漁場でしたが、時代が進むにつれ日中戦争が泥沼化、物資統制の時代です。漁船用石油等の物資に欠乏する状況が多くなり、漁業も又戦争の影響を受ける事になります。

一九四〇年一月四日、父辰四郎から尖閣諸島経営を受け継いだ息子の古賀善次は八重山古賀支店を解散してしまいます。ただ、その後は元同店支配人照屋《てるや》清栄《せいえい》が解散後も八重山支店を運営していた形跡がありますが、詳細は不明です。翌一九四一年十二月太平洋戦争が開戦します、そうして一九四五年三月には沖縄戦が始まる。太平洋戦争が激化する頃、沖縄戦が始まる頃には尖閣諸島における漁業はほぼ途絶えていたと思われます。

十一、補足として

一応、これが戦前期までの尖閣諸島における漁業、領土編入以前、領土編入以降、そうして戦争である程度の区切りという事で、途中端折りましたが、開拓の頃の写真を用意したのでご覧下さい。

これは久場島です。一九〇〇年に、おそらく先ほどお話した宮嶋さん黒岩さんが調査した時に撮影された。その頃にはもう七軒ぐらい小屋が建っています。船が来るのが島の人たちに見えたのか日の丸を立てています。

これも同じ明治三十三年の南小島。最初にお見せした小ちゃい方の島、そこにもこうして小屋を建てて、石垣も少し積んでいる。手前に見えるのはおそらく日本型漁船。奥に二隻並んでいるのは糸満漁夫のいわゆるサバニだと思われます。写真を見ていると、これはなんとなく生活圏だ。きれいに住んでいらっしゃる。

これは一九〇八年頃の魚釣島、先ほどの写真から八年後です。いわゆる古賀さんのカツオ節工場の全景、当時の絶頂期、皆さんがまだカツオ節を盛ん

久場島（1900年）

南小島（1900年）

魚釣島カツオ節工場の全景（1908年）

魚釣島の船着場（1908年）

に作っていた頃です。こうして小屋が立ち並び、暴風から保護するための石垣囲いも奥の方に見えます。沖泊めしている蒸気船も見えます。おそらく球陽《きゅうよう》丸です。

これも同じく一九〇八年。この写真の船着場は、もともと天然にあるものではありません。古賀さんが雇い入れた方々、おそらくダイナマイトの扱いに慣れた糸満漁夫が中心となって切り開いた船着場です。これはカツオ船でしょうか、カツオの竿を持っています。右の方に子供たちがいますが、皆さん糸満売りという言葉がありますね。この子供たちはおよそ糸満売りと同様にして尖閣に売られてきた子供たち。出身は宮城県福島県、内地の東北の方から来た方々です。今、尖閣諸島に行って、同じ場所に立っても、このような光景があったという事自体、おそらく信じられないでしょう。ですけど、こういう時代があった。

以上を持ちまして僕のお話を終わらせて頂きます。

後藤　ありがとうございました。沖縄近代漁業史、沖縄それから日本が当時どう利用していたかという話でした。それでは上田先生はこの事実をどう見られるのか、今の色々な状況に即してどう考えているか、コメントをお願いします。

【コメント】

上田不二夫

上田不二夫　みなさんこんにちは。会場を見るとだいぶ知っている方が多いですね。少しお話をさせて下さい。今まで尖閣は古賀商店を中心にした研究は何名かの方がしていますが、尖閣の漁業そのものを取り上げて報告をしたのは、たぶんこの土曜講座が初めてではないでしょうか。いわゆる尖閣諸島に関するこれまでの論争ですが、もう少し論争の仕方があったのではと思います。

私は今沖縄県の海区漁業調整委員会という漁業権の審議をする委員をやっています。それで沖縄県の漁業権を色んな形で議論する立場にあるんですが、不思議な事に、沖縄県には漁業権の無い場所がある。南北大東島と多良間島、それから尖閣諸島です。少なくとも二〇〇海里という経済水域を国として決めておきながら、漁業権すらどうして無いのか？　という疑問が昔からありました。私は二期八年も委員をやっている立場なので、なおさらそれを感じる次第です。

委員をやっていると同時に、県の振興審議会の農林水産部門の担当も長く、特に尖閣に関しては私と審議会委員の皆さん、一緒になって尖閣諸島に漁港建設を、って話をかなり前から出しています。

宮古八重山、沖縄本島の漁業者の安全を考えると、尖閣に避難港的な対策は当然必要なので、港を作って欲しいという事を常々言ってきました。その事は委員会として採択されて上にいくんですが、上に行ったらどこかで消えてしまうのです。

我々沖縄県の委員会で決定した意見がなぜ中央に通らないのか、尖閣問題に関して非常に不思議です。私たちは別に領土問題ではなく、産業問題として尖閣諸島の問題をあげて言っているんだけれど、どこかで消えていく。それをたどるとどうやら中央の意向だという。これも正式な文書で回答するというようななご返事ではない。なんでそうなったのか関係者の話を聞くと、どうやら外務省サイドの圧力があるのではないかという声が聞こえてくる。

そういう事で、尖閣の漁場に関しては、漁業サイドの意向というよりは外交上の別の側面がいつも反映されてきたと思います。

それから今日の報告で、県外、特に台湾との関係が出ていましたが、実は沖縄県の水産業界、特に県水産団体、試験場を含めて台湾との関係は戦前期は特に非常に深いものがあります。

台湾水産業の大立者で立川卓逸《たくいつ》という方がいます。この方は沖縄県の水産試験場長をやめて、台湾に行かれて向こうの台湾水産会という団体の責任者、そこの機関誌の編集者を相当長い期間やられた。その方がカツオ漁に関しては沖縄をモデルにして、台湾の水産業界を引っ張っていった経緯があります。

つまり、ある時期、台湾にとって沖縄は先生という立場だった状況が歴史の中にあった。そのおかげで戦前期、要するに台湾水産雑誌という機関誌に沖縄の情報がよく載ります。戦前期の沖縄県の農林水産行政史（『沖縄県農林水産行政史』沖縄県、農林統計協会発行）を編纂した時に、沖縄県はご存知の通り沖縄戦があった関係で資料が残っていないので、台湾の水産雑誌の中からかなりの量の沖縄の情報を収集出来ました。

それから写真の解説を聞いていて、尖閣の漁業にも糸満売りがたぶんあった事はまあ考えられるが、売られてきた子供が県外から、それも東北から来ているという事になると、ちょっと糸満売りとは定義が違うという事があります。水産業の現場で子供の労働力を必要とするという事は沖縄だけでなく、日本全国あった状況です。そもそも県内の糸満売りされた子供たちか、あるいは全く東北からきた子供たちなのか、この辺はちょっと私にもわかりません。

さて、今日お配りした資料は大学で「地域と水産業」という科目を教えている中から、今回のテーマに関係するものを持ってきました。「排他的経済水域」とか、それからどうして最近こういった問題が表面に出てくるのか、いわゆる「大陸棚」調査の問題とか、そういった事も資料として付け加えています。

中でも長崎の柱ともいうべき以西底びき網漁業や大中型まき網漁業の事を少しお話ししたいと思います。長崎の漁民が中国との大きな障害、問題を抱えているのは、東シナ海における漁業で、漁場がちょうど尖閣にも接してくる実態があります。中国の漁船が沖縄に大挙してやって来る場合、ほとんどの船は中国側の底曳網漁船です。そう考えると長崎も沖縄もやはり一つの運命共同体なんですが、長崎が今どのような動きをしているかと言えば、この二〇〇海里の中で、中国と同じ海面で操業するスタイルを取らざるを得なくなっている。その結果はこのグラフに見える通り、もう見事なぐらい衰退しています。

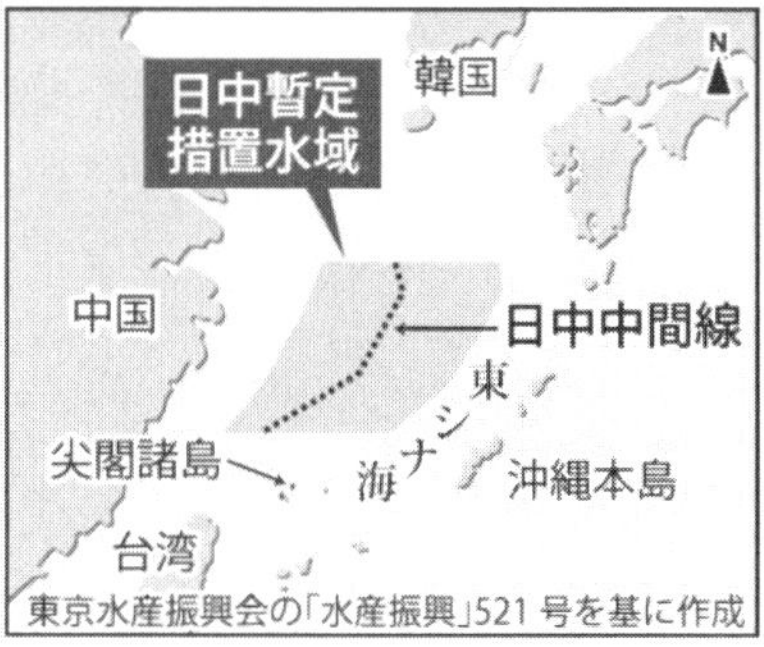

日中漁業協定と日中の操業水域

図の通り、平成元年以降二〇年間で長崎の底びき網業界は消滅してしまったという表現はオーバーではないと思います。

大中型まき網漁業についても、何とか持ちこたえている危機的な状況かと思えます。

これが中国と同じ海で操業するという事

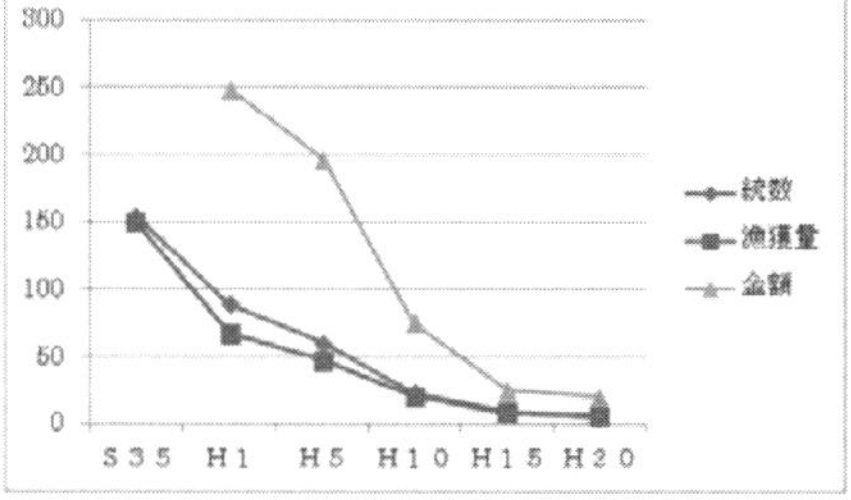

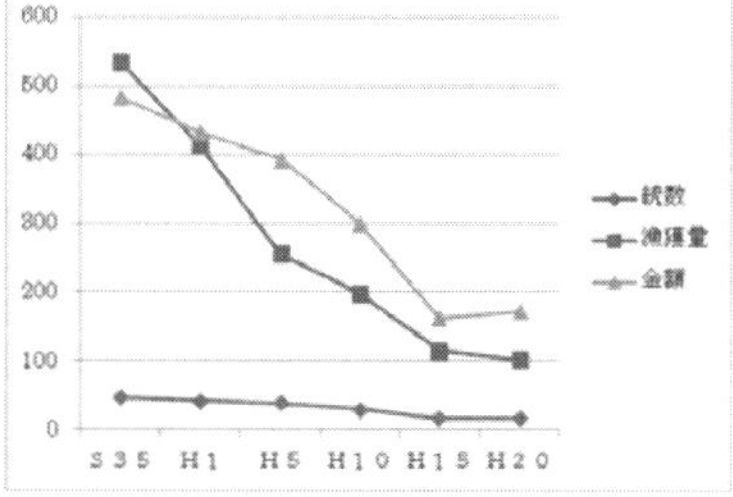

長崎県大中型まき網漁業年次推移　長崎県以西底びき網漁業年次推移

（漁獲量：千トン、金額：億円）『水産振興』521号

の意味です。日中の操業条件が同一であれば問題ないんですが、やはりこの辺が外国との操業の難しさで、今後外交交渉を通じて日本側がどういう条件を勝ち取っていくかにかかっています。今現状を振り返ってみますと、台湾と沖縄、特に八重山ですね、マグロ漁場をめぐってのトラブルが生じています。その際に台湾のマグロ船の方が遥かに規模が大きくて数が多い。それが同じ海面でマグロを獲るわけです。

八重山の漁船から言わせると、台湾のマグロ船を見上げるようにして建物の二階を見ているような感じだそうです。そういう表現があるぐらい船の大きさも違うのですが、それが同じ海で操業をする。したがって初めからある意味では問題にもならないという状況がある事を知っておくべきでしょう。

図の暫定措置水域とは、日本と中国が相互に入漁する入会漁場です。しかし、その実態は中国の海となってしまい、日本側に圧倒的に不利な漁業が継続しています。沖縄としてはこのような事実を改善することも考えるべきと思います。

台湾には更に、日本の二〇〇海里の中に自分たちの二〇〇海里を設定しているという問題があります。どうして国際条約で決められた二〇〇海里の中にこういうものがあとから入って来たのか？　これもまた非常に不思議です。

国連海洋法条約について、結論から言えば、本来は沿岸国の権利が非常に大きく設定されています。なのにどうして日中の漁業協定では、日本は沿岸国の立場にありながら、その権利の主張が出来ないのか？何故やってこなかったのか？　密約の存在があったのではないか？　これは新崎先生の得意分野というか、ご専門の日米地位協定とも絡むんじゃないかと思うんですが、相手が中国と韓国、まあ外国というような事もありますが、要は、何かあるんですかねえ？　私たち水産業界の見えないところで、何か約束事があるのか？　という疑いを非常に強く持っています。そうでなければこんなに無様な状況がなんでずっと続いてるのかという事です。ですから水産団体だけが頑張ってどうこうなるものではないという認識です。

尖閣諸島も漁業だけの問題だったらたぶん、トラブルはそれほど起こらなかったと思うんです。残念ながら魚ではなく地下資源、要するにそれ以外のものが見つかった事から、大きな障害になったと私は考えます。

また既にこの尖閣諸島周辺以外にもどうやら沖縄の近海には色んな資源が眠っているという事が最近流行りのランドサット、資源探査衛星等でほぼ確定されてきているようです。でなければ日本が十年間で一千億円というお金を出して調査を始めようという気にはならないでしょう。だから地域の水産の問題というよりも日本全体のそういう海洋資源の利害関係が現在大きな問題になりつつあるだろうと思います。

最近の傾向、今後の方向と見てよろしいと思いますが、配布した新聞記事「ＥＥＺ（排他的経済水域）で重点海域設定」の内容にも海洋基本法に基づく法の制定をこれからやるんだというのがある。

海洋政策研究財団という、日本の海洋政策をまとめるシンクタンクが設立されました。これは二〇〇七年海洋基本法という法律が出来て、日本は海洋政策を一本化する、今まで省庁バラバラだったものを一本化するという事で始まりましたが、まだ細かい法律が出来ていません。今後日本国は一つの窓口で海洋政策を行うという事が決まってきた事と関係があります。沖縄県も今後、この問題の解決にあたって、国のこういった大きな方向性も睨みながら行動していくべきではないかと、思っている次第です。

そして尖閣諸島の漁業に関しては、最終的にはやはり沖縄の水産業界が尖閣諸島をどのように活用するのかという事が大きな一番の要素ではないか、これは国がどういう姿勢であろうが、外交がどうであろうが、自分たちの生活圏として、漁業を続けていくという、そういう姿勢さえしっかり持っていればよろしいのではないかという事です。

後藤　はい、ありがとうございました。これから質疑の時間を取りたいと思います。

質疑応答

質問者①（玉那覇）　尖閣での操業について沖縄側の資料が皆無という事なんですけど、僕の知る限り、一九二〇年ぐらいは五百名位基隆に沖縄の人が住んでいて、たとえば知念村とか座間味の人たちが行き来して、そこから船に乗り込んで尖閣に出ていたんですね。漁業者の手紙とか水産会社の伝票とかが結構あります。ですからそういう資料なんかも発掘しているか？というのと、当時彼らにアンケートを取っていて、人身売買で来たって言ったら変ですけど、来た人たちで漁業が上手な人は、会社でも船主さんが自分の娘とか親戚を結婚させるんですよ。その時にたとえば鈴木さんだった人が金城さんとか比嘉さんにどんどん改姓していって、もう分からなくなってたんですね。ですから私も少し掘り起こししようかなと、前から思っていたんですけど、そういう資料をどうやって収集しているのかと。この二点です。

國吉　沖縄県よりカツオ船が尖閣まで行く、これがおよそ資料に見られないという事です。沖縄県から漁夫が台湾に渡って、台湾船籍の船に乗って尖閣に行った方というのは、台湾の漁業の実績と考えないと、台湾側でカツオ漁業が勃興、発展していった中身、乗組員はおそらく宮崎だったり沖縄だったりから来ている。これを個別の実績と考えると、こんがらがって把握しづらくなってきますので、今回は台湾側のそれとして考えました。

質問者①　手紙を送ったりしているんですよ。ああいうのを見た事ありますか？

國吉　それはないです。

質問者①　ああいうのを集めたいと思っているんです。すごい貴重な資料になるんですよ。

國吉　この手紙というのは、一九〇〇何年ごろ？　一九二〇年ぐらいですかね。

質問者①　一九二〇年ぐらいに基隆に行った人が、実家の知念村に手紙を送っているわけです。

國吉　僕も見てみたいです。是非それは。

質問者②（高橋その）　地域研究所特別研究員です。今まで宮古の漁師さんから聞き取り調査をしていて、その中で尖閣諸島に行った話をよく聞いています。

聞きたい事が一点あります。歴史的な事実の確認です。沖縄県が尖閣諸島の領土を編入したのちに、なぜ古賀辰四郎に尖閣諸島を三十年無償で貸すことになったのか、その理由。あと国が閣議決定していますけど、どのような思惑で個人企業に対して三十年という長いスパンで貸す事を決断したのか教えて下さい。

國吉　確か前回西里先生のお話では内務省が許可されたとありましたが、僕は沖縄県が古賀辰四郎に許可を与えたと考えています。それで閣議決定というのは全て沖縄県知事の上申を考慮されていると捉えて良いと思います。古賀さんは『官有地拝借御願』を明治二十八年に出している。あれは確かに内務相宛になっていますが、別の場所、大東島の場合を考えてみると、開拓御願は全部沖縄県に提出されている。そうして沖縄県知事より誰々さんへ連名だったり個人名だったり許可を与えている。

ですから国家が一個人に対して、と考えるより、当時沖縄県に編入された上で、県が個人に対して開拓許可を与える。「開拓したいんです」と県に願いでたら、県がそれを許可するといった手続きが尖閣に対しても行われたと考えています。

質問者②　独占事業というよりは、漁業権を貸す事が出来たという事なのでしょうか？　たとえば他の企業が申請した場合、古賀さん以外は出来ないという事なのか、あるいは他に何かあったという事なのか。

國吉　開拓御願を出した場合、沖縄県が開拓を許可しますね。その場合、おそらくそこは許可を得た方の独占事業になる。その代わりに、開拓という行為をずっと続けないといけない。もし余り儲からなかったり、たとえばアホウドリの数が少なくなったから、開拓の規模を縮小して、ひどい場合は開拓をやめちやっていいのか？ほったらかしにしておこう、というわけにはいかない。

開拓をやめて、あとで目処がついたら再開しようというようなやり方をしてないんです、古賀さんは。常に開拓というのは続いている、畑を開いたり、港湾を切り開いたり、どんどん支出はしている。そうしながら何かお金になりそうな事業・カツオ漁だったり、そういった事に挑戦する。ですから独占事業、権利はあるけど、同時に常に開拓を続けないといけないという責任を負わされているわけです。

古賀さんは大東島も開拓御願を出して、許可されますけど、この時は結局上陸すらできずに開拓出来なかった。県の方に出来ませんでしたと報告しています。そうして開拓権のようなものを県に返上した。沖縄県としては別の方、次の方に開拓許可を与える。そういう感じで開拓はなされていった。


質問者③（上原）　八重瀬町の港川という糸満系漁民の集落のものです。國吉さん、いわゆる中国側の資料、これの研究状況みたいなのが全く出てこないので、中国の大陸のですね、尖閣に関する漁業関係資料、調査の現状があれば教えていただきたい。

戦後のＵＳＣＡＲ《ユースカー》、いわゆる米軍民政府の資料、この点については上田先生にお願いします。

それから上田先生もおっしゃっていました。糸満、雇い小《やといんぐゎ》（編者註／糸満漁夫の親方が、他村から子供を買ってきて、糸満独特の主に潜水漁法を仕込む制度、一般的には二十歳が年季明け）という糸満売りされた子供たちであるとの説明。雇い小と糸満漁民の関係はよく知られていますが、いわゆるアギヤー（編者註／明治の近代化以降に生み出された、糸満独特の集団による潜水追込み漁法）、それから糸満女の頭商い《かみあちねー》、いわゆる魚を売り歩く商売。二つは非常に関わっているわけです。このアギヤーが尖閣でなされていない、保存が出来ないですから。カツオとか剝製というのは、そういう背景があるわけで、雇い小を必要としないんではないか。あの時代にはたして尖閣まで連れて行ったのかなあという疑問が感じられます。

糸満漁民は、たとえば八重山の登野城、新川に港川とか同じような糸満系の漁民の分村があります。久米島にもありますね。その他もっと下の方にも沢山ありますが、この糸満漁民の展開が八重山にあって、そういう関係とかで尖閣の漁業があったのかどうか、詳しい事はわかりません。

私のおやじも海人《うみんちゅう》ですが、戦後の動力、ガソリンエンジンの頃までは、漁民はユクンクバシマと言いますが、尖閣に行った話は聞いた事がない。ですがいわゆるディーゼルエンジンが出て来た頃から、泊り《とまい》歩き《あっき》と言いますが、宿泊をした漁で向こうで魚を獲って来た。その頃からは製氷が、氷が出来ますから、氷を積んで漁に出るという風に、戦後は確かにうちのおやじなんかも尖閣あたりに出漁したという話を聞いている。そういったような糸満系漁民の展開、上田先生に少しお話頂けたらと思っています。

國吉　中国、中華人民共和国ですね。すいません、ちょっと資料という資料を僕の方ではまだ調べた事がありませんので、お答えできかねます。

上田　えー、研究者というのは自分のジャンルというものに非常に頑固です。私は戦前の漁業が対象で、戦後に関しては資料を若干収集したけど、研究そのものはやりませんでした。戦後の米軍関係資料に関して私は持っていない。

それから尖閣でいわゆる糸満漁夫がどういう事をやったか、雇い小の関係から言うと、エサ捕り、カツオ漁業をやるにはエサ捕りが要るので、そこに糸満の漁業者が関わる状況という事は充分に考えられる。それとカツオ漁業は当然カツオ節まで加工するので、そういったところで多少関わってくると考えています。

特にあの写真を見ていると女の子もいたりして、大体雇い小と言うと、男の子だけと思いがちですが、実際は男女関係無しという状況がある。戦前期の雇い小の写真を偶々一枚だけ見た覚えがあるんですが、これは八重山で写されたという事で、それが尖閣諸島であったかどうかは残念ながらわかりません。だから実際に雇い小が尖閣諸島まで行ったかどうか。これは私としてはわからないのです。

ついでですから、先ほどの國吉さんの補足として、カツオ船の動力船が尖閣に行ったか？　大体動力化は明治四十年から四十一年辺りに八重山に那覇からカツオ船（照島丸、沖縄初の発動機付漁船）が行っています。ただし尖閣諸島に行く理由がない。八重山でやってれば商売になったわけです。

國吉　玉城五郎という方は、県の技手をやめて発動機付船を作ってカツオ漁をやるんですが、その時に尖閣でやってますね。

上田　その方はのちに糸満町長になった方ですね。沖縄県のカツオ漁業の大きな問題点は何かといったら、大型化出来なかった事です。それはなぜか、黒潮の流域にたまたま沖縄列島がある。要するに沖縄からちょっと出て行けば、黒潮にのれるという事です。特に本部町の漁業なんてのは極端な話、相当あとまで無動力船である帆船で終わっちゃった。つまりそれでも当時カツオ漁業がやれるぐらいに資源が豊富であった。そういったわけで漁船の大型化に立ち遅れた。もう一つは流通の問題。この問題はその後も大きく尾を引いていきます。

質問者⑤（富永）　上田先生に質問です。尖閣問題が出てきて、ナショナリズム的な動きにならないか危惧しています。

上田　質問の意味が汲み取りにくいのですけど、日本の尖閣問題とナショナリズムとがどう関わるかという事なんでしょうか。

質問者⑤　尖閣問題が出てくる中で先生が先ほど話したように、やはり漁業の立場から見て尖閣に桟橋を作るのは非常に結構な話だと思います。ですがこの問題が出てきた時に、今国家主義的な事で防衛とかそういうものを、我々は注視する必要があるんじゃないかと私自身考えています。

上田　先ほどから言っているように漁業者の安全操業の側面、尖閣周辺海域の操業という事に関していえば、そこに港がある事は不可欠だと思っています。これは特に産業振興を考える側面から、ただそれをやる事によって、日本と中国の間にいわゆる大きな問題が起こるかですが、これは当然ありうる。

そこですね。そこは外交交渉で、先方が果たして全てノーと言っているのかどうか、それを量るのが外交ではないでしょうか。最近日本の大学にも中国出身の先生がいます。その先生に「港を作って、状況によっては中国の皆さんにも使わせるというような、国際的な利用の仕方も出来るけどどうだろうか？」と聞いたら「別にそれは構わないんじゃないか」というやりとりをしました。だからこの問題というのは、いわゆる建前とは別に外交の中身もあるかと思います。お互いにプラスになる解決策、そこをまず模索するべきではないでしょうか。

それ以上に、私はこの問題というのがある種の何か、譲れないというのは国家として、領土領海というのは一つの基準になりますよね。それを確定する事が先ず条件ですから、ただ相手と喧嘩してまでやれるかというと、そうではなく、国連海洋法条約の中でも当事者、両方の国の考えを入れて、となっています。一方的にとは書いていない。だから外交が必要なんです。日本が外交をやらないのが一番の問題だと考えています。

お隣の台湾は今形の上では中国がその代わりになっていますが、台湾は台湾として、厳然として存在します。あそこから尖閣に漁船もやって来ています。そうするとそことの話し合い、石垣市議会はいわゆる民間協定の締結を決議しています。これが外交ではないでしょうか。そういった現実の利害をきちんと解決していく事。ですから私はナショナリズムとは少し違った意味で、自国の利益と言いますか、沖縄の立場で利害というものを見ていく事が大事だと思っています。

質問者⑥（比嘉康文）　國吉さんに質問です。カツオ節の件を話してますけど、古賀さんは最初は羽毛を採りに行ったんじゃないかと僕は思ってる。その点教えて下さい。

もう一つ上田先生には、戦前、与勝の漁民がインドでカツオ節工場を作っている事が外務省の公開資料の中に出てきます。今までのお話をうかがいますと、尖閣には余り出て行っていない印象を受けるのですけど、一方はインドまで行ってやっているんです。そういった関係を少し教えてください。

國吉　古賀さんがカツオ節よりも先にアホウドリの羽毛、これを目的に尖閣諸島を借り受けている。これはその通りだと思います。明治二十九年一八九六年に古賀さんは沖縄県より尖閣を無償貸与された。その前年の明治二十八年、この時に尖閣の官有地拝借御願を出しますが、内容は尖閣を自分に独占的に貸し与えて欲しい、なぜならバカドリ、アホウドリです。これの羽毛が目当てで、文面を見ると古賀さんには競争者がいる。「色んな人たちがみんな尖閣島に集まって、アホウドリの羽毛を採ってしまったら、もうすぐにアホウドリというものは絶滅してしまうだろうから、私一人に任せて下さい。そうしたら資源を管理しながら羽毛採取が出来ます」。そういった事を書いています。ですから当時古賀さんの頭の中には、おそらく欧米向けに高く売れるこの羽毛、これを独占的に経営したい。これがあった。

上田　与勝の漁業者がインドでカツオ漁業をやったという事でよろしいですか？　はい。インドネシアではなくてインド？

質問者⑥　そうです。

上田　私は残念ながらインドでカツオ漁業をやった事例を聞いていません。但しインドで追込み網をやった話は聞いています。これは戦争中に捕虜として、シンガポールからインドに連れて行かれた漁業者がいるので、向こうで追込みをやった。カツオ漁まではちょっとわかりません。

それから尖閣で余りカツオ漁業はやっていないのに、なぜわざわざインドに行ってまでやっているか、その差は何か？　カツオ漁業をやっていく上で、昔は生で食べるという事がほとんど無いですから、出来上がったカツオ節をどうやって売るかです。そうなると市場、特に沖縄の場合は中央に持って行かないといけない。すると、まず航路です。流通の問題、どうやってこれを持って行くかという問題が非常に大きなるウェイトを占める。だから尖閣諸島で沢山取れるという事があっても、結局その点はかなりのハンデになる。

鰹節製造業で有名な発田貞彦は与那国で盛んにやっていた。尖閣諸島と眼と鼻の距離です。あそこは八重山のカツオ漁業の一つの基地（東洋一のカツオ工場と称された）になりますが、やはり航路と特にもう一つの条件、エサです。エサが沖縄のカツオ漁業のネックになるわけですが、そのエサがきちんと手に入るかどうかという問題。こういうものが組み合わさって、それぞれの基地が出来上がっていったと思います。

どこもかしこもがカツオ漁業の基地になっているわけではなく、基地になるための条件が備わっていないと出来ない。そう考えて良いと思います。あとで、そのインドの工場はどこか教えて下さい。よろしくお願いします。

〈補足〉与那国島では、エサを必要としない曳き縄漁法でカツオを釣り、カツオ節を製造していた。これは全国でも例外という扱いを県の報告書でも取り上げています。（上田不二夫）

質問者⑦　國吉さん、教えて下さい、事実関係だけで結構です。領土編入時に中国の管轄というか、反応は無かったのでしょうか。一八九五年一八九六年の時です。

國吉　当時特に反応があったという事は聞いたことがありません。そういった資料もおそらくないと思われます。

質問者⑧（小池）　國吉さんに質問です。ご紹介の『宮古郡八重山郡漁業調査書』の中の「全部沖縄本島の者を採用せり」という箇所、この沖縄本島の者は一貫して全部糸満漁民だったと理解して良いのかという事。

もう一つ、私は三月に宮古で元漁師の方からお話を聞きまして、その際戦後の割と早い時期に出漁していた、大体一日で行って帰って来れる中にその尖閣近海というのが入っていたと、これは戦後の段階から可能になったと理解して良いのか？　以上二点お願いします。

國吉　まずこの宮古郡八重山郡漁業調査書、沖縄本島の者全部が糸満か？　そうであるとは言えません。糸満の漁業者の方は、カツオ釣りというよりは、先ほども出ましたが、どちらかというとアギヤー等の潜水漁業が得意でした。ですから糸満ではなく、当時明治四十二年頃から沖縄県では本土からカツオ釣りの教師を雇い入れて各地に派遣して、村々にカツオ釣りを教えた。そういった中でカツオの釣り方を教わった人たちが沖縄本島の各地から、古賀さんに雇い入れられ、尖閣諸島に集められてカツオ船に乗っていたのではないか。糸満でやる方もいたと思うけど、本島各地から集ったと考えた方が良いです。

あと宮古の方が一日で？　行って帰って来れる？

質問者⑧　正確な時間帯まではちょっと忘れてしまったのですけど。大体は夜行って次の日ぐらいには帰って来れると。そういった範囲の話です。

國吉　確かに宮古はかなり早い時期から、渡台して台湾の船に乗って、宮古の皆さんがカツオ釣り・カジキの突き棒等をした話は聞いています。一九四八年頃から一九五〇年頃にかけてです。そうして又、台湾から引き揚げて六〇年代からはもう少し小さい船。おそらく速力も以前よりは速いものになって、夜に出て朝に着いて、朝から操業して夜に帰って来るという事はあっても良いんですが、僕がお聞きしてきた話より、船の速度が早すぎてちょっと。

質問者⑧　漁業者の方が戦後からという話だったので、宮古を基地にして行って帰って来れるようになったのがいつ頃からかという事をお聞きしたかったんですが。

國吉　一九五〇年頃にはカジキ突き棒船が宮古の佐良浜、伊良部島から出ています。

質問者⑨（金城一雄）　私が見聞している限りでは地域によって、行政の人、漁業者、あるいは観光によって、尖閣の捉え方に若干のニュアンスの違いがあります。

先ほどのナショナリズムと結び付く危険性の話は、最近の南西諸島防衛を巡っての動向からは容易に想像がつくと思うんですね。台湾と与那国の関係は民間のレベルも含めて色々と昔から交流があって、例えば漁場の話という事からすると、宮崎の船が大量にあの近海に来て、地元が太刀打ち出来ないという事も一時期あったと聞いてますし、単に外国だけではない。そして国境を超えて漁民同士お互いに情報交換をしたり、危険な目に合う時にはお互いに助けあったりしている。

そういった事からすると、上田先生は国境とか、近代国家としてはそりゃ当然国境ラインが出てくるけど、だからと言って、そこから出入りを禁じると私には捉えられない。たとえば具体的に避難港の話がありましたが、避難港があると、仮に台風の時に中国の船が入って来てもお互い漁民だから入れざるを得ないと、これは漁民同士の連帯だというんです。いちいち国境を作って少しでも入ってきたら撃つぞというような関係性ではない。

質問者⑩（真栄里泰山）　お話をうかがって大変興味を持ったんですが、こういう議論が沖縄振興計画や県の施策、どう反映されているのだろうかと、いつも思うわけです。特に沖縄振興計画の新しいのが次年度から始まるという事で、国の方でも議論をしているところですが、県では当事者主義の立場から今回は沖縄県中心の振興計画にしたいという動きもある。この尖閣列島がただ外交上の問題や防衛上の問題だとか、そういう事で議論していて、国の問題なんだと言っているのか、それとも県として、積極的に地域の、水産県としての海、海洋資源として共有できないか、そういう視点で議論されているのか、上田先生は県の委員をなさっているので、その辺の議論の輪をお教えいただきたい。

またどうすれば県や国の計画に、こういう問題を持ち込めるんだろうかという事が課題の一つだと思うんですが。この辺りもお話いただきたい。

上田　沖縄県の振興審議会の委員としてはたぶん私が最古参で一番長くやっています。やった割には成果がないというか反省しきりなんですけど、私のように漁業専門、農林水産部門に属しているものは今度の四次振興計画、最後の沖縄ビジョンです。この部門の事業計画の中に、「林業」と「水産」の事業が大きく抜けている事に驚いています。今やそれが現実です。つまり沖縄県においては農業が振興の大きな柱になっている。海と林業が無いというのが特徴で、単にそれが良い悪いの議論よりは、その原因を考えた時に、私たち研究者、特に実務者というか、行政に影響を及ぼすような研究が少ない。これはたぶん大学にも責任があると感じております。そういった事が一つ。

それと今日講座の前に東京水産振興会の話を少ししたんですが、このような仕組みを作ってくれと、今度の振興計画の中で盛んに言いました。この団体は東京の晴海に埋立地や大きな冷蔵庫団地などを持っていて、その不動産収入で全国の大学の先生方に色んな研究テーマを出して勉強させています。それが実は日本の水産政策の基本になっている。ですから東京水産振興会という名前だと、なにかしら東京だけの事をやっているのかと言ったら、その事業としては日本全国の水産行政の政策決定の柱となっている。

これの沖縄版が欲しいんです。沖縄振興会という、要するにシンクタンクなんだけど、研究者を持たない。研究を組織するコーディネイト機能中心の運営組織という事でしょうか？その代わりに全国の大学の先生方、あるいは色んな形の専門の研究者、実務者を含めて、水産振興に関係する報告を盛んに出す。沖縄県にとってこの方法が一番良いのではないかと思っています。研究者を雇いませんから大きな人件費は出ませんし、そういう点でも大学を活用していただきたい。つまり現在は元になる研究実績等のたたき台がない。これが私たち沖縄の水産の弱さだと思うんです。政策を業界からも行政からも出し切れない。ましてや私たち研究者は数が少ないという事もあって、それも反省の一つです。足りない事は間違いないんです。振興審議会の中で私は相当意見を出してはいるのですが、提言というペーパーも出しますが、議論にはなりません。以上です。

後藤　最後に新崎先生から総括をいただきたいと思います。

新崎　前回今回と続けてきた主旨は先ほど説明した通りです。私たちがこのシリーズを手探りでやっているのは、沖縄にとって「尖閣」は何かという事、これを国家の論理に巻き込まれないできちんと考えていきたいからです。

尖閣を日本が領有した時に中国は何も言わなかったのか？という話がありましたが、日本が一八九五年に無主地先占の法理、持ち主がいない所なので、先に領有するという宣言をした、領土編入を閣議決定したのはいつかと言うと、日清戦争が始まってもうその勝敗がはっきりしていた時期です。つまり中国がそういう発言をする状況になかった時期にやっている。だから逆に今、台湾領有の問題と一緒にされて、中国側の主張の流れは、日本帝国主義の台湾領有と一緒だという議論が出てきている。

今日の國吉さんの冒頭の発言でお気付きになったと思いますが、石垣市が尖閣開拓の日を作った。これはいつを基準にしているかというと、日本国が領土にすると閣議決定した日です。しかし彼の話の中にあったように、沖縄県はその前から県に編入したいと言ったり、あるいは糸満の漁民がそこで生産活動をやっている。しかし日本政府は中国をいたずらに刺激しない方が良いと言って、時間を稼いでいた事が、今になって問題になっています。

更にこの問題は琉球処分の問題と関連して、琉球処分に中国が異義を申し立てた時に、いわゆる分島・改約案なんていうものを日本側が提起した。先島は中国にやっても良い。ただ無条件ではなく日清修好条約を改正して、日本にとって経済的に有利な条件、中国が内国通商権みたいなものを与えるなら、先島をやってもいいよ、という提案をした事が、そもそもおかしな問題を生んでいると私は思っています。そういう意味では、固有の領土と一方では言いながら、領土と人民を経済的利益と引換に切り売りしようとする日本政府が存在したことに注目する必要がある。

こういう国家の存在が、地域の平和な生活を阻害しているのは、沖縄戦もそうですけど、今回の漁船の問題を利用して米軍基地が必要だとか、先島に陸上自衛隊を派遣する論拠にしようとするのもそうです。本当に先島に必要なのは水産業の振興策、水産物の市場流通をどう確保するかだとか、そういう産業政策なんだろうと思います。

分島・改約問題のような具体的な歴史的事実に触れたくないので、日本政府は、中国との間に領土問題は存在しないと一方的に宣言することで済まそうとする。そうした政府のやり方と調子を合わせて、石垣市が尖閣開拓の日なんか作っちゃって、逆に反発を受ける。実は、尖閣開拓は、政府の編入決定の十年も前である。

竹島の日を作って韓国を刺激したり、北方領土の日を作ってロシアを刺激したり、意味のないことをやっているんですね。日本という国家は。

北方領土の日というのはロシアと日本がウルップ島と択捉島の間に線を引いた日です。しかしその翌年に北海道ウタリ協会（現在はアイヌ協会という）が、「俺たちにも発言権があるのを忘れるな」という声明を出している。北方領土の問題を考えた時、先住民族のアイヌ、日系の旧島民、現在住んでいるロシア系の住民、色んな人の立場、地域の立場を考えつつ国家間の交渉はなされないといけない。

尖閣の問題も全く一緒だと思うんですね。そういう事を考えながら、沖縄が国家の論理に巻き込まれないで、地域の主張をきちんと具体的に出来るようになろうというのが、この講座の狙いです。

ところがここを専門的にやっていらっしゃる方が中々見つからないものだから、そろそろとやっていますが、今回の漁業の話は、この海域の利用が始まってから敗戦までの話でした。実は敗戦からの米軍支配下でもここを活用しようという試みは沢山あったはずなんです。そこの話が抜けているので、きちんと話をしてくれる人を今探しています。勿論台湾から見たらどうか、糸満の分村が台湾にも出来ていた、という話もある。琉球村があって、そこの人たちが尖閣にまで行っているという話も聞いてみたい。

そういう事を積み重ねて、単なる国家間の角と角を突き合わせる領土ナショナリズムの問題ではなく、民衆の生活や文化や歴史を共有していく試みをやってくつもりです。

もっとも思っている通りにいっているか良くわかりませんが、やっと二回できました。あと一、二回で大体のあり方が見えてくると思っています。是非継続して参加して頂けると、この狙いとか、色々な角度からこの問題を見ようとしているという事がおわかり頂けると思いますので、時間を作ってご参加頂いて、そして周りにもそういう認識を広げて頂きたいと思います。

とりあえず今日の締めくくり、閉会の辞という事にさせて頂きたいと思います。

〈補足〉二〇一三年五月一〇日、日本と台湾は台北市で、沖縄県尖閣諸島周辺の漁業権をめぐる協定に、沖縄県側への事前協議もされない中で調印した。沖縄県の沿岸漁場で台湾漁船に操業を認めるもので、沖縄に大きな不利益を生じるものと考えられる。漁業資源の共有は名目で、漁場そのものを譲ったことにショックは大きい。

（上田不二夫）

第三部

日本・中国・台湾

——東アジアの狭間に浮かぶ沖縄が目指す先には

第五〇二回沖縄大学土曜教養講座
「国境を超えた共生圏を創るpart3」
（二〇一三年一月十二日、沖縄大学Ⅲ号館一〇一教室）

司会（緒方　修）　今日はわざわざ「尖閣諸島の自然と歴史」という事にしました。今日の政治状況というものをわざと省いてあります。

いったい尖閣諸島はどんなところなんだと、歴史的に見たり、自然はどのような状況だと、我々があんまり知らないままで議論だけが進んで、いつのまにか中国の軍用機が来たり色んな事が起こっている。「オスプレイは尖閣を守る為に飛んできた」とか噂もありますが、孫崎享《まござきうける》の本を読むと、「尖閣は日米安保の範囲内だけど、これを守るのは自衛隊なんだ、米軍が出ていくわけがない」と書いている。もうわけがわからない。

とにかく日本と中国がこの島を争って、なにか戦争前夜みたいな雰囲気になっている。これは非常に危惧されますが、我々はまず共生圏と言いますか、共に生きる生活圏として、ここはどういった場所なのかという事をしっかりと考えたいと思います。

今日は境界地域研究ネットワークＪＡＰＡＮに協力を頂いています。北大のスラブ研究センター、のちほどご登壇頂く岩下明裕先生をはじめ、色々な方からのご協力を得ています。それからお配りした資料に加えて尖閣諸島クイズ（224頁参照）というのがあります。マニアックですけど、先生方のお話を聞きながらクイズにお答え下さい。実は尖閣はアホウドリの生息地として日本での二大生息地の一つなんですが、それの絵葉書と、琉球政府時代の五セントの尖閣の切手というものが昔出ています。高得点の方にはそれをセットにして差し上げます。

それでは琉球大学名誉教授の上里賢一先生にお願いします。

海洋シリーズ第三集「海と海鳥と島」

【講演】尖閣諸島問題―沖縄からの視点―

上里賢一

上里賢一　皆さんこんにちは。ご紹介いただきました上里です。私の専門は漢詩を読むことで、今ホットな問題になっている尖閣諸島についての知識は、おそらく皆さんと変わらないレベルのものだと思います。尖閣を特に研究しているわけではありません。最初に逃げ口上ですが、ご了承下さい。

そんな私ですが、皆さんより少しは中国側の文献を読む事が出来るかもしれません。中国側の資料や文献に多少触れていると思うので、この問題について皆さん方と一緒に考えてみようと思い講師を引き受けました。しばらくの間お付き合い下さい。

尖閣諸島一覧

尖閣諸島の全体を示したいんですが、『尖閣諸島上陸・日本領有の正当性』（牧野清・仲間均共著）という本が出ていて、主張は一致しないところもありますが、便利でわかりやすいと思います。

皆さん尖閣の島は全体でいくつあるかご存知ですか？　前東京都知事石原慎太郎が東京都で買い取りますと言って、これにあおられて、野田総理が国有化を宣言した島はどの島なのかご存知ですか？

なぜ久場島は国有化されないか？

尖閣の島は南小島、北小島、魚釣島、久場島、大正島、沖ノ北岩、沖ノ南岩、飛瀬です。これだけあります。今回国有化されたのは、南小島、北小島、魚釣島の三島です。どうして他の島、たとえば久場島は買わなかったのか。あるいは何故、石原前東京都知事は全部都で買い取りますと言わなかったか、ご存知の方いますね。実は久場島と大正島は沖縄が復帰する以前から米軍が使っています。米軍に提供されて射爆場になっていますが、ここ三〇年以上演習が行われていません。それなのに現在も米軍の演習地として提供され続けています。だから久場島を買い取るとは言わなかったのではないか。つまり、アメリカに気遣っているわけです。久場島は個人の所有地、大正島は初めから国有地です。石原前知事が買い取ると言い、国が国有化した島は、こういうわけで三つになったわけです。

尖閣諸島の八重山での呼称

ここで私が注意したいのは、今回国有化した三つの島の八重山での呼び名が「イーグンクバジマ」となっていることです。石垣の方に「イーグンって何ですか？」と聞くと、魚を捕るモリ、尖っています。尖っていて魚を突いたりする道具をイーグンと呼ぶそうです。

魚釣島も北小島も南小島も尖った形をしている。それでモリのようなイーグンの形をした島として、尖閣諸島の呼び名となっています。それからクバ、沖縄でクバ笠を作ったりするクバ。ビンロウ（檳榔）です。クバジマは文字通りそれが島の名前になり、久場島という漢字が当てられています。

こうして、イーグンのような形をして、クバの木がいっぱい生えている島――イーグンクバジマ――を尖閣諸島の総称として使うこともあるようです。

尖閣諸島の諸元

【尖閣諸島の諸元】

区分	地籍	面積	国有化以前の所有者
南小島	石垣市登野城二三九〇	０・３５	民有
北小島	同二三九一	０・３１	民有
魚釣島	同二三九二	３・８	民有
久場島	同二三九三	０・８７	民有
大正島	同二三九四	０・０５	国有
沖ノ北岩		０・０５	国有
沖ノ南岩		０・０１	国有
飛瀬		０・０１	国有

【島名】

<table>
<tr><th>中山伝信録</th><th>英国海図</th><th>指南広義</th><th>日本水路誌</th><th>琉球名等</th><th>八重山名</th></tr>
<tr><td></td><td></td><td></td><td></td><td rowspan="2">トリシマ・シマグヮー</td><td rowspan="3">イーグンクバジマ</td></tr>
<tr><td></td><td></td><td></td><td></td></tr>
<tr><td>釣魚台</td><td>魚釣島</td><td>釣魚台</td><td>ホアピンス</td><td>ユクンジマ</td></tr>
<tr><td>黄尾嶼</td><td>久場島</td><td>黄尾嶼</td><td>チアウス</td><td>クバジマ</td><td></td></tr>
<tr><td>赤尾嶼</td><td>久米赤島</td><td>赤尾嶼</td><td>ラレー岩</td><td>クミアカジマ</td><td></td></tr>
<tr><td></td><td></td><td>黄麻嶼</td><td></td><td></td><td></td></tr>
<tr><td></td><td></td><td></td><td></td><td></td><td></td></tr>
<tr><td></td><td></td><td></td><td></td><td></td><td></td></tr>
</table>

※尖閣諸島には尖閣諸嶼、尖閣列嶼、ピンナクル諸嶼などという表現もある。いずれも「先の尖った形の島」という意があるようであるが「ユクン」の転訛ではないかと思われる。
※魚釣島には奈良原岳（海抜三六二メートル）という山がある。奈良原繁沖縄県知事に因む命名である（黒岩恒による）。
※また道安渓とよぶ川もある。これは野村道安八重山役所長に因む命名である（野村道安は当時黒岩の調査に同行した）。
※久場島は火山岩、魚釣島、その他の島々は近古代水成岩より成っている。
※一九七二年から段階的に所有者である古賀善次・花子両氏から埼玉県の地権者へと譲渡され現在（国有化以前）に至っている。
※ホアピンスは英国サマラン号（一八四三―一八四五来琉）の琉球訪問記に記された島名である（ホアピンス、チヤウス等の名称は清国皇帝に仕えたイエズス会宣教師ゴービルによる琉球紹介の書信がその大元であると考えられる事を注記したい）。
※編者注　右の表は牧野清／仲間均共著『尖閣諸島・尖閣上陸―日本領有の正当性』一九九七年刊を基にして作成した。引用の基になっている表には必ずしも正確とは言えない記述が含まれている。面積の単位は平方キロメートル。

日・中・台は「固有の領土」に固執するな

島の名前はこれぐらいにして、今ホットな話題になっている尖閣の問題に関して、私が基本的に思っている事を述べます。

領有権については、日本・中国・台湾がそれぞれの立場を主張しています。当然それぞれに主張の根拠があります。正当性を裏付ける資料としての根拠をそれぞれが持っていますが、いずれも充分ではありません。日本も中国も台湾もそれぞれに弱点があります。少し説明しますと、尖閣は日本が日清戦争（一八九四年）の結果、台湾を植民地にした時（一八九五年四月）に、台湾の島嶼の一部として併合した、と中国側は主張しています。日本側は、台湾領有以前に、尖閣の領有宣言（一八九五年一月）をしていると主張しています。日本側にも中国側にもそれぞれ主張の根拠があります。

尖閣が中国の領土なのか、日本の領土なのか、台湾の付属島嶼か、琉球列島の一部なのか、領土問題の話に入ると、これはもうナショナリズムのぶつけ合いになる危険性があります。今は文字通りそうなっているわけです。自国の領土とする正当性を、それぞれ主張していますが、今我々がやるべき事はその問題に固執して、ナショナリズムをぶつけ合うのではなく、いかにそれを克服するか、違いを認め合った上で、どういう風にこの問題を解決していくか、という大局的見地に立つことが大切だと思います。

尖閣は那覇―福州の航路標識

日本領有以前の尖閣諸島は無人島です。琉球で新しい国王が即位した時に、国王を認証するために中国の皇帝が派遣した使節、これが冊封使です。その使節団が福建から琉球にやってくる。その船を冊封船(御冠船)と言うんですが、その冊封船が中国から琉球に向かう時の航海の標識として尖閣諸島が使われていました。

それから冊封を受けた琉球が国王名で、認証してくれた中国の皇帝に対して、土地の物産を献上する。これが進貢で、その使節の乗る船が進貢船です。この船が琉球から中国の福建へ向かうんですが、その場合は尖閣を標識にする場合としない場合があります。琉球から中国へ行く時は、尖閣のずっと北側を通りますからほとんど標識になりません。しかし帰ってこないといけない。行きっぱなしではないですから、帰って来ます。帰路には冊封船が琉球に来る時に使った航路を使って帰って来ます。

そこで皆さんに質問ですが、明代の一三七二(洪武五)年、これが琉球と中国の外交的な関係の始まりです。それからほぼ五百年、一八七九(明治十二)年の「琉球処分」まで、途中薩摩の琉球侵入や明清の交替もありますが、中国から琉球にやってきた冊封使の渡来は何回あったでしょう?

数え方で多少の違いはありますが、二十三回ありました。明代に十五回。清代に八回あります。多いですか? 少ないですか? 五百年間で二十三回。もちろん琉球ではそれ以上の国王がいるんですが、冊封の認証式を受けないで亡くなった国王が何人かいます。ですから国王の数と冊封の数は一致しないが、明清合わせて二十三回ありました。冊封を受けた国王が進貢した。これは何回ぐらいになるでしょう？

明の時代、三山が統一される前だと、中山も南山も北山もあって、大体中山が中心になって進貢使節派遣は多いが、南山も中国に使節を派遣しています。一時期ですが北山も派遣しています。一四二九年に三山が統一されると、それ以降は中山だけの派遣です。ですから一三七二年に中国との交易が始まって、ほぼ五〇年ぐらいは三山から使節が送られていた。時期も不定期で相当な数行っています。そうして清の時代になると基本的に二年に一回、進貢船が派遣され、その翌年は進貢船を迎える船（接貢船）が出て行きます。つまり琉球からは毎年船が行っていました。

この航路を、福建と那覇間の航路標識をよく使っていたのは誰かと言うと、これはもう圧倒的に琉球側が多いわけです。中国から来る使節は五百年間で二十三回ですが、琉球からは毎年行く。しかも明代の初期はほとんど不定期に派遣されたわけです。この進貢船だけが行っていたのではなく、遭難して琉球王国に着いた中国人を護送して中国に行く船がある。いわゆる護送船です。それから中国で皇帝や皇后が亡くなると、哀悼の意を表すための使者が出て行く。新しく中国の皇帝が即位をすると慶賀使が派遣されます。このように進貢船以外にも、たくさんの船がありました。

西里喜行氏によれば、「那覇と福州を往来する琉球船舶は毎年数隻に達し、清代二百年余の間に、千隻」を数えたのに対し、「冊封使を乗せた御冠船は平均すれば二十数年に一回の頻度で航路標識として確認しただけであった」ということです（『琉球新報』二〇一二年十二月六日「中琉日関係史から考える『尖閣問題』の歴史的前提」本書第一部「講演史料」参照）。

つまり福建と那覇間の航路標識である尖閣諸島、これを活用したのは琉球側が圧倒的に多かった。それで中国から冊封使が来る時は琉球から迎えが行く。航海の水先案内をする人が乗って、冊封船を案内して琉球へ来ます。そういう形で尖閣は福建から琉球に来る時の航路標識として使われていました。

「固有の領土」論の謎と分島問題

ところで、今問題になっている尖閣の領土問題に関して、日本も中国も「固有の領土」だと盛んに言ってます。これも非常に不思議な議論ですね。「固有の領土」という議論については、豊下楢彦《とよしたならひこ》氏が『「尖閣問題」とは何か』（岩波現代文庫）で詳しく書いていますが、これは日本が持ち出した議論なんです。「固有の領土」論に関しては、中国も同じ事を言っています。皆さんのお手元に資料を配ってありますので、中国の現在の主張をご覧下さい。

『人民中国』臨時増刊号

二〇一二年の十二月に『人民中国』の臨時増刊号が出て、これ一冊全部尖閣特集です。これと全く同じ文書が、冊子になって北京の海洋出版社というところから出ています。「釣魚島—中国的固有領土」という表題が付いています（中国語版、二〇一二年九月第一版）。

ここで皆さんと一緒に考えてみたいのですが、そもそも尖閣が日本の領土だというのは、いつからそうなりましたか。

豊下楢彦氏、それから『検証尖閣問題』（岩波書店）という本の著者孫崎享《まごさきうける》氏らも詳しく書いているように、そもそも尖閣は琉球列島の一部だったわけですよね。けれども沖縄が日本の領土になったのはいつからか、この事自体が問題なんです。私が皆さんに注意喚起したいのは一八七九（明治十二）年に「琉球処分」があって沖縄県が置かれます。この時に沖縄は日本の領土になったんでしょうか？　簡単に言えばそうなります。ですが、実は「琉球処分」の過程というのはかなり長い、たとえば金城正篤《きんじょうせいとく》先生『琉球処分論』（沖縄タイムス社）によると、この問題は一八七一年（明治四年）から一八八〇年（明治十三年）までの十年ぐらいのスパンで考えるべきだという指摘があります。

その「琉球処分」の真っ只中で、当時の日本と清国の間で琉球の帰属問題について話し合いをしています。一八七九（明治十二）年の三月「琉球処分」となりますが、その年の五月に世界旅行の途中、上海に到着した元米国大統領グラントに清国は日本との調停を依頼します。グラントは同年七月に日光で伊藤博文らと会談し、翌一八八〇年三月、日本は「分島改約案」を提案し、十月には妥結します。なんと日本は、宮古と八重山は清国領土にするから、その代わりに中国国内における商業活動、商売の便宜（最恵国待遇）を図って貰いたいという提案をしています。自国の貿易上の利益と引き換えに宮古と八重山を捨てようとしたのです。

そして中国側もアメリカ側のグラントという元大統領の調停を受ける形で、二分割、三分割という案が出ますが、最終的には二分割で妥協します。要するに、宮古と八重山は中国領にし、沖縄本島以北は日本の領土にするというものです。いわゆる「分島改約案」が成立します。日清間で一旦は妥結しました。けれども琉球側の強硬な抵抗があり、清国側は琉球のこの声を無視できず、他の問題も色々とありまして調印が延び、有耶無耶《うやむや》の内になんとなく立ち消えになってしまっています。これがちょうど「琉球処分」の前後のことです。

沖縄は国益の質草か

「琉球処分」から十五年後、一八九四年に日清戦争が起こります。翌一八九五年の一月に尖閣の日本領有宣言になるわけです。そして四月には日清戦争の下関条約の結果、台湾が日本に割譲されます。ですから中国はかなり強く、日本はこの日清戦争のどさくさに紛れて、台湾と一緒に尖閣を併合したと主張をしているわけです。

私は今日の状態を含めて、沖縄は完全に日本のものでしょうか？　と言いたいんです。いつ沖縄は日本のものになったんだ？　明治十二年の「琉球処分」ですか？　その前後にも「分島案」で揺れているわけでしょう。先島は清国にあげますという話をしている。「琉球処分」の時期にですよ。そうすると、この時期に沖縄は日本の領土としてまだ固定していないんじゃないか。台湾では真面目にそう主張する学者がいます。では日清戦争時はどうだったのでしょうか？　その後太平洋戦争の時にどうなったんですか、我々沖縄は本土防衛のための捨石にされ、米軍が上陸して占領されました。

皆さんご存知のように、そのあと焦土と化した沖縄はアメリカの軍事占領下に入ります。半永久的な米軍占領を認めた天皇メッセージを含めて、沖縄は日本領土ですか？「潜在主権」という不思議な言葉にすがって、我々は復帰運動をやったわけです。これにも疑問が残ります。「潜在主権」論を根拠に復帰運動をし、日本に返還されたと、だからその前から沖縄は日本の領土なんだと言うが、沖縄戦の時は本土は沖縄を本土防衛のための捨石にしたじゃないか。「日本の固有の領土に対するやり方ではない」と言えませんか？

復帰したあと、今はどうなんですか？　日本ですか？　疑う人はいませんか？　日本の領土、日本の主権の及んでいる領土としての扱いを本当に受けているのでしょうか？　今現在我々は日本の領土に組み込まれて、日本のようなかたちでいるけど、国益の名によっていつ捨てられるか分らない怪しいものではないか。いや、すでに捨て去られているのではないか？　国を守るという名目で翻弄されるのは、別に尖閣だけではないんだと、最近私は強く思っています。

要するに尖閣の問題、尖閣が日本の領土であるかないかより、沖縄はどこのものなんだろう？　沖縄は戦後六〇年間ずっとアメリカのもののように扱われていないか、あるいはそうでないまでも、日本は自らが生き延びるために、日本の防衛・安全保障のために、国益のために、沖縄は又しても捨石にしても良いと思っているのではないか。

太平洋戦争の時にも捨てられ、一九七二年の「復帰」でも裏切られ、そして今普天間基地の問題に見られるように構造的差別は変わらず続いています。沖縄は今なお「日本の固有の領土」ではないんじゃないかと疑問を持つわけです。

我々は日本人としての扱いを受けているのかという疑問があります。沖縄の問題でさえ、このような疑問があります。沖縄に付属する尖閣の問題はなおのこと不安定です。この「固有の領土」論というものに固執していては、出口のない迷路に嵌《はま》り込むだけです。日本は中国との間でこんなにホットな問題、領土問題になっていますから、「領土問題はない」と言って突き放さず、是非話し合いで解決して欲しいと思います。

それから尖閣は沖縄に付属するというのなら、我々沖縄の側から、もっと発言するべきだと思います。石垣や宮古の漁民は影響が出ています。これ以上緊張が高まれば、その影響は沖縄がもろに受けることになります。いま沖縄は大きな不安におののいています。「尖閣を守れ」の「国益」のために、中国との紛争の矢面に立たされるのではないかということです。この悪夢は断固として排除しなければなりません。

当面の緊急提言

以上が私の基本的な認識です。これを受けて提言したい事が幾つかあります。

一　日米安保条約を解消し、日米平和友好条約にする。尖閣は日中のクサビとして米国に利用されている。

二　尖閣諸島を日中の軍事的緊張の火種にしない。

三　日本が過去の中国への侵略とアジア植民地化の歴史的事実を率直に認め、反省し、謝罪する。日・中・台三者間の学術的討議を深める。
四　日本は「領土問題」の存在を認め、広く国際的に開かれた場で議論する。
五　日本・中国・台湾のいずれも「固有の領土」論に固執しない。
六　海底資源、漁業資源の共同開発・共同利用について、協議する。
七　尖閣諸島問題は、沖縄の問題。漁民の生活権擁護、自己決定権の確立の機会ととらえ、積極的に発言する。
八　「反日」・「嫌中」の応酬、連鎖を断つために、新川明氏の（『沖縄タイムス』二〇一二年十一月二十三日）や比屋根照夫氏の危惧（『琉球新報』二〇一二年十月十日）を参考にする。
九　アジアの民衆と連帯する。中国を知り、日本を知らせる。市民レベルの交流を拡大していく。

提言は九つあります。第一は、日米安保条約を解消して日米平和友好条約にしよう。尖閣はアメリカが日本と中国の間に打ち込んだクサビだ。いつもこれを刺激する事で日本と中国の間を緊張させる政策がアメリカの一貫したアジア政策の中に見られる、これは孫崎享氏が強調する論理です。

皆さんと一緒に考えてみたいんですが、今この尖閣諸島問題の議論の中で、「日米関係は民主党政権の普天間基地の『県外移設』発表後の迷走でおかしくなり、それで尖閣の問題が起こっている」と言う人がいます。しかし、本当に尖閣の問題、領土問題に対して「日米安保」は効果的に機能しているのでしょうか。たとえば北方領土、ロシアとの関係はどうでしょうか。それから竹島はどうですか、北方領土はロシアが実効支配していますね、竹島は韓国が実効支配している。そうすると北方領土と竹島は安保条約の適用外です。

ところで尖閣はどうですか？　日本が実効支配しているから安保条約の適用範囲内にありますが、アメリカは日本と沖縄にこれだけの基地を置いていながら、どうしてこんな騒ぎになって、中国の漁業監視船等の公船が尖閣周辺に来るんですか？

何の抑止力にもなっていない事の証明じゃないですか。要するに安保条約は領土問題に対して、ほとんど役に立っていない。そう私には見えます。尖閣は安保の適用対象にはなりますが、アメリカは領土問題に対して中立だと言っています。日本と中国の「どちら側にも立たない」と繰り返し言っています。

ですから、安保条約を支持する方とは意見が違うかも知れませんが、安保条約はほとんど役に立っていないと思うわけです。

二番目は皆さんと一致すると思います。「戦争も辞さない」という立場の人は、ごく一部でしょう。

三番目、要するに今問題になっているのは、過去の侵略の歴史事実に対する反省の無さに根があります。日本の「謝罪」が韓国や中国には伝わらない。そのためにいつも持ち出される。ですからこれについては歴史認識問題を含めて、新崎盛暉先生はかなりの努力をして、韓国や中国、周辺のアジア諸国との対話を深めていますが、これをもっと進めるべきだと思います。

四番目と五番目は繰り返しになりますから省略します。

六番目は資源の共同開発、共同利用。漁業資源の問題について、特に馬英九《ばえいきゅう》台湾総統も二〇一二年八月に、「東シナ海平和イニシアティブ」という提案をしています。これをもって日本と話し合う用意があると言っています。これは朝日新聞が去年の九月に報道しています。なんとか台湾との話し合いの糸口を見つける事が出来ないかと思います。中国との間には漁業資源をめぐる漁業協定がありますが、北緯二十七度線以南は除かれています。ですからその辺をもっと話し合って、やっていけないかと思います。

尖閣の問題というのは要するに沖縄の漁業者、特に石垣や伊良部の漁協の人たちが今もう漁にも出られない状態が続いている。漁民にとっては生活圏の確保の問題です。東京にいて「尖閣を守れ！」と騒いでいる人たちには直接影響することは無いが、石垣、宮古の漁業者たちに聞くと、「安心して漁にも出られない」と嘆いています。良い漁場なのに漁に行けない状況が続いています。漁民の生活権を守るという意味で、沖縄、特に先島の人にとって非常に大きな問題なんです。

今のような日本と中国の緊張関係が継続する、あるいは更にエスカレートすると、宮古・八重山というのは食料品を含めて生活物資のほとんどが島の外から運ばれる、いわゆる島外からの移入です。米も何もかも。そうすると海上輸送かなんかで影響が出ると、宮古・八重山の生活は漁民が漁に出られないだけでなく、住民の生活そのものがかなり厳しい状況になります。

ですから沖縄の我々は尖閣の海域での緊張関係を和らげ、一刻も早く平和に戻さないといけません。それは我々の生活に関わる問題だと、沖縄の側からもっと言うべきだと思います。

八番目は中国における反日感情、日本における反中感情、それぞれ同じように領土ナショナリズムがぶつかり合って酷い事になっています。これをどう解消したら良いんだろう。

新川明氏は、この国有化した尖閣を「沖縄県に無償で譲渡したらどうか」と提案しています。これはすぐ効果があるかどうか色々と検討を要すると思います。比屋根照夫先生はアジアの民衆との、これまでの沖縄の歴史的なつながり、関係を大事にして、「沖縄から積極的に発言していくべきだ」と、それからわざわざ沖縄で基地撤去やオスプレイ配備反対の運動が盛り上がっている時に、中国の漁業監視船が尖閣の周辺をうようよする。これがオスプレイ配備の理由にされ、先島への自衛隊配備の理由にされていることに疑問を提示し、この事をいったい中国はどう捉えているのか？　比屋根先生は危惧されています。「中国、日本、双方が自制すべきだ」と言っています。新川氏や比屋根先生の提案を真剣に検討すべきだと思います。

最後に、豊下楢彦氏は、「沖縄を軍事の要塞要石からアジアの信頼醸成のための拠点に作り変える、パラダイムの転換を図るべきだ」という主旨の提案をしています（『前掲書』参照）。沖縄が今やっている事（普天間のオスプレイ撤去、辺野古移設反対の運動等）はまさにそういう試みだと思います。沖縄は戦後ずっと太平洋の要石という軍事的な要衝にされていますが、今我々はこのパラダイムの転換に挑戦しています。アジアの平和と信頼創出の拠点にする。これがとっても大事だと思います。

私の提言は、生活権の擁護、そして我々が平和に暮らして行く事を保障するためのぎりぎりの提案だと思います。今おそらく沖縄は戦後最大の岐路に立っていると思います。大きな曲がり角、今年一年間はたぶんオスプレイの問題だけでなく、この尖閣の問題をめぐって緊張している中国との関係も含めて、どう沖縄が進むか、とても大きな歴史的な転換点になるのではないかと思います。

おそらく戦後これだけの危機は無かったのではないでしょうか。土地闘争の時とも何か違うんです。尖閣の問題をめぐって軍事的な衝突が起こりかねないような今の事態を、軍事的にではなく、話し合いで解決していく方策を、みんなで見つけていきましょう。そのための知恵を出すべき時ではないか思います。

そのためにも中国を知ろう、それからもっと中国にも日本の事をわかってもらおう、沖縄の事を知らせる努力をしましょう。市民レベルでのあらゆる手段を使って、相互理解の努力をしていくべきだと思います。本日の取り組みもその中の一環だと思います。

以上持ち時間になりましたので、私の報告を終わりたいと思います。ご清聴ありがとうございました。

緒方　冒頭の講演に相応しい大変重要な提言もございました。戦時中は日本の捨石、そのあとは太平洋の要石、石である事に変わりはございません、この百何十万が生きているこの沖縄の島を、日本政府はいったい何と心得るかという事。沖縄というのは本当に日本の主権の及ぶ場所であろうかという根底的な疑問が出されているのだと思います。

それでは続きまして、尖閣諸島での漁業者の事、どういう魚が獲れるのか、今は行く人も少なくなりましたが、今年の一月九日付宮古毎日新聞には尖閣でウブシュウ（スマガツオ）を獲ってきたという記事もあります。その辺を追いかけている國吉まこもさんに次の講演をお願いします。

【講演】戦後の尖閣諸島における漁業

國吉まこも

國吉まこも　はじめまして國吉といいます。今日はよろしくお願いします。最初に上里先生が歴史のお話をされたので、僕が用意した尖閣諸島の歴史概要という部分は飛ばします。ですが、この図を一応ご覧頂きたい。「後に聞く此の山、俗に呼ぶ魚根久場島也」と書いてある。上里先生の配られた資料の中に、沖縄では「ヨコンクバジマ」「ユクンクバジマ」と呼ぶと説明があります。漢字の当て字だとこういう字になるという事、昔の資料というか『那覇市史』に収められている家譜資料です。

　前回、僕は尖閣諸島における近代、いわゆる戦前の漁業についてお話しました。今回は戦後に限ってお話します。

漁業の再興

さて、僕のテーマは戦後の尖閣諸島における漁業概要です。沖縄戦があって、戦前にあった漁船はほぼ全て戦争で焼け落ちて無くなっている。そこから沖縄の復興と同時に漁業も開始されたという事、その流れをある程度思い描いて頂きたい。

尖閣諸島への出漁の開始というのはおそらく一九四六年から一九四八年の間と思われますがわからない部分が多い。なぜかと言うと、沖縄戦後には漁船自体が少ない。僕の場合、二十一世紀になってから漁師の皆さんから聞き取りを始めましたが、もう既に亡くなっている方たちばかりです。当時行き始めた方がいない。自分の親の世代、先輩の世代は行っていたらしいけど、具体的な事はわからないと言う。ですが、おそらくこの間の時期に行っていたと、おぼろげながら捉えています。

次に戦後の漁船の整備と製氷所の設置という事を見ると、先ず船の整備。沖縄戦で船のほとんどが破壊されたために操業するには船の調達が不可欠です。漁業を再興しようにも船自体がない。そういう時に、上陸用舟艇という言葉を皆さん聞いた事がありますか？　米軍が船に乗った状態からそのまま岸に上陸させて、そのままばーっと砂浜から上陸出来るような軍の船があります。これを漁船用に改造して代船として一九四七年頃から漁業者に貸し出す。おそらく尖閣に行く際に使用した漁船というのはこういった上陸用舟艇、ＬＣＭと言うのですが、船だったと推測されます。

第三清徳丸

上陸用舟艇ＬＣＭ型

漁獲高と漁船数

年次別	漁獲高	漁船数
1946年	4,750,732￡	148隻
1947	10,798,305￡	237隻
1948	14,218,380￡	243隻
1949	20,645,929￡	349隻

それから二年後の一九四九年、ガリオア資金（戦後の救済復興資金）による木造船の製造が開始されます。この時建造されたのはいわゆる普通の木造の和船タイプ、皆さんが考える漁船です。この写真のような船ですね、これは第三清徳丸といって尖閣で襲撃にあった船です。一九四九年からこういったタイプの船が製造されて、この船も尖閣に行っています。

漁獲高と漁船数の表を見ます。

一九四六年頃は漁船数が百四十八隻、沖縄戦が終わって翌年です。これが翌四十七年には上陸用舟艇を貸し出すようになると二百三十七隻、八十九隻増加している。そうして四十九年ガリオア資金で船が製造されるようになってからは前年の二百四十三隻から三百四十九隻、およそ百隻以上増加しています。注意する点としては宮古八重山地方は本島に比べて戦災の被害が幾分軽度で、戦前の漁船でも使用可能なものがあった事です。

続いて製氷所の設置があります。尖閣というのは遠いです。昔の漁船だと行くのに一昼夜、十二時間は普通にかかる。帰って来るのにもやはりそのぐらいかかる。となると、釣った魚をそのまま積んで帰って来るわけにはいかない。どうしても氷が必要になります。尖閣諸島に出漁を支障なく

製氷所設立時期と概要の表

製氷所名		設立年月日	能力屯数（日産）
本部《もとぶ》製氷工場（琉球造船）	沖縄	1946/6/6	15t
糸満《いとまん》製氷株式会社	沖縄	1950/9/1	15t
宮古漁連製氷所	宮古	1950/10/10	15t
八重山製氷株式会社	八重山	1951/1/24	15t
那覇水産株式会社	沖縄	1951/3/5	45t
琉球水産株式会社	三重城《みえぐすく》　沖縄	1951/9/27	30t
与那原《よなばる》製氷所	沖縄	1953/1/30	6t

行うには氷の積載が不可欠、よって製氷所の設置が重要となります。参考までに戦後沖縄での製氷所設立時期と概要の表です。

最初は本部の方の製氷工場が一番早くて一九四六年六月六日、終戦の翌年には氷が作られています。まず本部で氷の供給が始まった。宮古の場合は一九五〇年十月、八重山は一九五一年一月、糸満は一九五〇年の九月。那覇水産株式会社、これが一九五一年。大体五〇年代の初めから各地で製氷会社が稼働し始めて、そうして沿岸から沖合へと船を出漁出来るようになって、魚を積んで帰って来るのが可能になっていったと考えて頂ければと思います。

漁船の整備と氷の供給はこんな感じですが、どういった船が尖閣に行ったか。

尖閣における漁業

まず、各地区の概要表というおおまかにまとめた表を見て頂きたい。大体終戦から一九五〇年まで、およそ五年ぐらいと考えると、沖縄本島地方からは「ダツ追込み」、ダツは皆さんご存知ですか、ダツ、シジャー。これが尖閣では凄い群れている、大きな群れで、網で相当獲れた。最初はこの魚を目的に、糸満の方たちが尖閣まで行っている。

宮古はカジキの突き棒、この突き棒漁、どう言えばいいでしょう、船の舳先に突き台を出して、カジキをそこからモリで突く。釣りではないです。尖閣あたりは昔から波が荒くて、黒潮がぶつかる場所、波が荒い所にはカジキが浮いてくる。そういった形で行っている。八重山の場合はダツの追込み、これは一応八重山、石垣島の方たちも経験していますが、その実態は、「どうやって行ったんですかー?」と聞いたら、「いや、糸満の親方がやっていたから、それを手伝ったんだよー」というお話です。カジキの突き棒は宮古と大体一緒です。もう尖閣というのはカジキが出るから。

各地区の概要表：沖縄・宮古・八重山

	沖縄	宮古	八重山
終戦～1950頃	ダツ追込：糸	カジキ突棒：佐 ※台湾より出漁含	ダツ追込：石(糸) カジキ突棒：与/鳩 鮪延縄：石
1950年代	ダツ追込：糸 カジキ突棒：佐 底物釣：垣 鯖跳釣：那(琉水) 鯖棒受：那覇(琉水)	ダツ追込：池(糸) カジキ突棒：佐 鰹竿釣：池/佐/平 鰹節：池/佐/平 曳縄：池/佐 底物釣：池/佐 珊瑚：池	ダツ追込：石(糸) カジキ突棒：石/与 鰹竿釣：石/鳩 鰹節：石
1960年代	ダツ追込：糸 底物釣：垣 底立延縄：垣	曳縄：池/佐/狩 底物：池/佐 珊瑚：池/佐	鰹竿釣：石 曳縄：石 底物釣：石 底延縄：石 潜り：石 電灯潜り：石
1970年代～復帰以降	ダツ追込：糸 底物釣：垣 底立延縄：糸/垣 電灯潜り：那/牧	鰹竿釣：佐 曳縄：池/佐/平 底物：池/平 電灯潜り：？	曳縄：石 底物釣：石/与 潜り：石 電灯潜り：石

※沖縄区の糸満＝「糸」、垣花＝「垣」、佐敷＝「佐」、那覇＝「那」、牧港＝「牧」
※宮古区の佐良浜＝「佐」、池間＝「池」、平良＝「平」、狩俣＝「狩」
※八重山区の石垣＝「石」、与那国＝「与」、鳩間＝「鳩」
聞取り資料、文献資料他及び、『(尖閣諸島)漁場利用対策会議報告：一九七八』等より参照作成。
※宮古八重山は台湾の漁船に乗り込んで、戦後の早い時期からカジキ突き船での操業があったようである、この場合は製氷所の有無は台湾の状況に依るだろう（戦後の台湾側の製氷所の稼働については未調査)。

次に五〇年代、沖縄本島の場合だとダツ追込みは継続されている。カジキの突き棒、この「佐」というのは与那原、馬天《ばてん》港を母港としていた船が出ている。そして「底物釣り」、いわゆるマチ、アカマチ、シチューマチ、クルキン、マーマチ。百から三百メートルの深海にいるマチ類を垣花の人たちが釣っている。

ちょっと昔ながらの漁師さんたちと違うのが、「鯖跳ね釣り」「鯖棒受け」。これは琉球水産という会社で経営して、何百トンという単位で鯖を獲ってくる。これはあと

1952年尖閣諸島南小島沿海にて
石垣島新川のカジキ船基本丸

で詳しくお話します。

宮古の場合は一九五〇年代、ダツ、カジキ、鰹竿釣りと鰹節、これは知っている方もいるでしょう。一九五〇年から一九五八年までの間に、尖閣に鰹節の仮工場を作って、宮古と八重山の人たちが鰹節を作ろうと試しています。ただこの時の試みは、魚の群れが毎年来るようなものではなく、一、二年やって皆さんやめて撤退している。ですが戦後も尖閣でやろうとした人たちがいた。宮古の六〇年代、そういった鰹はなくなっているんだけど、今度は別に曳き縄で、鰆、カジキ、鰹類を釣りに行っている。あとは底物、マチ類、珊瑚というのもありますけど、今回は飛ばします。

八重山の六〇年代も、鰹、曳き縄、マチ類、底延縄もマチですね、大体こんな感じですが、もう少し詳しく、各種漁業の説明をしたいと思います。

ダツ追込み漁

さて、これは糸満の専売特許。宮古八重山の方が参加していても、親方は糸満です。糸満の追込み漁業団が大型母船によるダツ追い込み漁を操業した。戦後まもなくこの追い込み漁が盛んに行われた事は資料や聞き取りにより明らかです。が、何を契機として尖閣まで行くようになったか

垣花のマチ釣り船
（我那覇生康撮影）

はっきりしない。戦前には、尖閣でダツを追い込んだという記録は出て来ません。まだ僕は見た事ない。ただ戦後になって盛んにやり始めている。

沖縄本島でも、糸満の漁業団大城組、大城武徳という方が経営する漁業者集団は、戦後間もない一九四七年頃、最初は沈没した漁船を引揚げ補修し「第二栄丸」として、ダツ追込み漁を営んでいます。記録によると、漁場は主に尖閣諸島周辺で、時には、沖縄本島に揚がる総水揚げ高の八割近くを占めた事もあったそうです。

ダツはどう消費されたか、「大体がカマボコじゃないかなあ」と、「カマボコと塩漬けなんかで使っていたよ」と、漁師さんたちは言っています。当時は冷凍すり身の技術が開発されていません。だからカマボコの原料というのも地元で水揚げされる魚肉が主です。当時大量に獲れるダツはカマボコの原料として重宝されたと思われます。その後、冷凍すり身が入って来たり、漁業環境が変わったりして、ダツ追込み漁も段々と規模を縮小していくんですけど、復帰後も数年は続いていた。最後までこの漁に関わった人として、ウシアッピーこと上原信吉という方の名前が、複数の漁師さんたちから聞かれます。

実際に漁業者の方がどういったお話をしているか、内容を少し紹介したいと思います。

糸満の金城亀吉氏(八二)「上陸用舟艇二隻で尖閣へ行った。ダツ漁で綱を引くには二隻ないといけない。三十名程のシンカでサバニ（編者註／沖縄を代表する伝統的な漁船）を積んで行った」、シンカというのはこれは仲間というか、同じ漁をするグループですね。この時は上陸用舟艇を漁船に改造して、サバニを積んで行っている。「舟艇を漁船に改造しデッキも氷施設も造ってあった。箱型だからスピードは遅いが」、普通の漁船タイプと違うんです。「冬場で波も高く、風も強かったが、時化の時でも横には強かった。魚釣島付近を中心に漁をし、ダツを大漁して帰ってきた」。

次に宮古・八重山の方々、ダツ追込み漁の担い手は糸満が主導したが、積み込み母船の手配や漁船の乗組員、追込みシンカ等で参加した経験を持つ方々が宮古八重山には健在です。

宮古の池間島、鰹の島として有名な島ですが、このダツ漁にも参加している。

池間の仲間淳氏（八三）「一九五七年頃、糸満の上原信吉さんが池間のかつお船二隻を借り受けた」、この時の鰹船の乗組員として仲間さんは参加しています。「島からは漁民十四、五名を雇い総勢三十人で、尖閣へダツ漁に行った。ものすごく獲れた。当時かまぼこ原料は、ダツしかなく幾らでも売れて儲けた。我々も十（倍）の配当をもらった」。

池間の与那原勉氏（七八）「ダツの追込みは、魚釣島にテントを張ってやった。食料は泰光丸が糸満から運んできた。テントを張って、皆で三ヶ月間滞在して、こんな大きいダツ網は、何トンといって、何百キロ、こんなに網に群れて。群れ全部は一回の追込みで入らん時もあった、尖閣は回遊魚のホントの本場、すごかった」。

与那原さんは追込みをする、実際に潜って追込んで行くシンカの一人として参加したと聞いています。

同じように追込みシンカの一人として参加した、八重山からは屋嘉部さん。八十代ぐらいじゃないかなあと自分で言っていましたけど、お年をきちんと聞いていません。すみません。「ここ（八重山）では儲かる仕事がないから、糸満に渡った。そこで親方に雇われてスクラップの引揚げや」、これは沖縄戦で船が相当沈没している、それの引揚げ（いわゆる真鍮《しんちゅう》アギヤー）ですね。「尖閣へダツ漁に行った、みんな一列に並んで泳いで追込むんだが」、これは親方から注意されています、追い込む場合、絶対シンカが重なるように泳ぐな

池間漁港にて、右から仲間淳氏、西里勇氏、浜川洋美前組合長、与那嶺正雄氏

と、なぜなら「ダツはたまに列から逃げようとして海面を飛んでくる」。この時、絶対一人目は飛び越せるけど、次の人、後ろにいる人は、「運が悪いとこれに刺さる。だから列を乱さないよう神経を使って大変だった」。この注意の話は屋嘉部さんだけでなく、先ほどの与那原さんも話しています。運が悪いと、首に刺さって死んじゃうそうです。

当時大量に獲れたこのダツという魚を、尖閣まで獲りに行って、大体は糸満のカマボコ屋さんが買っていって、ひょっとしたら会場にも召し上がった方がいるかも知れません。ダツ漁はひとまず終わりまして、次にカジキの突き棒に移ります。

カジキ突《つ》き棒《ぼう》漁

戦前、昭和の十年代からは沖縄周辺でもやっていたと思いますが、おそらく戦後は大体六十年代までです。尖閣に行く場合は、冬期になると、沖縄各地よりカジキ突き船が出漁、尖閣諸島周辺は有数のカジキ漁場として知られる、復帰前の頃ですね。

さて、戦前尖閣周辺は沖縄だけの漁場ではありません。戦前から台湾当局、総督府の調査等により台湾でもカジキ漁場として知られていた。戦後も台湾漁船は出漁を継続している。この台湾漁船ですが、終戦後の食料が欠乏していた、台湾の方が豊かだった頃には、沖縄漁民の中には台湾に渡って突き船に乗り込んで、尖閣でカジキを追ったものが少なからずいた。こういった人たちが、出稼ぎが終わって、沖縄に引き揚げてからも、カジキを追って尖閣に出漁するようになりました。

沖縄本島地方からのカジキ突船に乗った方の聞き取りは現在まだあたった事がない。ただ第三清徳丸事件（一九五五）というのがあって、一九五五年に尖閣諸島の魚釣島でカジキの突き船が操業している時、中華民国の船に襲われて、三人の方が亡くなっている。それで当時あの海域はちょっと危ないんじゃないか、と噂されるようなお話もありました。この時に被害に遭った船が、第三清徳丸と第一清徳丸という突き船です。一号、第一清徳丸は助かっています。第一清徳丸に乗船した事のある松川さんからお聞きしました。

当時佐敷にいた、現在は糸満在住の松川国夫氏（七八）（第一第三清徳丸の話）「当間さんの清徳丸一号と三号が魚釣島で漁をしていたら、三号が海賊のジャンク船に襲われて、当間さんの次男正徳さんら乗組員三名が殺された事件が起きている。その三年後（一九五八）に僕は一号に乗って尖閣に行った。乗組員は六、七名だったかな、向こうでバショウカジキを四、五十本獲った。あの頃は曳き縄でサンマを餌にかけてから、カジキを艫《とも》で喰わしてから、ワイヤー縄を引っ張ってオモテに持って行き、手繰って突くわけさ」。尖閣でカジキはどのように見られるかというと「カジキは波間からサッサッサーと群れをなして行くのが見えた。当時はそれほどいっぱいいた。カジキが喰わなくなったら」、今度は漁法を変えて「南小島の後ろで一本釣りした。マーマチとプープーグヮー（クルキンマチ）を大部喰わした」。これが沖縄本島の場合です。

次に宮古の場合、宮古諸島の佐良浜、伊良部島です。そこには、戦前より台湾に渡り突船に従事していた漁民が少なからずいた。彼らは戦後も変わらず台湾船に乗っていたが、故郷に戻ったのち夏は鰹漁を営み、鰹の休漁期の冬季に尖閣を目指すようになった。聞き取りした方のお話です。

佐良浜の国吉守夫氏（八三）、この方は台湾に渡って台湾船に乗っていた時の話です。「カジキは北風が

左が松川国夫氏　糸満漁港にて

強いシケた時に出る。船の表に突き出した突き台に、面舵とトリ舵に銛持って二人立つ。カジキを見つけたら船は全速力で追いかけて、モリを投げて突く。カジキは一目散に逃げるから、ここに行ったり、向こうに走ったりして、もう舵を切るのが大変、海はシケて荒いし、もう全速力で走っているから」。カジキの種類は、「カジキはクロカワとアカとシロとバショウとあるけど、魚釣島ではクロとシロ、もうこれが沢山獲れた」。

もう一人、佐良浜の川満稔氏(八七)「(台湾から)宮古に帰ってからは、尖閣でずっと突き船をやっていた。あの時の連中は僕一人しか残っていない。皆死んでいない。あの時の尖閣のカジキはものすごかった。マカジキとか、シロとか、クロとか、バショウとか、ものすごいカジキがいた。台湾からも突き船が来ていた、島の連中が皆行っているわけ」。これは台湾の突き船に佐良浜の人たちが乗っていたという事。「もう連中は尖閣まで来てやっておった。台湾船に乗って尖閣まで来て。一日二十本も二十五本も獲っておった」。これが宮古の場合です。

八重山も宮古とほぼ同様の状況だったと思われます。カジキ突き船に乗っていた方たちというのは、八重山と台湾を行き来している。石垣島、鳩間島、与那国島などで、台湾に渡り突き船に乗っていた方たちがいたと聞いています。

川満稔氏、自宅にて

国吉守夫氏(左)と仲間恵儀氏
伊良部漁港前

八重山から行く場合は、夏の鰹漁と貝殻漁が休漁期に入ってから、八重山は貝殻漁、東南アジア、南方の海域に行ってそこで貝ボタンの材料、高瀬貝・夜光貝を捕ってきて島外に輸出していました。そういった船が冬季の間船をどう利用するかという時に、尖閣諸島周辺を漁場として利用するようになります。当時の鰹船のほとんどが冬季にはカジキ突き棒船に転業、尖閣を目指してカジキを追ったと言われる。突き船に乗っていた方のお話を三点ほど紹介します。

まず石垣の福地友正氏(七〇代)「僕は人並み外れて眼が良かったから、中学出てすぐに親父に船に乗せられた。カジキを突くには先ず探さないといけない。これは波間にヒレがちょこちょこ出るだけだから、視力の優れている者が欠かせない。夏はカツオで儲けるけど、冬はカツオがいないわけで、みんなカジキ突きに転業するんだけど、乗組員はカツオ船の半分ぐらいしかいらない」。福地さんによると、大体八名位いたらカジキ突き船の場合は充分だったそうです。「だからあの頃突き船の乗組員は選りすぐりの者なわけ」、休んでいるカツオ船の乗組員から、体力や視力に優れた人たちが選ばれて、冬のカジキ船に乗った。「尖閣で揚げたのはほとんど全部バショウカジキだった」

福地友正氏、ライフワークのイカ曳きの道具を前にして

もう一人、石垣の並里朝信氏(七六)「俺が乗った時は一番下っ端の飯炊きだった」。この方が一九五二年に乗っている時の写真が残っています。当時ちょうど琉球大学の高良鉄夫という先生が尖閣諸島調査のために漁船に便乗した。この漁船に乗っていた方で現在もお元気な方が並里氏です。「それでもカジキを見つけた時は花金を三倍貰えたよ」、花金というのはご祝儀です、下っ端の並里氏でしたけどカジキを見つけると、他の皆と同様にご褒美をしかも三倍貰えた。先輩の乗組員たちから、「やー!ちゅーば

一番奥の鉢巻きの少年が並里氏

現在の並里朝信氏（右）

ーやっさー！（お前はたいしたものだ）」と褒められた事を懐かしそうに話していました。「今思うとあの頃が幸せな時代だったかも知れん。尖閣では俺たちの船以外に台湾の突き船や糸満のシジャー（ダツ）獲りが来ていた。上陸して海鳥の卵を捕ったりした、あれは最初臭くて喰えたもんじゃないけど、終いには慣れるよ」。

もう一人は、与那国島久部良の長浜一男氏（八二）、この方が最初尖閣に行くようになったのは、「台湾で漁師をしている義兄に呼ばれて、台湾に渡った。当時多くの沖縄の漁師が台湾の突き船に乗っていた。台湾では基隆の社寮《しゃりょう》町（現和平島）というところにいた。そこから出港して台湾近海、アジンコート（彭佳嶼）、アジンコートで不漁なら尖閣まで足をのばした。ある時尖閣へ行こうという事になり、四隻で尖閣諸島へ（台湾近海やアジンコートを回らず）直行したら、ものすごくカジキが獲れた。三日の漁で九十本。ほんと夢みたいだった。与那国に戻って（沖縄本島の）本部から母船をチャーターして、船団を組んで尖閣に行ったが、この時は全然獲れなかった」。

カジキ突き棒の場合、全部冬の漁業です。カツオ、貝殻、夏の漁が終わった時に、冬場に船を遊ばせておいて良いのか、それとも何か別に使えないか、操業出来ないかという事で、尖閣には相当カジキが出るから、冬に尖閣に行くようになる。そういった形で行く人たちがいました。

鰹竿釣漁《さおつりりょう》と鰹節製造

まず簡単に戦前の場合はどうだったか、戦前の明治開拓期から鰹漁場として使用されていたが、操業するグループは一部に限られた。これの理由としては、漁場が遠い事による燃料等の問題、開拓地としての島は、当時島を借り受けていた古賀辰四郎の占有にあって、他の者が簡単に使える状況ではなかった。

結果沖縄に比して、当時漁業環境の整っていた台湾北部からの出漁が常態化していきます。

これが戦前の状況です。又、古賀さんは一九四〇年頃に八重山を撤退していますから、戦前には尖閣から手を引いていた。

戦後の一九五〇年頃になると、八重山から大川の発田重春組が戦前の魚釣島の古賀鰹工場跡で鰹節を製造。同じ頃に宮古からはまず伊良部島の漁師たちが南小島北西岸の小屋跡で、この小屋跡付近には戦前に積んだ石垣が残っていて、そこを利用して鰹節を製造した。池間島からは宝山丸組合という人たちが、魚釣島南側崖下付近に仮小屋を建てた。

彼らはそれぞれ島に滞在して鰹節製造を試みるんだけど、いずれも環境の悪さと真鰹《まがつお》の減少により単発的な操業に終わっています。

伊良部島の聞き取りでは、当時釣り手で行った大浦繁雄氏が言うに、「節削りの男工さんたちと一緒に、女工さんたちも連れて行った」。ところが連れて行ってはみたものの、「こんな環境の悪いところ！早く連

長浜一男氏

荒っぽかった現役時代

突き船大宝丸

れて帰って！」と文句を言われ、一週間ぐらいで女工さんたちは帰ったそうです。

八重山と宮古でそうしていたんですが、まず宮古の場合の簡単な概要について考えます。

佐良浜の突き船「かもめ丸」が、一九五〇年頃、尖閣で冬季のカジキ突き棒漁をしている最中に、真鰹の大群が周辺に回遊している事を確認してからです。最初はカジキで行った。ところが鰹が相当群れている。これだともう鰹を釣って鰹節を作った方が良いんじゃないか。

そうして鰹を確認してからは一旦島に戻って、鰹船の装備に切り替えて、節製造道具を準備、改めて尖閣に渡島し製造人等を上陸させて鰹漁と節製造を営んでいる。聞き取りした方のお話です。

佐良浜の奥原隆治氏（八一）「最初はカジキを獲っておった。されどカツオがあまりにおるもんだから、今度はカツオ釣りに切り替えた、その頃、氷は積んでいないから三日位では帰らないと、どうしても魚がダメになってしまう」。そういった状況だったから、釣った鰹を島（尖閣）で、そのまま鰹節にするのが一番好ましい。

もう一人、佐良浜の仲地行雄氏（八三）「僕らは、かもめ丸で、カツオ節製造の陸上班で行った」、この方は上陸して、鰹節を作るメンバーとして行っています。「南小島に製造工場を建てて、そこにも鳥はいっぱいいたが、カツオもいっぱい。もう海岸から百メートル位沖でカツオを釣ってた。そんなにいる」。当時はそ

奥原隆治氏（前伊良部漁協組合長）

んなに近くまで鰹がいた。「十四、五名のかもめ丸の連中が竿やって一生懸命釣っている、それを僕らは工場の中に座っておって見ている。あぁ、もう何匹位釣り上げてあるなぁ、そろそろ工場に積みに戻ってくるかなあ、なんて分かる」「いや、もうすごいよ。こんな近くでカツオがいっぱい釣れるんだから」。

池間の与那嶺正雄氏(七九)「十七才の頃、飯炊きで尖閣へ連れられていった」、飯炊きというのは一番下っ端です。「宮古には冬はカツオがいないから、向こうへカツオ漁に行った。宝山丸の乗組員は三十名位、その中で船にいた連中は二十名位、魚釣島でカツオ節を造るから残りは工場、カヤブキ小屋も何もなかった。山から大きな木を伐ってきて、あれで工場を造っていたようだ。柱を組んで、屋根には、アメリカのテントカバーを被せて雨が入らないようにしていたが、あまり丈夫には見えなかった」。

そういった感じで、鰹節についても、実際には冬なんです。夏場は別に尖閣まで行かなくてもお金が稼げる、儲かるから大丈夫です。冬の休んでいる時期に何をしようかという事で、カジキだったり、この時は鰹が冬でも釣れるというんで、尖閣で鰹節をやってみようという事になった。

宮古島平良の渡真利浩氏(八八)「三十二、三才の頃、宮古のカツオ漁期が終わって三隻一緒に、尖閣に行った。節の製造はトリシマでやった」、トリシマというのは南小島の事です。「釜は宮古の工場で使っていたのを船で運んできた。昔のこの工場跡は石垣が一杯積まれて、レンガ造りの囲いも残っていた。持ってきたテントは石垣を利用して張って仮製造場を建てた。製造人は三人だった。二、三ヶ月間仕事をしていた。一日で百匹位は獲って工場で処理した。製造は十日位、千本だから二トン位」。

次に八重山の場合、戦前尖閣諸島開発を担った古賀商店がある八重山では、周辺で鰹が釣れる事はおそらく周知の事実でした。戦後古賀

渡真利浩氏
(荷川取漁港にて)

商店が放棄した鰹節工場跡には、鰹煮炊き用の大釜が残っており、これに目を付けた大川《おおかわ》の鰹業者発田重春氏は一九五〇年頃島で鰹漁と節製造を開始した。

この発田さんの魚釣島の工場にいたという方は探し出せていません。ですが、息子さんを以前たずねた際のお話を紹介したいと思います。

石垣の発田敏彦氏によると、「二年ほど魚釣島で鰹漁と製造を行ったが、その後撤退している」。なんでやめたのか考えてみたら、鰹工場として使っていた戦前からの納屋、これを「当時古賀の納屋を買い取って欲しい旨、関係者より父に申し出があったが、使い物にならないと断った」。この事が関係しているのではないか、との事です。

マチ類底物《そこもの》釣り漁

県内では垣花の人たちが一番有名ですね。明治後期の記録にはすでに垣花漁民による底物一本釣り(この時はタマンと記されている)が知られたものであると書かれています。戦前昭和初期には、夏場は鮪延縄漁、冬季には底物マチ釣船に切り替えて周年操業しながら、北は奄美鹿児島付近から南は尖閣から台湾方面まで、南北を漁場とする垣花の漁船団が活躍しました。

戦前の昭和期から垣花漁民はこの形態となっていて、戦後漁業の復興期には同様に出漁するようになります。そうして戦後の尖閣諸島への出漁はまず底物一本釣り。マチ釣りをやって、その後は規模の大きい底立延縄漁が導入されます。

一本釣りというのは基本的に、一本の糸に仕掛けの針を何本かつけて釣るそうなので、いっぱい釣れても一回の量は十匹とか限りがある。それとは違って底立延縄というのはもう深海を這うようにして縄を延ばす。その縄に仕掛けの針をたくさん付けていく。そうすると一本釣りは点の漁法ですが、こっちは線のやり方、針をいっぱいつけてるから線が面のようになって、魚を喰い付かせる事が出来る。効率が良かった。一九六〇年代にこの方法を習得してからは尖閣でもやっていた。ですが、効率が良いというのは獲り過ぎる。乱獲してしまう。

この漁法は垣花では復帰後間もなく途絶え、遅れて導入した八重山でも乱獲の為に話し合いの末自粛。糸満ではそれ以降も継続したが現在では途絶えているそうです。

簡単な概要と聞き取りについて紹介したいと思います。

まず沖縄本当地区、戦前より垣花漁民の尖閣でのマチ釣は営まれていたが、戦後垣花地区が米軍に接収されたため、同地区漁民は安謝、若狭地区へと集団移転し泊港を母港とした。

尖閣への出漁が再開されるのはガリオア資金により新造船が製造された一九四九年以降の事です。一九六〇年代には底立延縄を導入し、一本釣りから転換する者も現れたが、マチという魚は回遊魚ではない。資源の回復には時間がかかります。漁場を休ませながら使わないといけないのに散々釣るもんだから、釣れなくなった。減って来た。

そうして復帰以降マチ資源の減少により、ほとんどの漁船が近海マグロ船に転向していきます。垣花でも現在一本釣りをやっているのは以前ほど多くないと聞いています。聞き取りした方です。

垣花の国吉真一氏(七五)一本釣「那覇地区漁協は、尖閣が主な漁場だったから、ずっと向こうへ行ってた。当時はびっくりするほど魚が獲れた。第五眞丸（十三トン）で五、六名で行って、一週間で三~四トンは積んできた。向こうに着くと、魚はびっくりするほどいた。三日ほどで船いっぱい獲れて、五日間で帰った」。

垣花の高江洲昇氏(七九)一本釣「四〇才から六〇才までの二十年間は尖閣に通った。もう向こうに行ったら帰って来る時は満船。だけど、段々魚が獲れなくなって、毎年減ってくるのが分かる。やっぱり獲り過ぎかな。それで、一本釣はもうダメだと思って、マグロ船に切り替えました」。

　垣花の渡慶次次郎氏(八六)底立延縄「(この漁法は)鹿児島から習ってきた。もうこれやったら一本釣は馬鹿らしくてできない。慶豊丸（十五トン）で四名で行って、枝縄は三十本位、その枝縄には五本針付けて、それで一回縄入れると二百キロ以上釣れた。それを一日三回、五、六日したらすぐ帰って来た。尖閣では潮の流れが速いもんだから三回しかできん、それでも魚はいっぱい獲れた、三、四トン位、主にマーマチ」。

　垣花の外間安健氏(七七)底立延縄「底立延縄は何百メーターもあって、端と端には旗がある。向こうの旗は見えない位長い」。これは深さではなくて横に伸ばした距離です。「その間に枝縄《さがり》が幾つもある。枝縄一つに釣針《てぃーぐゎー》を五本位つけてあるから、全体で百本はきかない二百本位か。このさがりに錘《おもり》をつけて底に下ろして、沖に投げて流してやりおった。釣れる魚はプープーグヮー（クルキンマチ）とか、シチューマチとか、ヒラマチとか、一本釣と変わらない」。

　漁法は一本釣りとは違って規模が大きいんですが、釣れる魚はそれほど変わらなかった。底立延縄も垣花は復帰頃には獲り過ぎになってやめている。皆さん獲れる量が変わっていった、獲れなくなっていったと言いますから、尖閣周辺のマチ類資源は、おそらくこの頃から減り始めていると考えて良いと思います。

　次に宮古・八重山の場合です。戦前の宮古における底物釣りについては不明です。八重山では戦前から渡島している垣花漁民により島の周囲でのマチ釣りが営まれてきました。垣花漁民の操業を糸満人の数名が倣い、東小屋《アガリグヤ》、登野城付近を中心に島周囲でのマチ釣りが営まれるようになったが、この時の規模はサバネ等小規模の操業で、島の周囲での操業に終始していたと言います。おそらくその頃はまだ尖閣までは行っていないと考えられます。

　戦後は、カジキや鰹で行ったグループが漁場の様子を共有したのでしょうか、宮古池間佐良浜からの出漁、石垣新川の漁民が大型のマチ釣船を仕立てて、尖閣諸島で盛んに操業するようになりました。

結論として、漁業者による尖閣諸島の利用方法は、ただ単に好漁場だから行っていたわけではないという事に注意して頂きたい。漁船を経営、生活しながら、夏場は島の周囲だとか、尖閣まで行かなくても魚は獲れるから収入はある。ですが、冬場はどうしても島の周りでは魚が獲れないから、船を休ませたりして漁師さんの仕事がない。

そういった時に、じゃあ尖閣というのを使おうか、冬場に行ってみようかという事で使うようになった。この時の出漁が現在でも続いているケースがあります。上里先生のお話の中で伊良部島の漁民も行けなくなっているとありました。僕もそのような状態だと考えていましたけど、地元の宮古毎日新聞の記事、これは奥原隆治さんが今朝ＦＡＸで知らせてくれました。

この記事を見たら今年の一月八日に、伊良部島のカツオ船喜翁丸が、尖閣に行って帰ってきて、スマガツオを一・三トン水揚げしたとある。

中国の漁政船、日本の巡視船、もうこんなのが色々出ている時によくぞ行くものだと言いますか、それほど漁場に対しての思い入れというものは強いんですね。やはりずっと使っていきたいんだぞ、俺たち漁業者は国家の対立なんかに左右されないぞ、という意志のようなものを記事を見て感じています。漁師さんにとって生活圏とは本来そういう意味のように思いました。時間オーバーしていますので、これで終わらせていただきます。

【補足】用意した予定の内容の半分ほどで終わった事をご来場の皆様に深くお詫びしたい。出版にあたり、会場で使用したレジュメの後半部分に若干の加筆修正を加えて、補足資料として読者に提供します。

マチ釣りの聞き取り紹介（宮古・八重山の分）

池間の西里勇氏（七九）一本釣「学校を卒業してすぐ尖閣へ行った。第三瑞光丸（二・三トン）で、潮のいい時は深海のマチを釣って、潮がよくなかったら曳き縄でシマガツオ、サワラとか、シイラとか釣っていた。沢山釣れることは釣れたけど、あんまり儲けはなかった。尖閣の漁場は色々だったけど、久場島の近辺やったり、魚釣島の東側か南側の下がった所、西側は全然駄目。東シナ海側は浅いからね。潮の強い時は浅い所で、曳き縄でシマガツオとか、サワラとか釣った。アカオ（大正島）には丁度東に行った所に、一本釣でマチの喰うポイントがいっぱいある」。

左が平得政八氏

石垣の比嘉幸信氏（七五）一本釣「尖閣辺りにマチの良い漁場があるという事は先輩方から聞いていた。それで組合のみんなに支援して貰って協徳丸を新造したんです。向こうで大漁したら水揚げはそのまま那覇のセリに持って行った。港を出たら一航海は大体十日ぐらい。あの頃大型船でマチを専門にしていたのは玉城の兄さんと、神村さんに私ぐらいだった。だから東からも西からも『兄さん、海の技を教えて下さい』と頼みに来て、乗組員に困る事はなかった。島の周辺は散々回ったけど、上陸したりはしなかった。乗組員を預かっている責任があるから、余計な事はしないようにしていた」。

左が比嘉幸信氏、右は乗組員だった高江洲正光氏

与那国の平得政八氏（八〇代）底延縄「最初は（底物）一本釣

りだったが、そのあと底延縄を始めた。延縄が一番儲かった。あそこの大陸棚はもうずっと続いているからいくらでも仕事が出来る。十九トンのカツオ船が四日で満船した。六トンぐらい積んで那覇に持って行った。（船主の）源光さんはほとんど僕が儲けさせた」。

曳き縄

一九六〇年代になると宮古・八重山からも曳き縄や底物一本釣りの船も多数出漁するようになる。アカマチ等の底物一本釣りの方が魚価は高いが、周辺の漁場は潮の流れが急な事も多く、その場合は曳縄に切り替えて対応したという。

佐良浜の仲間恵儀氏(八二)「尖閣へ行ったのは一九四九年、大漁丸（八トン）の小さな船で、五、六名で行って、曳き縄、底釣漁をした。曳き縄でカツオ、マグロ、サワラを獲った、大分獲れた」。

佐良浜の長崎毅氏「一九六四～一九六八年、冬場には尖閣海域へよく行き、曳き縄でヤイト（スマガツオ）やサワラを獲った。遠征するので最初は乗組員を確保するのに苦労したが、いつも大漁するのでその後は順調になった。やめたのはカツオ漁で南方へ行く事になったから」。

石垣の川満安次氏(七〇代)「行くようになったのは石油の話が出て後、お客さんを乗せて、上陸させて、待っている間に曳縄でサワラやジュウガジラー（スマガツオ）が釣れるけど、最近は燃料代にもならない。向こうの漁は八重山より宮古の船が頑張っている。喜翁丸なんか冬はずっと通っているでしょう」。

川満船長
（尖閣守る会の式典にて）

石垣の金城正松氏（七五）「尖閣に行くようになったのは追込みをやめてから。サワラ曳きで通った。行くようになって三年目か四年目の頃に、アホウドリが飛んでいるのを見た。ああ！よみがえったんだ！と思った」。

石垣の大浜長弘氏（七〇代）「昔は石垣の人も行き来していたよ。曳縄とかマチ類とかでね。でも曳縄やったってあまりお金にはならない。値段が高いのはマチ類だから。台湾の船なんかはイカダを積んできてゴマサバを釣らせていた。島影に避難する時は、みんな固まって停泊して、サバとかバナナとかくれたよ」

大浜チョウコウさん
（新川漁港にて）

石垣の西里政晃氏（五〇代）「十年前ぐらいに秋サワラを狙って尖閣に行っていた。あの時期のサワラは脂が乗っていて、お客さんに評判がいいから。一トンぐらい釣って帰ってきて、自分のさしみ屋で捌いていた。向こうはここと違って魚影が濃いから、量が獲れるわけです。台湾の船をよく見るけど、向こうからは大きい釣り船も来ている、ポイントを知らないのかこちらが仕事をしているとそばまで近づいてくる。道具も見えるぐらい近くまで、電動リールでマチを釣らせているみたい」。

鯖跳ね釣り

一九五二年に韓国の李《り》承晩《しょうばん》大統領が設定した境界線、通称李ラインが設定され、該当海域の漁場から日本漁船は締め出される事となった。結果これら漁船は東シナ海を南下し、魚釣島附近大陸棚の鯖資源は着目される事となる。

一九五四年から漁場調査及び試験操業が行われ、好成績を得た結果、尖閣諸島海域は新たに鯖漁場として脚光を浴び、西日本各地から鯖釣船が進出してきた。琉球政府は、鯖釣漁を有望と見なし、積極的に鯖漁場調査を行うとともに、跳ね釣の講習会を実施、一九五六年には、県内水産業最大手の琉球水産社（在那覇）が鯖漁業に乗り出した。

が、その後、販売の不振や鯖資源の減少により、鯖漁業はついに終業に追い込まれ、失敗に帰した。鯖漁業を盛んに行ったのは沖縄那覇の琉球水産社である。当初は跳ね釣り（竿釣）で操業するが、効率が悪く、棒受け網に転換（一九五七年）してからは飛躍的に漁獲量を向上させた。一九五八年度実績ではおよそ千二百トンとある。しかし一九五九年以降鯖漁からは撤退した。また、池間のカツオ船晃生丸、伊良部の日出丸等が独自に試験操業したが失敗している。

佐良浜の下里郁夫氏(七六)「第十三琉水丸（一三〇トン）に乗った、集魚灯を照らしてサバが浮くまでは、釣って、浮いたら棒受けに替える。イワシの粉をミンチにした餌を投げて、一回で船いっぱい捕れた。五、六〇トン位かな、漁のある時は一、二回で帰って来た。あんまり魚が浮かなかったら一週間位した。棒受け網は相当大きい。横の長さは二十メートル、こんな大きな孟宗竹を三、四つ位束にしてつないで、船の長さ位はあった。サバは大分捕れてたけど販売がダメだったんじゃないか。二、三年位やって、それからサバ船は、マグロに切り替えたから」。

那覇の仲松弥盛氏(八五)「私共は、最初三十トン級の船で跳ね釣りを仕掛けたんだがとても採算とれない。それで（静岡の）清水から技術者を導入して、棒受け網を始めたわけです。それで会社は一応サバ漁業として軌道に乗ったかなあと思ったら、沖縄の市場は小さいんですね。ものは獲れても消費できない。獲り過ぎたんですかね、漁連いわゆる消費市場に水揚げしてもキロも捌けない。本土に持っていっても沖縄から水揚げしては引き合わない。それでもうやめたんです」。

鮪延縄《はえなわ》、潜り／電灯潜り漁、その他

八重山での試みを紹介したい。一九四七年～一九五〇年頃に、鮪延縄の試漁を金城正次郎・正弘兄弟が尖閣周辺で行った。当時は氷の不備もあり、営業的には見込みのないものと判断されたと考えられる（子息の金城五男氏談）。延縄漁に見込みがない為か、兄の金城正松氏によると、燐鉱石の採掘を目的に尖閣に行ったという話を聞いているそうである。またアホウドリの若鳥や、島に生息する蛇、シュウダの油を貯めて、石垣島に持ち帰った事を覚えているそうである。

現在の鮪延縄について触れておく。石垣島の鮪延縄船団は現在、東シナ海及び石垣島南方海上を漁場としているが、東シナ海漁場においては近年台湾の鮪船団による被害に悩まされてきた。

中国が鮪延縄漁を活性化させ、東シナ海大陸棚を超えて進出してきた場合、漁船の大きさや船団の規模を考えると、到底太刀打ちできないだろうと、八重山漁協組合長と鮪船主会長は懸念をあらわにする。

左手前が大城政一氏（自宅にて）。手に持っている石とガジュマルは尖閣に行った際の記念品。

「潜り、電灯潜り」等、母船にサバニを積んで、近海の潜り漁を行った方から話をうかがった。八重山登野城の大城政一氏は、「伊勢エビ捕りの目的で尖閣まで行って潜ったところ、台湾漁師のエビ捕網の仕掛けにエビがかかっていたので、失敬した」。ついでにダイナマイト一、二発で魚を獲り、船を満船して帰ったそうである。

なぜ尖閣に行く事にしたのか？　尖閣は石垣の海人の間では昔から魚影が濃いと評判であった。漁師達の中には一度は行ってみようと考える者も少なくなかった。

ところが、いざ潜ってみると「魚がいない！」という経験をした方もいる。石垣市登野城の外間《ほかま》氏は評判の尖閣まで遠征してダイナマイト漁を試みようとしたが、いざ潜っても魚が全然見えない。よく確認してみると最近ダイナマイトで荒らされた跡があり、獲るべきものは残っていなかった。

電灯潜りでは、海人三郎《うみんちゅさぶろう》こと下地清栄氏が八十年代後半から尖閣まで遠征して、氏独自のヤナ（編者註／魚の棲み家。潜り漁を営む漁師にとって、この棲み家を幾つ知っているかが重要）を持っているという。残念ながら下地氏自身からお話を伺うまでには至っていない。

「サンゴ礁内追い込み漁」についても触れておきたい。復帰後において尖閣諸島で近海の追い込み漁いわゆるチナカケー漁に挑戦した人もいる。

ロッテの大嶺投手のおじいさんは八十年代にシンカを引き連れて宮古に遠征したが、怖い佐良浜の漁師たちに追い払われ石垣に戻った。折角なので一度尖閣まで遠征してみようと、電灯潜りと追込みの道具を積んで尖閣に向かった。地形を確認して、場所を定め、袋網を仕掛けて網を張ったが、どうにも魚群を追い込めない。

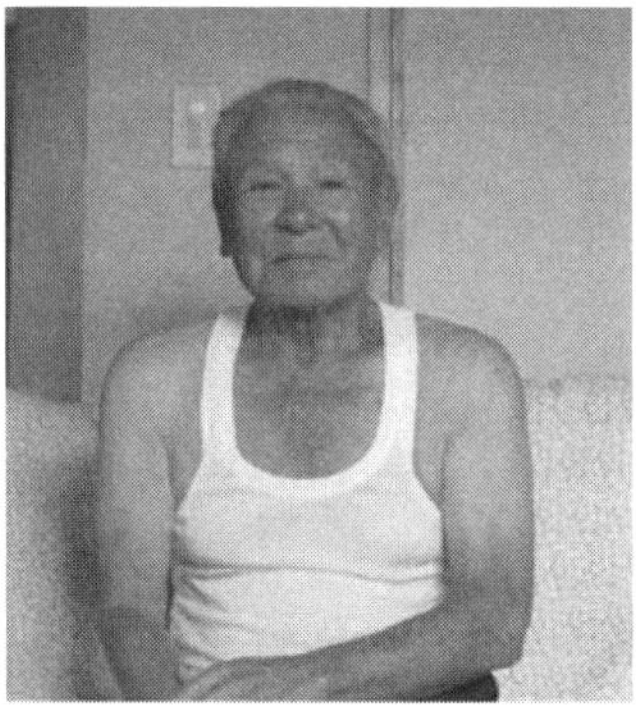

外間のおじいさん

大嶺のながーおじい

シンカの一人であった平良良則さんは「魚が人を恐れないからだ」と言い、親方の大嶺さんは「尖閣の礁内の地形は海底に断層のような亀裂が走っていて逃げ道となっているため、網を下ろしてもそこを通って逃げられてしまうようだ」と言う。

ただ魚影は濃かったという感想は両者とも一致した。夜は電灯潜りでかなり獲れたそうである。それでも島に戻って水揚げしたら収支は赤字だった。結局魚価の問題で、苦労して大漁しても、その分市場単価を下げてしまう。行っても儲からない場所という認識を持ったそうだ。

宮古佐良浜における現在のスマガツオ竿釣

二〇一二年十月宮古伊良部島でカツオフォーラムが開催された。伊良部島いわゆる佐良浜は池間島と並んでカツオの島として名を知られた島である。

一九五〇年頃に尖閣で鰹漁と節製造を試みた事は前述したが、その後も曳縄や一本釣り等で出漁を継続し、現在に至るまで毎年冬季の出漁を継続している。中でも伊良部漁協の漢那一浩氏は四〇年以上も尖閣での冬季スマガツオ漁を続けており、尖閣における漁業の第一人者として知られる。

漢那さんを代表とする伊良部漁協の取り組みにより、尖閣で獲れるウブシュウことスマガツオは島の冬の味覚として知られ、島の生活圏として定着しているモデルと考えられる。

伊良部漁協喜翁丸船長の漢那一浩氏(六五)、「私たちの世代も、あと何年漁業が出来て、その間にあと何回尖閣に行けるのかはわからない。親の時代から、先輩たちの時代から、尖閣まで行って魚を獲って、私たちは生活して子供たちを大きくしてきた。次は子供たちの時代がある。ちゃんと子供たち後輩たちに、

平良良則氏、現在は遊漁船の名船長(第八紀丸)

この良い漁場を残してあげないといけない。これが一番の願い。今で終わりじゃない。私たちは何十年もここで魚を獲り続けてきた。私の長男は島に帰ってきて、今一緒に船に乗っている。そういう子供たちの為にも、大事な漁場を残して、そこで安心して仕事が出来るような環境を、私たちは残してあげないといけない」。

これからの課題

尖閣への出漁が常態化していた時代は、漁業者が元気な時代でもあった。

しかし、現在では次の主な三つの理由により、漁業者の出漁は停滞しているといえる。

一　漁業環境の変化……以前に比べてもうからない＝島外輸入品や他のタンパク源との競争により、魚の値段が低く抑えられている。燃料費の高騰。環境悪化による漁業資源の減少。結果、漁業後継者の減少という悪循環を生んでいる。

二　漁業形態の変化……漁船の小型化、一人船長の出現、パヤオ（浮魚礁）の設置、生食の普及等

三　領土問題化……直接的な要因とは考えにくいが、行かない理由として、この事を挙げた方々も多い。

しかし中国の監視船が常駐している現在では行けない理由の第一になると考えられる。

喜翁丸と乗組員
(2010年12月宮古毎日新聞撮影)

尖閣諸島の漁業の歴史の中で、国家間の対立が現場に生きる沖縄の漁業者に対して、これほど顕著に影

響を及ぼしている例はこれまでにない。聞き取り調査を続ける過程で、宮古伊良部島のウブシュウ（スマガツオ）が地域の味覚として根付き、一定のブランド評価を受けている事を知り、尖閣諸島における漁業と漁場を持続的かつ安定的に維持する模範にならないかと考えていたが、国有化以降はそれどころではない状況に陥り、筆者が抱いた希望は夢のまた夢になってしまった。

冬季の漁場として継続利用している漢那さんなどの佐良浜漁民にとっては、国境に生きる生活者として、考えざるを得ない状況にまで追い詰められているのかもしれない。

むすび

さて、ひとまずの結論として、以上のようにレジュメを締め括っていたが、予想に反して漢那さんは格好良い方であった。普段から格好良い方だが。当日会場で紹介した通り、カツオ船喜翁丸は尖閣の漁場に行く事をやめてはいない。漁民にとっての生活圏とは漁場そのものである。そうして本来の生活とは、国家の思惑に縛られるべきものではない。

口で言うことはいとも容易いが、現在の状況でその生活圏を維持する、尖閣に出漁するという事を実践している、漢那さん以下佐良浜漁民にただただ頭を下げる他ない。生活とはこうまで粘り強く、強固な意志を有するものであったかと、「生活圏」の意味を改めて見つめ直しながら、補足の部を終えたい。

【資料紹介】尖閣諸島のアホウドリ

資料作成・提供／**花井 正光**／長谷川博

花井正光　こんにちは。ご紹介いただきました花井です。よろしくお願いします。

緒方修　繁殖地としては、日本ではここ（尖閣諸島）ともう一つしかないという事。詳しくは元琉球大学の先生（観光産業科学部）で、長いこと文化庁にお勤めだった花井先生、今一緒に世界遺産の講義などをやっています。先生にご説明をお願いしたいと思います。それではよろしくお願いします。

アホウドリ先生こと長谷川博先生

資料紹介という事になっていますが、本来なら長谷川博先生がここで皆さんにお話しされるのですが、日程調整が付かずお見えになれません。その代役ということで私が皆さんにお話をさせて頂きます。紹介する資料はほとんど長谷川先生が作られたもので、説明も先生が書かれたものを基に紹介させて頂くことになります。そのことをまずはお断りをして始めさせて下さい。

さて、ご覧頂いているのがアホウドリ（写真1）ですが、体長が一メートルぐらいです。翼を広げると二メートルを超すと言いますから、ずいぶん大きな鳥です。これは海鳥の中でも最大級だと思いますけど、この鳥が日本の二ヵ所で繁殖

1　アホウドリ（信天翁）

しています。

このアホウドリ、名前がそもそもアホウドリ、別の名ではバカドリともいうのもありました。現在の和名はアホウドリですが、漢字表記だと信天翁、天を信じる翁《おきな》、非常にきれいな名前になっています。

近世、江戸期には各地にこの鳥についての呼称があって、アホウドリも当然その中の一つ。それからバカドリもそうです。ですが沖の太夫《たゆう》という名前もありました。長谷川先生ご自身は通称アホウドリ先生こと長谷川博ですと紹介されているんですが、沖の太夫を和名にと願望を持ってみえます。英名ではalbatross［Short-tailed albatross（種を指す場合）、albatross（普通名詞）］で、ゴルフをやる人にとっては馴染みの深い名前ですが、実物をご覧になった方はまずほとんどいないはずです。理由はあとで言います。

ＩＵＣＮ、これは国際的な自然保護団体ですが、このＩＵＣＮがアホウドリを絶滅が危惧されるとして危急種というカテゴリーに入れています。環境省レッドリストのカテゴリーでは絶滅危惧第Ⅱ類という事で、直ちに絶滅するわけではないけれども、何かあると危ないレベルに指定されています。ただ、絶滅危惧Ⅱ類になる前は相当危ない時期、それこそ絶滅が危惧される時代があって、ここまでようやく回復してきたという歴史があります。

長谷川先生は写真についても非常に造詣が深く、アホウドリのきれいな写真（写真２・３）をたくさん撮ってみえます。アホウドリは非常にきれいで、こんな鳥をあちこちで見る事ができれば、アホウドリファンはもっともっと増えると思います。一部に黒い羽もありますけど、大方は白くて、そして頭の黄色い部分があるのが特徴です。

こんなきれいな写真を沢山撮って、彼は写真集や自分の仕事をわかりやすく紹介した本を何冊か書いていて、児童出版文化賞をいくつか取っています。彼は毎年二回アホウドリ繁殖地がある伊豆諸島の鳥島にいて、通っています。これは実は大変な事で、もちろん無人島で航路が無いですから、船をチャーターして島に渡る事を繰り返しているわけです。

写真4は昨年の十二月に行かれた時の写真で、卵を産んで抱卵しているコロニーの様子です。こういう状況だと数は全数数える事ができるそうです。こんな調査を長年続けてきて、今色々なデータを蓄積されてきたのです。

さきほど集団営巣地の写真をご覧いただきましたが、この繁殖地の環境整備といった工事や、新しい繁殖地を設けることにも携わってみえました。鳥島は活火山の島ですから、いつ噴火してもおかしくはないのです。過去にも大噴火をしているわけで、そういう事になると、せっかく回復してきているアホウドリがまた大打撃を受ける心配があります。

そういった危険を出来るだけ回避するため、リスクの分散を図ろうと、最近他の島へ人工的に移動させ

2　羽繕いするアホウドリ

3　アホウドリの番《つがい》

4　鳥島の繁殖コロニー

新しい繁殖地を作る計画も、彼の提案をもとに取り組みが進んでいます。

ともかく、この三十六年間アホウドリの回復に大変な貢献があったという事で、数々の国際的な賞を受けてみえます。もちろん環境大臣からの感謝状や表彰状も受けていて、自然保護や環境保全に関する賞の大方を彼はすでに受賞している。そういう人なんです。

彼はまたカメラが好きで、いくつもカメラを持っていて、写真5のカメラは自分の生まれた年に製造されたカメラだそうで、ご自慢の一つです。

5　愛用のカメラを持った長谷川博氏（西川幸太郎撮影）

アホウドリ復活の概要、鳥島の場合

さて、アホウドリは先ほど緒方先生のご紹介にもありましたが、伊豆諸島の鳥島と、それから尖閣諸島の南小島と北小島、この二ヵ所で繁殖している事が確認されています（図1）。ただ尖閣諸島については今日お話する中でおわかり頂けると思いますが、最近十年間は調査がないので、過去の調査と鳥島での調査結果を援用しながら、今これぐらいの数まで回復しているんじゃないかと長谷川先生は推定されています。その紹介をしたいと思います。

それから北西ハワイ諸島のうちのミッドウェーの環礁でつい最近一組の繁殖が確認されました。つまり鳥島でだんだん数が回復してきた結果、自分たちでもって新しい繁殖地を見つけたのです。

もう一つは先ほど言いました小笠原諸島の聟島《むこじま》列島、かつてここにはアホウドリが繁殖していた事が確認されていますので、それをもう一度復元しようと鳥島から聟島にヘリコプターで雛を運んで、ここで巣

図１ アホウドリの繁殖地

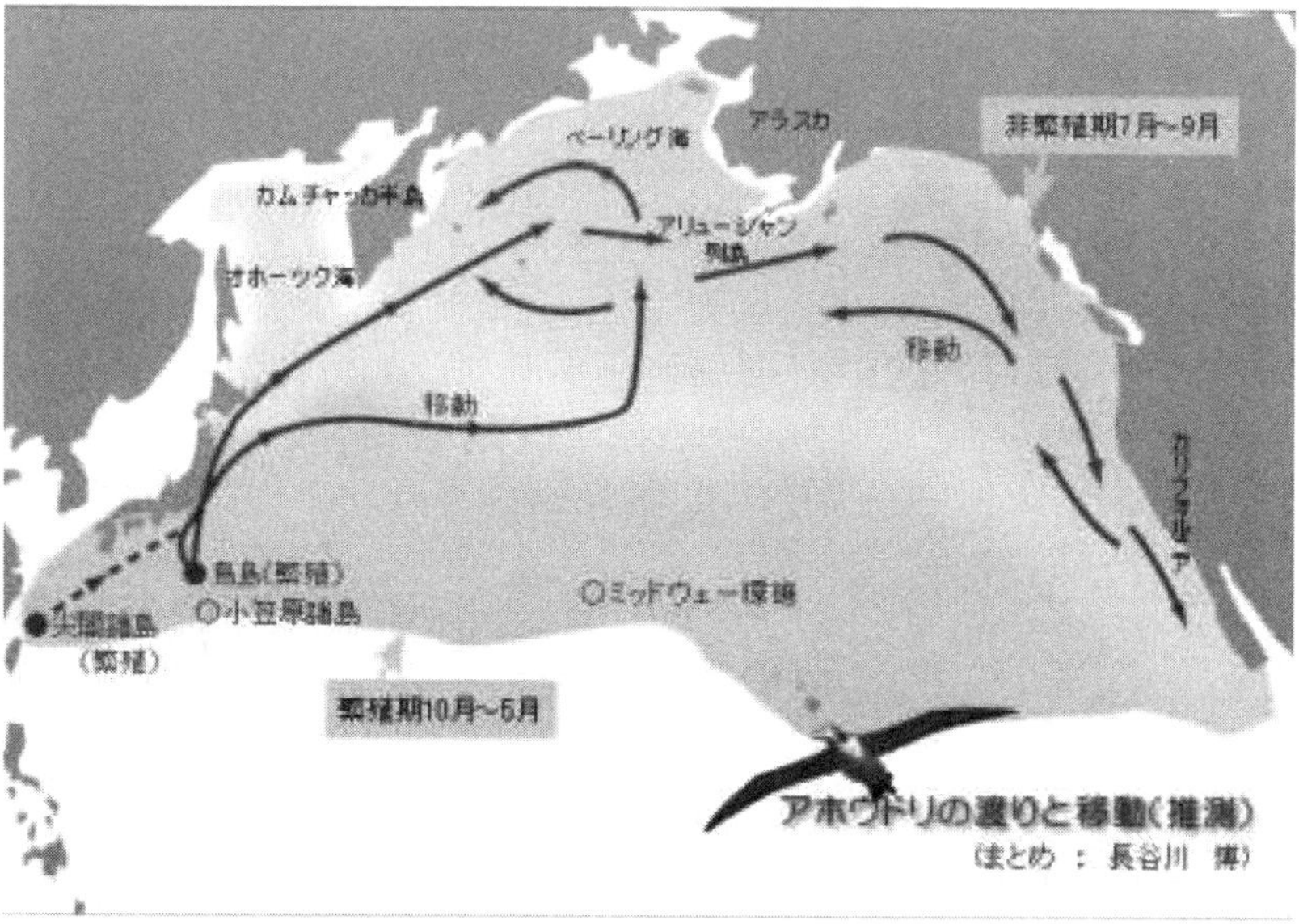

図２ アホウドリの渡りと移動(推測)

立ちをさせるという事を何年か続けてきた結果、ここから巣立った若鳥が、今年産卵をしました。つまり繁殖したのです。しかし、結局、卵は未受精だったと判明したそうです。これからはここも新しい繁殖地になっていく事が期待されています。

このアホウドリを我々のほとんどは見た事がない。実は私も実物は見た事がありません。文化庁で長くこの鳥を保護する仕事に関わっていたんですが、見ないままでした。なぜか。二つの繁殖地にこの鳥がやってくるのが十月から十一月にかけてで、卵を産んで雛を育て、親の方が少し先に飛び立って行くんですが、雛がそのあと、五月には巣立ってしまいます。ですからその間にしか島にいないという事が一つあります。じゃあ島にいない間はどうしているのかというと、図2の矢印線のように海域を渡って生活していると推定されています。非常に広く、北太平洋の海域を移動しています。ですから普通はお目にかかれないのです。

尖閣諸島のアホウドリについてお話する前に、鳥島のアホウドリがこのところずっと回復してきている経過を図3でご覧いただきたいと思います。

戦後まもない一九五〇年頃から、時々はアホウドリを鳥島で見たという事がありました。戦後、小笠原諸島が一九六八年に返還されるまで、鳥島は日本列島の南東端に位置していたので、台風の予測に重要な島でした。また、活火山ですから、火山の観測も行われていました。そのため気象観測所が置かれていて、そこにはスタッフがいましたから、その人たちがアホウドリをずっと観察していたのです。ですがその時代は数十羽、二、三〇羽ぐらいで僅かだったようです。

そういった少ない時期、またそれ以前、実はこの鳥はほとんど見かけられなくなったので。一度は国際的にもう絶滅したと宣言された時代がありました。そんな中で僅かに残ったと言いますか、発見された数から、ご覧のように今や、一番新しい数字は昨年十二月に約千羽を長谷川さんはカウントしています。

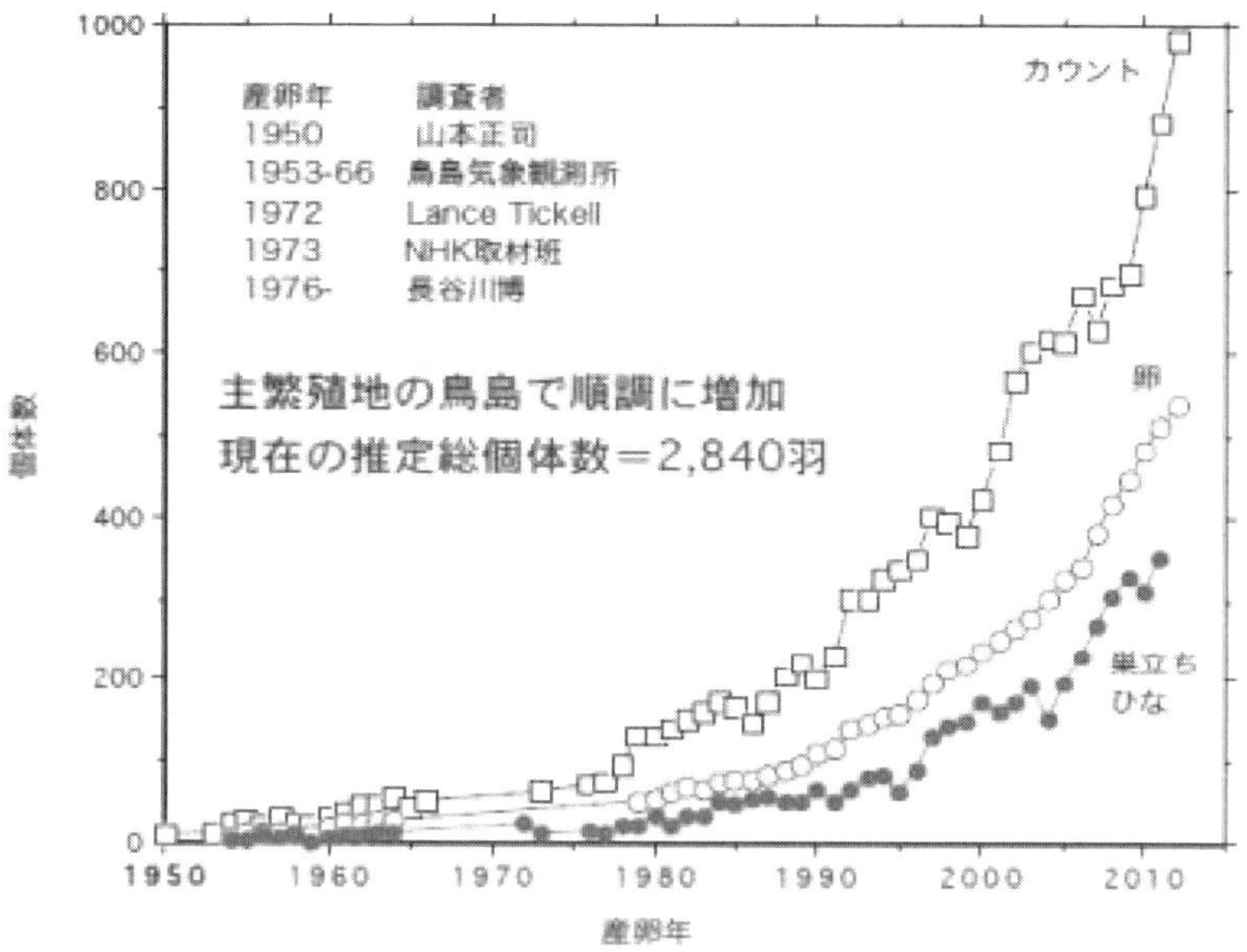

図３　伊豆諸島鳥島におけるアホウドリ集団の成長

この数字は幼鳥プラス成鳥で、実際に数えられた鳥の数です。急速に増えていっている事が図３からおわかり頂けます。これを年率にすると、大体八％弱の増殖率です。十年でほぼ倍になる勘定です。昔貯金の利子が八％という時代があったそうですが、その時代は十年置いておくと預けたお金が倍になった。大型野生動物の増殖率としてはかなり高いです。

ただこの高い繁殖率は先ほどお話ししたように長谷川さんや、環境省、東京都等による繁殖地の整備事業の結果であって、人の努力、サポートがあってこそであることを強調しておきたいと思います。卵もしっかり増えてきています。それから巣立ちですね。産まれた卵が全部孵化するわけではなく、また雛になっても全部巣立つわけではありません。これは他の鳥も同じですけど、このように増えてきています。

それから図３には現在の推定個体数が示されていますが、カウントされた数が約千羽ですから、それの二・八倍ぐらいが総個体数と推定されるので、二千から三千羽ぐらいが今のアホウドリの推定個体数になります。数十羽からこれだけまで回復してきました。

さて、ここからは尖閣の話になります。長谷川さんは都合六回、尖閣に行って調査しています。新聞社やテレビ会社と一緒に行っての調査でした。これからお話しする尖閣諸島の一九八〇年代以降のデータはそれらの調査から得られたものです。

長谷川さんが関わった尖閣諸島のアホウドリ調査

①一九八八年四月十二・十三日　朝日新聞の小型ジェット機から南小島の断崖中段の岩棚を観察
②一九九一年三月二十八・三十日　フジテレビの取材チームと南小島に上陸
③一九九二年四月二十九日　朝日新聞のヘリコプターで南小島に上陸
④二〇〇一年三月六・七日　朝日新聞のヘリコプターで南小島に上陸、一晩野営
⑤二〇〇二年二月二十五〜二十七日　沖縄テレビ放送の取材に同行、二晩野営、南小島と北小島を調査
⑥二〇〇二年五月七・八日　沖縄テレビ放送の取材に同行、南小島と北小島を調査

現時点では南小島と北小島にアホウドリの繁殖地があると言えますが、先ほどから言っているようにこの十年間は調査がないので、確定的な事は言えません。

ここでお話は一九〇〇年まで一挙に遡ります。アホウドリの羽毛採取が行われた時代です。その時代に宮嶋幹之助《みやじまかんのすけ》という人が一九〇〇年にこの島に渡って調査をしました。当時はアホウドリの採取が既に始まっていて、採取が三年ぐらい経過し急速にその数を減じていた時です。資源の枯渇です。これはまずいという事で、他に利用できる資源を探そうと、色んな専門家に調査を委嘱するんですね。そのうちの一人がこの宮嶋さんです。

彼が残した記録によると、黄尾嶼には三つのピーク（峰）があるんですけど、これらのピークの麓から山腹にかけてアホウドリが繁殖地を持っていた事がわかっています。信天山《しんてんざん》という山がありますが、これはアホウドリにちなんで名付けた山だろうと長谷川先生は見ています。少なくともこの時点では、まだ相当数はいたという事になります。写真6はその時の写真で、クバの木が沢山あります。中央部は浅い谷になっています。この谷はほとんど植生らしい植生はみられません。アホウドリが営巣している場所から飛び立つ時の移動にここを使うので植生がなくなっているとみられます。ガジュマルの根本に一羽いるアホウドリを宮嶋さんは写しています（写真7）。

黄尾嶼では北の端の方に平坦部があって、写真8に白い部分がちょっと見えますが、当時は沢山のアホウドリを捕獲していましたから、その時の骨が積まれているんだというような事がわかります。

じゃあいつ頃どれぐらい獲っていたのか？　一八九六年から開拓の許可を得て黄尾嶼と魚釣島、この二つの島でアホウドリの採取、捕獲が始まります。捕獲された数をどうやって割り出すかといいますと、採った羽毛の重量、重さは記録があるので、その重さから推定するという方法を長谷川さんはとっているわけです。

二五羽の成鳥から一貫目、つまり三・七五キロの羽毛が採れる。沖縄風に言うと六斤ですか。約六斤の羽毛が採れた。

黄尾嶼の地図
宮島幹之助, 1900年

信天山：
アホウドリ（信天翁）
にちなむ？

海岸近くの平坦地から谷沿いの林内まで、アホウドリが数多く繁殖していた。

図4　黄尾嶼の地図

黄尾嶼の溝川原

おびただしい数のアホウドリが通路として使っていた谷の部分には、丈の低い草本植物しか生えていない！

宮島幹之助, 1900年

6　黄尾嶼の溝川原

7　ガジュマルの樹の下に座る
アホウドリ

8　黄尾嶼の北隅の海岸の平坦地

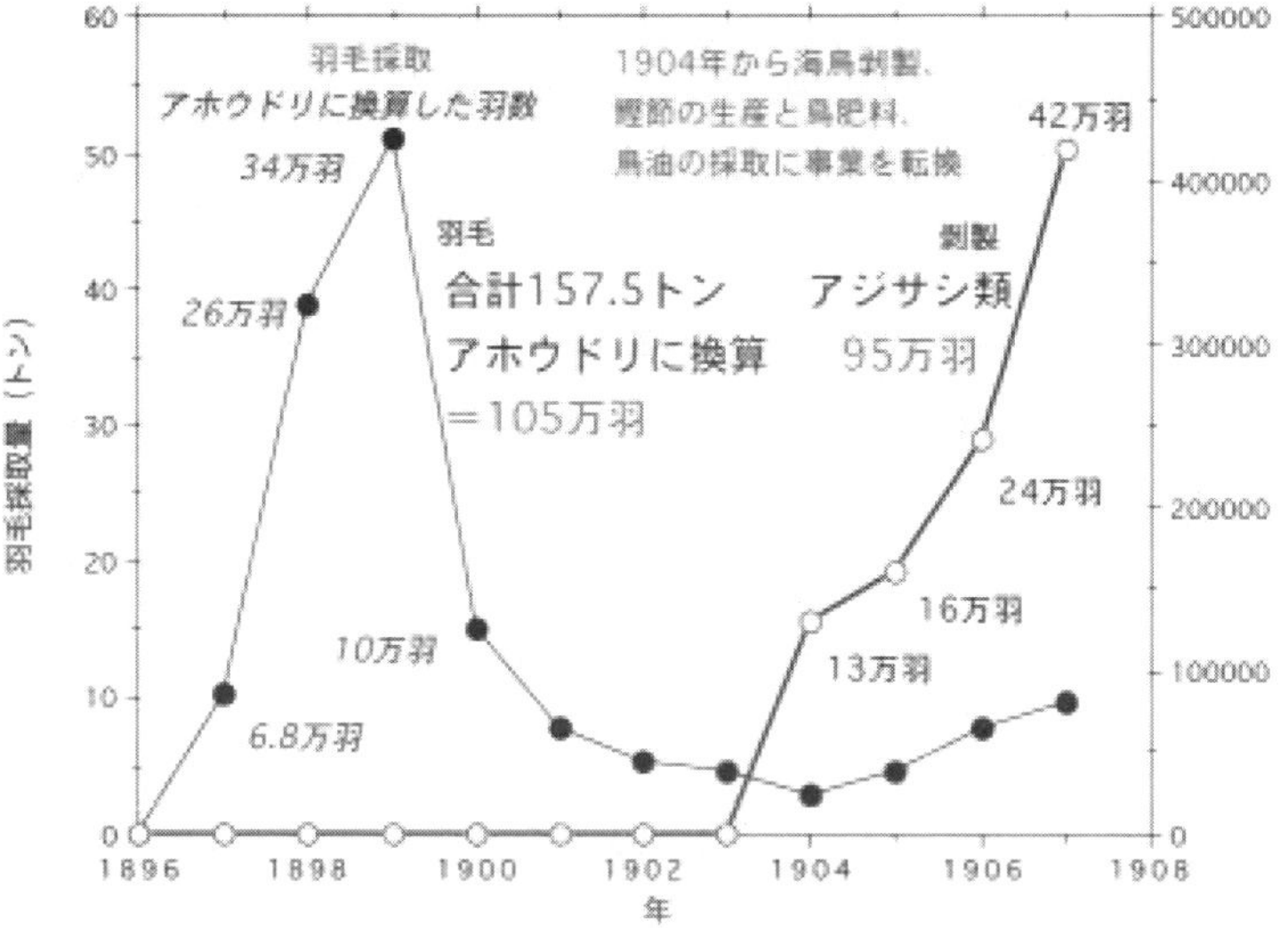

図５　尖閣諸島における海鳥羽毛と剥製の採取
（古賀辰四郎の藍綬褒章受章資料による）

そうやって換算して捕獲された羽数が得られます。年当りの捕獲数が出せることになります。

そうしますと、図５にみられるように二六万羽とか三四万羽とか、おびただしい数のアホウドリが捕殺されたことがわかります（黒丸の折線）。一年あたりと言っても、実際は六ヵ月に足りない間でのことです。捕獲を始めてから四、五年で激減していることがわかります。大体この期間に一〇五万羽のアホウドリを捕獲しただろうという事になります。

白丸の折線はアジサシの仲間の捕獲数の推移を示しています。アホウドリの羽毛が採れないので一九〇四年からこちらに転換したんですね。

これも尋常な羽数ではないと思いますが、これを獲って剥製にした。剥製というと、私たちは理科教室の標本のイメージですが、そんな物ではなく、これは海外にもっぱら輸出されました。特にフランスが多かったそうです。ご婦人方のファッショナブルな帽子の飾りに使われる事が、この時代非常に流行したそうです。

いずれにしても大変沢山の海鳥をここでは捕獲し

ていました。急減していった過程なんですが、一九一〇年にはもうほとんど輸出がなくなり、この年には羽毛を輸出する事が禁止になります。

鳥獣保護の観点から、この頃になると日本にも鳥獣保護の制度が出来てきますが、アホウドリをそれまでに百万羽ぐらい獲ったという事ですね。

それからもう一人、恒藤規隆《つねとうのりたか》という方も黄尾嶼の調査をやっています。この人は古賀さんからグアノ、鳥の糞の堆積物をリン肥料として採るための調査を依頼されてのことです。その時にアホウドリを見ているのですが、宮嶋さんが見た数からすると、既にかなり少なくなっていたようです。恒藤さんが残している記録に、黄尾嶼でアホウドリが繁殖している場所の様子がみられます（写真9）。彼はその繁殖状況を見ているわけですね。黒い色と白い色が見えますが、白いのが親で、黒いのは雛、幼鳥です。

その後の一九三九年、石垣島測候所の正木任《まさきとむ》という方が調査しています。ですがこの時はもう発見出来ない、観察出来ませんでした。それから高良鉄夫先生が六回に亘って一九五〇年代から一九六〇年代にかけて島に行って調査していますが、やはりアホウドリは観察されていません。

一九七〇年に九大と長崎大の探検部が行くんですが、この時もアホウドリは確認出来なかった。この時の調査期間が十一月から十二月ですから、アホウドリが繁殖していれば、もう卵を産んで抱いている時期です。座っている状態ですから、いればわかるはずなんです。ですがこの時は見られなかったので、たぶ

9　黄尾嶼のアホウドリ（恒藤規隆撮影）

11 再発見された場所（南小島の断崖の中段）（1980年3月3日、NHK岡田正大撮影）

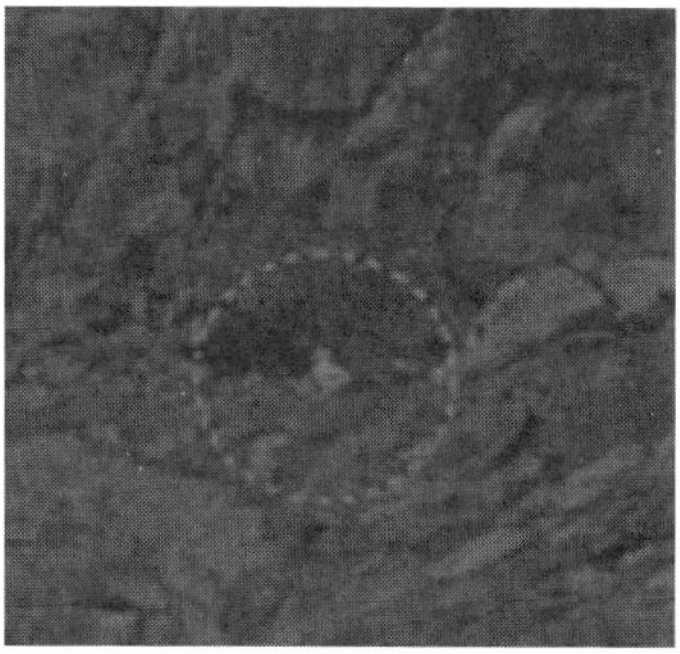

10 再発見されたアホウドリの成鳥（『沖縄の陸の動物』風土記社、1975）

12 南小島の断崖中段のアホウドリ営巣地（雛は未確認）（1980年3月3日、NHK岡田正大撮影）

13 アホウドリの雛の確認　写真を分析して少なくとも７羽（1988年4月13日、朝日新聞社機より撮影）

17 南小島頂上部のなだらかな斜面、奥は北小島、魚釣島(2002年2月25日)

14 狭い岩棚上のアホウドリの雛(南小島、1992年4月30日、朝日新聞社森下東樹撮影)

18 南小島頂上部のなだらかな斜面のアホウドリ営巣地(2002年2月25日)

15 南小島頂上部のアホウドリ営巣地(2001年3月6日)

19 北小島で約100年ぶりに確認されたアホウドリの雛(2002年2月26日)

16 南小島頂上部斜面(西端部)のアホウドリの雛(2001年3月6日)

んいなかったんじゃないかと長谷川先生はみています。

したがってこういった経過から、アホウドリは既にもう絶滅したんじゃないかと見られていました。一九七一年になって池原貞雄先生が島に調査に行かれました。その時に十二羽のアホウドリを南小島で観察されました。アホウドリが再発見されたのです。この調査の時に、同行されていた新納義馬先生が北小島の方で二羽の若いアホウドリを写されました。新納先生は植物の先生でこの鳥が若いかそうでないかというのはわかりませんでしたが、写真を見た長谷川先生は若い個体だと判定したのです。

写真10は池原先生がご覧になったアホウドリです。こんなところ、南小島のこの斜面でようやく少し残っていたわけです（写真11）。その南小島でその後一九八〇年にＮＨＫが撮影しています。写真12の中央部に写っている白いのがそうですね、この時には雛が（いるかどうかは）良くわからなかったそうです。

一九八八年から長谷川先生が調査を始めて、写真13で見られるような親鳥と雛が目視で視認されています。何回かに亘るその後の調査をとおして個体数が次第に増えてきているのが確認されました。それだけに、二〇〇二年の調査後、この十年間調査が途切れているのは残念なことです。

写真14～18はこの間に長谷川先生が南小島で撮った繁殖に関係する写真ですが、写真19の北小島での雛の確認は約百年ぶりのことで、尖閣でのアホウドリの増加の証しとして注目に値します。

一九八八年から二〇〇二年にかけて長谷川先生が観察された数を並べてみますと、ご覧のように成鳥が増えてきていますよね。若い鳥の割合も急増しています。要するに尖閣のアホウドリ集団は急速に成長しているとみてよいようです。長谷川先生によれば、この間に観察した親鳥や若い鳥の増加データと、鳥島での観察データを参考にして推定される尖閣の現在のアホウドリ総数は、四五〇～六〇〇羽まで回復していることが期待できるとのことです。

以上が尖閣のアホウドリです。一旦絶滅したか、それに近い状況に陥ったアホウドリがここまで回復を遂げたということです。

今後の課題

アホウドリについては、このところ別の観点から注意しなければならない事がわかってきた。確定したわけではなく、これからもっと調査しないといけないんですが、鳥島のアホウドリと尖閣のアホウドリは違う種、つまり別の種ではないかという事が遺伝工学的な解析によって少しずつわかってきたのです。

これがもしそうだとすると、ある意味大変な事です。鳥島はあの数ですから危機をほぼ脱しているんですが、尖閣の方はまだ充分とは言えません。それから尖閣の個体と鳥島の個体が交流しているという事になると、そこで交雑が起こることになり、また別の問題が出て来ます。現在のところ鳥島で尖閣から飛んで来たと思われる個体を長谷川さんは確認しているんですね。ただ鳥島の個体と尖閣の個体が交雑しているという事は今のところまだ確認されていません。尖閣から飛んできたものについても、それほどの数ではない、というのが現状のようです。

なぜそんな事までわかるかというと、長谷川さんは毎年生まれる雛全部に足環を付けているのです。したがってその足環が落ちないかぎり、その個体がいつ鳥島で生まれたかという事がわかるのです。ですから、その足環が付いていなければ、別のところから来たとみなせるわけです。

つまり尖閣の個体が鳥島に来ている可能性があるとわかるわけです。

尖閣には他に何種類か海鳥がいます。クロアシアホウドリ、オオミズナギドリ、アオツラカツオドリ、カツオドリ、アジサシ類などです。これらの海鳥はほぼ無人島ですから繁殖地としては非常に都合が良いわけです。一時期、一九六〇年代の後半までは、台湾の漁民が結構上陸して、これらの海鳥の卵を取っていたようですが、復帰以降なくなりました。その事も最近の海鳥類の繁殖増加につながっているのではないかと、長谷川さんは言っています。

まとめますと、捕獲や卵の採取で個体数を減少させる原因がなくなったので、現在アホウドリを含めて多くの海鳥の種が回復しているということになります。ですが、上陸調査の機会がほとんどないためそれらの個体数や繁殖の状況についてよくわかっていません。調査の機会が待たれます。

領土問題など困難な状況にありますけど、そういう事は置いといて、専門家集団によるきちんとした生物調査が必要なのではないか。この観点は、別の問題、ヤギが魚釣島に移入されて（一九七八年日本青年社による）定着しており、在来植物への影響を懸念している専門家もいます。そういった事もまだ良くわからないし、それからセンカクモグラといった固有の哺乳類がいる事もわかっていますが、詳細についてはまだ調査を必要としている。

最後のスライドは、八重山日報の提供ですけど、二〇一二年の十月に、仲間均さんという方が漁をしながら南小島の沖合い約一キロぐらいのところで撮られたアホウドリです。ご清聴ありがとうございます。

緒方修　今思い出しましたけど、境界地域研究ネットワークＪＡＰＡＮの現代表である、外間守吉与那国町長、彼は子供の時に尖閣に行った事があるらしい。海鳥の卵を取る方法があったそうです。ここからここまでと縄を張って、その範囲の卵は一旦捨てる。これはなぜかと言うと、古い腐った卵も混じっているんですね。そうして囲って、一週間後に産み付けられた新鮮な卵だけを取るという話でした。

それからまた別の話なんですが、トータル百万羽ぐらい獲るわけですね、そうするとこれは殺して羽毛を獲るわけで、あとはそこにほったらかしです。何万羽の死骸の臭いが漂っていたのではないか、凄惨な場面だったのではないかと推測しています。

それでは、新崎盛暉先生、コメントをお願いします。続いて岩下明裕先生にもコメントをお願いしたいと思います。コメントが終わり次第、パネルディスカッションに移りたいと思います。
新崎先生は沖縄大学の学長、理事長を歴任しまして、現在は名誉教授でございますが、尖閣の問題にも熱心に取り組んでいます。

【コメント】

新崎　盛暉

新崎盛暉　与えられた時間が十分間なので、その範囲での話をしたいと思います。

「固有の領土」について

私はこの尖閣の問題を特に、例の漁船の衝突があって以降、沖縄タイムス、琉球新報、あるいは毎日新聞とかその他いくつかのところで色々と意見を述べています。その中で特に強調しているのは、国家の固有の領土とは一体何なんだ、固有の領土なんてものは存在するのか？　ということです。上里さんの話の中にもありましたが、少なくとも百五十年前に遡れば、沖縄それ自体が日本の領土ではなかったわけです。

そう考えると、本来の国家の固有の領土なんてどこに存在するのか、北海道だって明治二年に置かれるわけで、それまでは蝦夷地だった。そういう観点から言うと、たとえば一八九五年の閣議決定によって無主地先占の原則により尖閣が日本固有の領土になった、と言うのはおかしな話です。しかし逆に、中国の古文書にこの島のことが書かれているから、日清戦争までは中国の領土だったといえるのか。古文書の読み方も、井上清とそれを批判する人の読み方はまったく違う。そもそも古来から、国家不変の領土というのがあるのか。

沖縄の「生活圏」

先ほどの上里さんのお話にも出ていましたように、ここの島々をたとえば航海の時の目標として最も馴染んで来たのは琉球、沖縄人ではなかったろうか。尖閣は沖縄にとって何なのかという具合に考えた時に、私は「生活圏」という言葉に辿り着いたわけです。まだこれは、「国家固有の領土」という概念を相対化するための暫定的概念ですが。

尖閣は沖縄の領土だというのもおかしな話ですが、沖縄は昔から歴史的に尖閣に馴染んでいる。國吉くんの話にあったように、戦後の米軍支配下でもここは漁民たちの生活の場だった。のみならず、もう一つ付け加えると、沖縄戦の最中に石垣島から出港した台湾への疎開船が米軍機に攻撃されて、そうして逃げ込んだ場所が尖閣諸島の魚釣島でした。そこで命を永らえた人もいたし、餓死した方もいた。

その事に関しては、去年の十月三日の朝日新聞に、尖閣列島遭難者遺族会会長の慶田城用武《けだしろようたけ》氏のロングインタビューが載っています。これは図書館で見られます。当時彼は二才だったのですが、彼が親から聞いたりした体験。そして今領土問題として、彼らの立場まで利用しようとするナショナリストたちがどういう事をやっているかという点も含め、詳細に書いてある。これでたぶん必要十分だというぐらいの事が書かれています。

つまり先島にとっての戦争体験、八重山は大体戦争マラリアの話が多いんですが、先島の戦争体験の一つとしても、重要です。いわば沖縄の戦争体験から、戦前戦後の漁場開拓を含む歴史的文化的営みの総体として、その全てを包括する地域としての生活圏というものを考えた時、やはり尖閣は沖縄の一部であって、その沖縄がたまたま日本という国家に属しているから、日本の領土であるに過ぎないと、私はそう理解しています。

地域からの発信

今、中国と日本が固有の領土だと言って張り合っている。この事で一番危機感を感じなければいけないのは、沖縄、特に先島の人たちです。沖縄はかつて日米戦争の結果として占領された場所です。尖閣でもし武力衝突でも起これば、今度は日中戦争の戦場にならざるを得ない。

こういう地域にいる人間は、主体的にも自らの意思を発信し続けなければならない。この点は上里さんもおっしゃっている事だろうと思います。

ちょっと宣伝になりますが、一昨日岩波ブックレットから、『「領土問題」の論じ方』という本が出版されました。これは僕だけではなく、五人（新崎盛暉、岡田充、高原明生、東郷和彦、最上敏樹）がそれぞれ書いています。東京の本屋には九日から並んでいるはずなんだけど、沖縄は大抵一週間遅れになるので、早目に取り寄せて二〇冊をここで割引販売したら休憩時間までに全部なくなった。あと四、五日すればジュンク堂とか沖縄の本屋にも並ぶはずですので、見て頂きたいんですが、私の文章のタイトルは「国家固有の領土から地域住民の生活圏へ――沖縄からの視点」です。

つまり人間の「生活」を抜きにして、領土問題を論じていいのか？　どの地域の生活者と一番近い関係であるかをまず考えて欲しいという事です。

そしてこの中で中国問題に詳しい東大の高原明生さんは、なぜ中国は今、我々から考えても高圧的過ぎるのではと思われるような姿勢に出ているのかという、中国の内部事情を書いていて、私には非常に納得がいく内容です。高原さんの文章が面白かったんですが、それ以外にも国際法関係を含めて、三人の専門家が書いていて、丁寧に読んでも三時間あれば大学生にも充分に読める本なので、そういう基礎的な知識を持った上で、沖縄の立場からの発言をしてもらいたいと思います。

私は、去年の十月、上海の会議で「沖縄は東アジアにおける平和の触媒となりうるか」というタイトルで話をしました。つまり、戦場にするのか、それとも平和を作り出す場にするかという、これを沖縄が今選択を迫られている。そういった事でもあるんですね。オスプレイの押し付けに代表されるような問題と、中国の公船が出入りして圧力をかけている問題との狭間に沖縄がいるわけです。

海外の友人との対話

私が上海で話をした内容は、『現代思想』という雑誌の去年の十二月号に載っています。図書館には少なくともあるはずです。私の話だけではなく、私の話に対する応答として、北京、あるいは台湾、香港などの人々のコメントも載っています。

つまり中国という国家と日本という国家。日本国家を代表する安倍政権と私たちは全く違う考え方を持っているように、中国にもまた国家権力とは違う考え方を持つ人びとが沢山いて、そうしてその間の相互交流も生まれて来ていて、それをどう評価していくか。この尖閣の問題を逆手に取って、私たちはこれから協力し合っていかなければいけないと思っています。

僕は老い先短いですけど、残された時間でそれなりの事をやりたいと思っています。特に若い人たちにはもっと頑張って頂きたい。ちょうど十分になりましたので、私のコメントを終わらせていただきます。ありがとうございました。

緒方　それでは次に岩下明裕先生。今回境界地域研究ネットワークＪＡＰＡＮに協力をいただいていますけど、この団体はわかりやすく言うと日本の国境地帯と対岸にある地域と仲良く交流しましょうという事をやっている。たとえば北海道であれば北方領土がある。私も同行しましたが、稚内はサハリンとの交流、対馬は釜山との交流。それから一番最初に行われたのは与那国から対岸の花蓮にチャーター便を飛ばして、防空識別圏より少し上の方に行って、あの辺で尖閣が見えるのかなと僕は期待したんですが、全然見えませんでした。そういったお付き合いが沖大地域研究所と続いているんですが、今日は遠く札幌からお越しいただいて本当にありがとうございます。では、岩下先生よろしくお願いします。

【コメント】　岩下　明裕

岩下明裕　緒方先生に誘われてやってきました岩下と申します。今日はよろしくお願いします。ただ今から申し上げることは一切ＪＩＢＳＮ（境界地域研究ネットワークＪＡＰＡＮ）とは関わりのない事だとお断り申し上げます。

私は新崎先生のお話を聞いていて「いやあ来て良かったな」と申しますのも、この岩波のブックレットも『現代思想』も私両方誘われて、両方断った経緯がありますから、その補足の議論が出来る事を嬉しく思っています。

領土問題というのは国家の主権の問題です。ですからどうしても東京対北京対ワシントンという形になって国家としての空間をめぐる争い、すごく抽象的な議論になります。領有権を自分の空間だと主張し合いますから、本来はその空間の中には色々なグラデーションの違いがあるんですが、それが全部無くなり、全てが白か黒かという事になる。恐ろしい話になる。

これは非常にやっかいな呪縛だと思います。しかし実際には新崎先生も言うように、色々な空間には色が付いていていて、地域によって違うわけです。それを全部捨象していくと、白か黒かのいがみ合った対立になるので、それをどうやって元の色に戻していくかという事が、この問題に対する一つのアプローチだろうと私は確信しています。

そういうわけで現場の声を色々と集めて、北方領土とか竹島とか、色々勉強していまして、ここに尖閣の勉強に来て、明日は石垣島に行って勉強させて頂こうと思います。今日は大変勉強させて頂きました。

上里さんの固有の領土批判、北方領土問題が「固有の領土」という言葉を作ったようなところがあって、一人で「そんなものは無いでしょう」と言い続けてきた人間からすると、非常に力強いですし、國吉さんの漁業者の歴史の丹念な仕事にも感銘しました。それから花井先生のアホウドリの報告、計算すると「一日二百羽から三百羽も殺していたんだなあ」と、しかも尖閣諸島と一言で語られますが、北小島とか南小島とか久場島とか色んな違いがある。そうしてそれをまとめる新崎先生の「生活圏」というコンセプトに感銘しました。「生活圏」というコンセプトは国家主権の観念を相対化するという点で非常に重要で、私は全面的に支持します。

さて、ここからが問題です。「生活圏」という考え方は非常に良い。私はそれを拠り所にする以外ないと思いますが、まだまだそれは発展途上で、抽象的な観念だと思っています。境界研究とかボーダーを見ている人間からすると、非常に抽象的に感じます。なぜかと言うと、皆さん空間の話と考えて下さい。北方領土は北海道の生活圏なんでしょうか。竹島は島根の生活圏なのでしょうか。全く違います。

じゃあ尖閣諸島は沖縄の生活圏なんでしょうか？　そうなると私は考えこんでしまいます。

つまり札幌（北海道）は北方領土に関して無関心です。松江（島根）の人も（竹島に対して）無関心です。那覇（沖縄）の人は尖閣に対して本当に関心があるんでしょうか？　今日は沢山来られて、わあすごいなあと思いますが、尖閣諸島に関心があるという事は八重山に関心があるという事ですよね。

そうすると確かに、「固有の領土」、沖縄は「固有の領土」じゃない、沖縄自体が日本の「固有の領土」

じゃないんだからおかしいでしょう、という話もありましたが、じゃあ八重山は沖縄の「固有の領土」か？　そう言われたら私はまた考えこんでしまいます。どうやって八重山は沖縄の一部になったんだろうか。県立博物館に行くと二行ぐらいしか書いてないんですね。オヤケアカハチ（*）を倒して、版図に入れて、強い琉球になりましたとか。そういう感じで書いてある。ですからその辺の事を考えると、今の沖縄・尖閣という事に関わる「生活圏」というコンセプトをもう少し深く考える必要があると思います。

＊（編者註）八重山から首里王府への反乱を主導した首謀者。一人説、二人説がある。一五〇〇年当時の尚真王は王府・宮古島・久米島の連合軍を組織し八重山に侵攻・鎮定した。

それから歴史は大事ですし、漁業で生活圏が成り立っていたと。確かにそうなんでしょう。歴史記録として國吉さんは調べていますが、じゃあそれが現在の問題を解くヒントになるか？　歴史を言い合うとお互いにどこまでも遡るという事になるので、果たして機能するか疑問に思います。

もう少し具体的に言います。北方領土の場合、本当に生活圏があったのは根室である。これも本当ではありません。北方領土は一つではありません。択捉という遠い島は根室の生活圏にはありません。根室の生活圏、本当の意味での生活圏で言うと、歯舞群島、あの身近なところだけです。根室は今でも歯舞群島が一番大事です。なぜならそこは非常に近い空間で、もう目の前に見えるわけです。そこで漁業をやっていました。人が住んでいました。そこが切り取られて入れなくなった。この事に対する地元の不満なんです。これが本当の生活圏です。

では島根の隠岐の島はどうでしょうか？　松江は全くとは言いませんが、ほとんど関心がない。竹島は隠岐の島町の一部です。ところが百五十キロも離れている。百五十キロも離れた生活圏とは一体何でしょうか？しょっちゅう行く所じゃないわけです。

そこから先ず考えてみる。尖閣は一つなんでしょうか？　大正島という島は魚釣島から百キロ離れているんでしょう。魚釣島は石垣から百七十キロ離れているんでしょう。そうすると、先ず尖閣は一つではない。石垣からも百七十キロ離れている。これは一体どういう生活圏なんだろうかと思うんですね。八重山と那覇、沖縄本島との違いがありますが、八重山の中でも石垣の中でも本当に生活圏なんだろうか？と私は考え込んでしまいます。

それと國吉さんが最後に言った、「夏とか普通は使っていない」と。「使うのは冬なんかの時だ」と。つまり生活圏とは言っても日常的な生活圏ではない。この日常的な生活圏であるかどうかという事は非常に大事だと思います。なぜかと言うと日常化していない、つまり身体化していないと、その生活圏像はフィクションに刈り取られかねない。

そうなるとこういうフィクションが成り立ちます。隠岐の島の場合です。韓国が暫定水域を取っていて、日本の船が近付けない、隠岐の島の船が行けない。漁をしない。だから漁民を守るために頑張ろうじゃないか。漁民が不満を持っているのは確かですが、前半の説明は本当ではありません。漁民の人は竹島に行ってないんです。むしろ韓国とのトラブルは別の水域で起こっています。トラブルは竹島の周りではないんです。彼らは行かない。燃料がない、余り量が獲れない。

しかし中途半端な生活圏を我々が振りかざす時、漁民たちと中央が一緒に結び付いて、ナショナリズムをより強化して「竹島の日」を作る事になる。ですから私が言いたいのは、生活圏を議論する時に、どこまでの生活圏かという事をもう少し突っ込んで考えていかなければならないと思います。

地域研究所の人たちは、那覇では例外的で、境界問題に関心のある緒方先生始め、そういった方々が多いので、それを是非詰めて頂きたい。

最後に、これは沖縄の身体性に関わる問題だと思うのですが、沖縄対大和《ヤマト》、それから薩摩、アメリカに対して、非常に外に向けて発信して沖縄の問題を投げかけていますが、沖縄の中の自意識というのはどうなっているのか？　つまり八重山に対して、あるいは八重山の一部に対して、どう意識しているかも本当は良くわからない。

つまり、「尖閣が固有の領土」という主張はどこまでも解体出来るわけです。そうすると「包摂《ほうせつ》される沖縄」はどこなのだろうか。つまり外に対して、敵に対して、直面する問題に対してだけではなく、自ずからの中にある「内的な沖縄の境界」というものを自覚することが大事です。それを考える上で、私は尖閣問題が沖縄にとっての良い機会になると思います。ですから皆さんはそれを考えるために、ここに集まっていると思います。

結論を言うと、たぶん普天間問題と尖閣問題は、沖縄が今後より自立していく時のコインの両面になるのではないかと考えています。そしてそれは生活圏をフィクションではなく、より身体性を持ったものとして、作り上げていく契機になる。そういう意味で私は今日の議論は非常に勉強になると共に、敢えてよそものとして、次にもう少し何か一緒にやれる事がないかと思い、非常に感銘しました。ありがとうございました。

質疑応答

緒方　はい。質疑応答に移る前に花井先生はじめ、ご発言した三人の先生方、一言ずつ補足する事ありませんか。
花井　尖閣のアホウドリの問題は国際的に考えた時に、すべての領域の人が関心を持っているかというと、全くそうではないと思いますが、絶滅危惧種の保全という括りだとか、それから生物多様性という地球規模の観点からすれば、非常に重要で関心が払われるべき問題だという事が言えると思います。

國吉　先ほどの岩下先生の「生活圏」について、ちょうど今朝同級生でＮＨＫにいる方と午前中にお会いしました。この方はつい二、三日前に宮古（下地島、伊良部島）の取材から帰ってきました。尖閣のお話も宮古の人たちとオトーリ（宴会）しながら聞いてきた。

この正月の時期というのは毎年尖閣から漁師さんが獲ってくるウブシュウ、スマガツオですね。これを食べるんだけど、今年はまだ行けないから食べてないと。お正月に普段食べているものが食べられなくなるのは、ちょっと毎年の生活とは違う。これはひょっとしたら生活圏が侵されているのではないか。そう思ったんですけど、先ほどお話しした通り宮古毎日を見ましたら、漁師さんは行って来た。一月八日にはウブシュウを獲ってきた。一・三トン水揚げしたんで宮古の伊良部の人たちはウブシュウを食べられた。そうして生活を担っている人たちに感動している次第です。

上里　尖閣の問題を話すと、台湾の研究者も、中国の研究者も、すぐナショナリストになるんですよ。沖縄の人間もおそらくそうです。

だいぶ以前、もう二〇年以上前になります。ここの土曜講座で台湾の作家の黄春明《こうしゅんめい》、『さよなら再見』という小説を書いた方が沖縄大学で講演しました。彼は宜蘭に研究所を持っていて、普通は台北で生活していますが、彼と一緒に台湾を歩いていて、たまたま尖閣の話になりました。「日本はひどいよなあ、侵略国家の体質をまた出している」という。「（黄）先生、尖閣はどこのものですかね？」と聞いたら、「そりゃあ当然台湾のものだよ」とおっしゃって、「お前はどう思うんだ？」と僕に言うものですから、「あれは中国のものでもないし、日本のものでもない」。「そうだろう。じゃあどこのものだと」と先生が言うから、「うん。強いて言えば琉球のものでしょう」と言いまして、結局黄春明先生と私とで、こっちは沖縄のナショナリズムを出して、先生は台湾のナショナリズムを出してぶつかり合う。

去年の十月にシンポジウムで北京に行きました。中国でも緊張していて、シンポが開けるかどうかも厳しいような時でした。シンポが終わって、史跡見学の時に、北京の研究仲間が、「尖閣という名前だけはどこに行っても言わないで下さい。外へ出たら絶対に禁句です」と言うから、やはりそうかと思い知らされました。

たまたま福建から参加している長い付き合いのある友人も一緒で、「お互いに尖閣の問題については黙っておきましょうね」と言われました。「ああ、こんなに大変な事になってるんだ」と思って、私は帰国してからずっと、本来の仕事である漢詩ではなく、尖閣の問題ばかりで学習会の講師に呼ばれています。このところ色々な所で尖閣の事ばかり喋っているわけです。

福建の友人から一週間前に電話が来て、「頑張ってますね」と言うから、「今度緊急アピール出すから送ります」と言うと、「メールしないで下さい、送らないで下さい」と言われました。どうしたものか悩んでいます。たぶん送れないと思います。迷惑かかると困りますから……。

非常に難しい問題です。同じ研究仲間同士も対話が成り立ちにくいんですね。そういった事をひしひしと感じています。これをどう打開するかというのが、今の私の最大の課題です。

質問者①（嶺井）　上里賢一先生に質問です。明治四十一年の琉球新報に古賀辰四郎を称える連載記事（『尖閣列島と古賀辰四郎氏：漏渓《ろうけい》』）があります。これの中には大変大事な事が書いてあって、三つあります。

一番目は冊封・朝貢関係の中国から琉球までの航路、この航路の中央に尖閣諸島があったので、管轄権は中国にあるのではないかと思っていたと。この新聞の中での話です。

二番目に、従ってこの管轄権については争いをしないようにしていた。

三番目に、日清戦争の結果、勅令十三号によって尖閣諸島の行政的な措置が取られている。それで古賀さんは開拓をやって、他領を開拓して、国家の増進のために奮闘したという事が書いてある。これなど見ると、私は果たして主がいない土地と言えるのか非常に疑問です。

琉球王国と中国との間で冊封朝貢関係がありました。これの非常に象徴的なものが航路だった。船が行き来しますよね、冊封使船と朝貢使船が。『康熙大清会典《こうきだいしんかいてん》』には「貢道《こうどう》」と書いてあります。進貢船の「貢」です。つまり海上の道として貢道を定めていた事が中国の資料の中にちゃんと書いてる。これは国家が管理する貢道だと以前から思っていました。明治四十一年の琉球新報の記事の中にあったので、なぜ皆さんはこれを取り上げないのかと思うのと同時に、やはり無主地とは言えなかったと思っています。

ただ両方の言い分があるので、必ずしも断定は出来ない。むしろ話し合いでやるようにした方が良いというのはその通りだと思います。その意味では先ほどの岩下明裕さんの『中露国境四千キロ』という大変興味深い本、『誰が国境を作ったのか』という十人の学者の皆さんが出した本、僕が「ああ！」と思ったのが、チベットとネパールの国境線がどうやって決められたかというと、峠ですね、大きな山を見ながら乗り越えて行くので、峠で国境線を作ったと書かれてあるのを見て、「ああー」と。

これはひょっとしたら、航路、琉球と中国との間の航路と関係あるのでは。大変興味深く読ませて頂きました。お二人にお答え頂きたいと思います。

上里　お話の新聞連載は以前見た事があります。その資料だけで、尖閣が無主地であったかどうかは決められません。「無主地」というのは、そこに人が住んだ事がない。ある国の支配の形跡がないという事だと思っています。中国の主張は、明の時代から、琉球への航路として活用して、中国名も付けているというものです。中国は先に発見して命名したんだ、だから中国のものだと、冊封使録の記録などを基にその事を言っています。

それと、倭寇対策で中国は明の時代ずいぶん悩まされるわけなんですが、それに備えるために中国の沿海部の島嶼、海防のために対策を取った。その中に、胡宗憲《こそうけん》という人の『籌海図編《ちゅうかいずへん》』の福建の部分（一巻「沿海山沙図：福七、福八」）に「釣魚嶼」という名前で出てきます。領有権主張の一番大きな根拠はこの二つです。名前は付いている、だけどそこに中国人が住んでいるわけではない。確かに貢道として彼らが使っていたのはその通りです。ですが同時に航路標識として中国よりも活用したのは、先ほどお話ししたように琉球の人たちです。

そういう事で、何を根拠にして領有権の正当性を主張するかという事になると、色々と意見がわかれる。非常に微妙な問題になりますよと、申し上げている次第です。

岩下　私の本を読んで頂きありがとうございます。領土問題というのは基本的に陸地の問題から始まります。陸地をどう分けるのかといった時に、山の分水嶺で分ける事は、長い歴史の中でわりと確立されたやり方です。ですが、海の場合は、陸があって海が主張できるわけですから、航路があるとか何とかという発想ではないんです。その島がどっちに属するかという事に最初からなります。ですからその発想としては繋がらないという事です。

それから先占の議論ですが、「無主地」というのは誰もいないとかそういう意味ではなく、ある国が継続的にそこを支配している状態ではないという事を意味しているので、我々の日常感覚で捉える概念とは違います。それが国際法の考え方です。当時、清国いわゆる中国が継続的に支配していたわけではないという事で、日本が領土編入したという考え方です。それでよろしいですね。

上里　これは非常に大事な事で、一つ補足しておきます。明の時代に台湾はどこのものだったか。台湾が清朝・中国の領有になるのは、一六八三年の康熙《こうき》年間、清代になってからです。それ以前は中国の領土ではなかったわけです。

質問者①　そうですよね。

上里　そうですが、尖閣は台湾の付属島嶼であるとして、台湾も中国も領有権を主張する根拠にしています。そうすると、明代から中国が発見、命名してそこを活用していたという論拠自体が崩れるというのが、井上清説に対する原田禹雄さんの批判の大きな理由の一つです。

緒方　では次の方。

質問者②（劉剛沖縄大学教授）　中国の環球時報のコラムニストとして質問させていただきます。上里先生と新崎先生に質問です。沖縄の立場からの発言を聞かせていただき色々と勉強になりました。本当に最近は海の方が危ない感じがする。段々危機が迫っている気がします。夏休みに帰省したら、北京でも色々と接触がありました。

先ほどの「生活圏」の話の中で、上里先生は「権」権利のお話。新崎先生は「圏」範囲、ゾーンのお話。平和的にたとえば、福建省とか台湾の漁民と共同で、生活生産していけば、平和的に海域を回復できないか、と思うんですが。

現在の問題は、国と国の対立です。国家は強力装置ですので、これから民間レベルの、たとえば沖縄では具体的にどうやって、平和的な願望を政府にきちんと理解してもらって、対話あるいは以前の棚上げ状態に戻していけるとお考えなのか、お聞きしたいと思います。よろしくおねがいします。

新崎　どうやったらいいか、誰にも納得できる処方箋があったら苦労しないんですが。もちろん我々は基本的に、たとえば現在の政府に対して沖縄の立場を要求していく必要があると思います。具体的にはオスプレイの問題とか与那国への自衛隊配備とか、我々がやれる事はそういうものを否定していく事です。だけども、そういう時に中国が後ろから我々の足を引っ張っている感覚があるんですよ。最近は特に。

それをどうするのか、というのは我々には手が届かない領域です。ですから中国の友人たちも一緒に協力してくれないと、この問題の解決の道は見えてこないというのが、先ほどの僕の話の主旨です。

それぞれの国家権力、特に暴力装置としての国家を動かそうとしている人たちに対して、人民がどれだけ働きかけられるか、国境を超えて平和という理念を追求しながら、それを達成できるか？　それが今現在問われている事だと思うし、我々がやらなければならない事なんだけども、それですぐ解決できるか？　これは見通せない事だと思います。やってみなければわからない。

上里　大変大事なご指摘だと思います。今の状況はすごく危険です。国同士のぶつかり合いになりかねない。これをいかに止めるか、棚上げと言うか、元の状態に、国が国有化する以前の状態にまでどうやって戻すか。大変厳しいと思いますが。そのためには色々な事をやらなきゃいけない。そうした試みの一つがこの学習会だと思うんです。

今すぐどうこうという、即効性はないかもしれないんですけど、私としては粘り強く民間レベルでの交流を続けることしかない、と思っています。

中国大陸の友人と直接話し合う事が出来なければ、一緒に行動出来ないならば、日本にいる中国の友人、留学生とか研究者の方々とか沢山いますから、そういった方たちと対話を広げる。カナダや北米にいる研究者や友人も沢山います。彼らとの会話のチャンネルも何とかして広げていく必要がある。そういった形で私個人としてはやっていく以外ないと思っています。大変難しい話ですが、やらないといけません。

緒方　環球時報で戦争は絶対やめろと言って下さい。よろしくお願いします。

質問者③　岩下先生にお聞きしたいんですが、領土問題・国境問題というのは、今世界中のあらゆる所で起こっている問題です。実際イギリスとアルゼンチンの、昔フォークランド紛争がありました。あんな遠くのイギリスからアルゼンチンの周辺の島に向かって領土扱いをするという事が実際にあるんですね。

この集まりは、国境を超えた共生圏を創るという事ですが、実際に話し合いの場で世界中で起こっている国境の問題を解決し得るのか。立派に収まるのか。またそういう風にして今現在話し合いが持たれている例はあるのか、実際に交渉がなされているのか。成功した事例等があれば、先生の知り得るところを教えて下さい。

岩下　ご質問ありがとうございます。今日は日本の南の方の境界の問題なので、その話に絞らせてもらいましたけど、私は元々ユーラシアの、大陸の境界の問題を研究してきた人間です。

ソ連と中国、中央アジアまで含めると七千キロぐらいあった国境の事を考えてきました。しかも一九六〇年代の終りに中国が核武装をして、ソ連と紛争をして、ヘタをすれば核戦争と言われたぐらい、非常に難しい時期での紛争がありました。しかし、冷戦が終わってソ連もロシアに変わり、お互いに話し合いで解決していくわけです。これは河の国境が非常に大きいです。アムール河とかムスリー河とかあるんですが、島と河を間を取って分けて、そうして最後までハバロフスクの近くにひっかかっていた二五〇平方キロの島があったんですが、これも半分に割って解決するという事で、実際に中国に半分、ロシアが取っていたものを渡して、渡したのも本当に数年前の話です。

私はこれをフィフティ・フィフティという解決法だと言って、日本とロシアとの間でも北方領土をそういった形で解決したらどうかと言ってきました。それは他の、たとえばインドや中国との関係でも適用出来るだろうと言ってきました。

陸の場合、あるいは陸に近い海域の場合にはそういう事が現在一つのトレンドになっていると思うんですが、海の場合はいかんせん相手が見えない状況です。海というのは陸と違ってフェンスを張る事も出来ない。守ろうにも物凄いコストがかかります。ですから陸の境界の議論と海の境界の議論は違うのだろうと思っています。

海は公共財であるという理解もかなりあります。そうすると海は囲い込むのではなく、みんなが使えるような、関係者が使えるような体制を作り上げるべきだというのが基本的な考えです。ただ、海の権利は島から派生するんですね。島をもって、そこからどれだけだという勝負になってしまうので、その島の取り合いになってしまうというのがポイントです。

この海の囲い込みというのは昔からあったわけではないんです。尖閣の話も竹島の話も、最初に言われた時と意味が違うんです。つまり、昔は領海三海里しかなくて、二百海里とか大陸棚延長論とかは無い。そういう議論はわりとここ三十年ぐらいに始まったんです。そこから海の囲い込みが始まりました。ところが今から三十年ぐらい前の冷戦期は、中国とソ連もそうですし、大陸の方で紛争が激しかった。ですから相対的に海は平和だったわけです。

ところが大陸の紛争が落ち着き、もう余りにも近すぎるので、お互いに戦争になりそうだから嫌だと。だから折り合って解決しようというのが一つ動く。一方海では、人間の技術とか軍事力が上がってきて、色々と利用出来るようになって、法制度でも囲い込めるようになって、今は海の方向に紛争がシフトしてきている。

日本は冷戦期は平和だったわけです。沖縄は平和ではないですけど相対的に本土は平和だったわけです。他の朝鮮半島とか中国やソ連に比べれば。しかしそれが落ち着いてきて、今までそういう事には直面して来なかった中で、急に海が紛争になって、日本は全部海に囲まれているから、今まで余り考えなくて良かったのが、急に考えなきゃいけない状況になって、未だに何が起こっているのかわからない。境界というものをどうやって考えて良いのかわからない状況で、右往左往しているのが現状だと思います。

ですから、尖閣の問題を中国のパワーゲームだとか、そういう戦略的な議論だけで考えてはいけない。北方領土の問題も日露関係だけで考えてはいけない。竹島も韓国との問題とだけ考えてはいけない。それぞれの問題は歴史的な事情も状況も違いますけれども、日本として考えた場合は全部境界の問題です。ですからそれはそれでトータルで考えなきゃいけない問題なんです。

よく与那国町長や対馬の市長が言うには「日本には国境政策がない」と。国境政策を作るというのは、何もそのパワーゲームをするとか、軍事力で守るとかそういう話ではありません。日本の端々の地域や島が、安定して持続的な発展をしてこそ、本当に日本の良い形が出来るんじゃないか、そういう方向にどうやって持って行くのかという事が問われていると思います。こういう企画はその始まりではないかと思っています。

緒方　はい、ありがとうございます。これで閉会とさせていただきます。もっと聞きたい事が皆さん山ほどあったと思います。これは途絶えること無く、今後も企画していきたいと思います。

✺尖閣諸島のクイズだよ、みんなどのぐらい答えられるかな？

Q1　尖閣諸島の命名者は次のうちの誰？
①伊波普猷　②古賀辰四郎　③奈良原繁
④黒岩　恒　⑤真境名安興

Q2　尖閣諸島を開拓したと言われる古賀辰四郎はどこの出身？
①鹿児島　②宮崎　③福岡　④大阪　⑤東京

Q3　尖閣諸島で乱獲されたアホウドリは、主に何の材料に使われた？
①剥製　②布団　③ドレス　④食用缶詰
⑤たんぱく肥料

Q4　アホウドリが取れなくなってからは、アジサシを乱獲したが主に何に使われた？
①剥製　②食用缶詰　③帽子　④ドレス　⑤扇子

Q5　尖閣諸島の中で明治時代に積極的に開拓され、芋畑やキビ畑のあとがある島は？
①魚釣島　②久場島　③大正島　④北小島
⑤南小島

Q6　古賀辰四郎は尖閣諸島の開拓と水産業振興に務めた功績が評価され、一九〇九年沖縄県では二番めに藍綬褒章を下賜されたが、最初に授章した人はだれ？
①遠藤利三郎　②松田和三郎　③田島利三郎
④金城三郎　⑤中馬辰次郎

Q7　野田総理は尖閣諸島の国有化を実施したが、明治時代に尖閣諸島を領土編入した時の総理大臣は？
①大久保利通　②伊藤博文　③大隈重信
④木戸孝允　⑤山県有朋

Q8　尖閣諸島の久場島（黄尾嶼）は米軍の射爆演習場に指定されているが、以下の沖縄県下の射爆撃場で間違っているものを選べ。

①黄尾嶼　②赤尾嶼　③出砂島　④硫黄鳥島
⑤久米島

Q9　本土復帰前に尖閣諸島で巾着網を使用しての大規模漁業を計画したいわゆる女傑と呼ばれた女性がいますが、それは誰？

①金城キク　②金城夏子（慶子）　③金城カネ
④照屋敏子　⑤大見謝文子

Q10　尖閣諸島を開拓した古賀辰四郎は那覇と八重山に古賀商店を開いていたが、どちらも戦中に店を閉じました。戦後古賀商店の跡を継いで元従業員達が八重山に設立したお店はどれ？

①南海貿易　②琉球貿易　③南海商会
④古賀商会　⑤木田商会

Q11　二〇一〇年に石垣市は尖閣諸島開拓の日を制定しましたがそれは何月何日？

①1月1日　②1月13日　③1月14日
④1月17日　⑤1月19日

Q12　尖閣諸島は世界に二ヵ所しかないアホウドリの繁殖地として知られているが、もう一ヵ所はどこ？地図の番号から選べ。

■尖閣諸島のクイズ　正解

Q1　正解は④　【解説】黒岩恒氏は高知県出身の博物学者です。明治三十三（一九〇〇）年に尖閣諸島を探険した際、これまで個別に呼ばれていた島々の総称について、「尖閣列島」と命名しました。ちなみにこの「尖閣」は、南小島・北小島を欧米人が「pinnacle」（尖塔・峰）と名付けた事に由来します。

Q2　正解は③　【解説】古賀辰四郎は一八五六年一月十八日九州福岡県八女市宇山内に生まれています。

Q3　正解は②　【解説】捕獲したアホウドリから羽毛を採取し、主に欧米向けに布団の材料として輸出されました。記録によると、採取ピーク時の明治三十二（一八九九）年に尖閣諸島で採取された羽毛は八万五千斤とありますから、凡そ五十一トンになります。

Q4　正解は③　【解説】尖閣諸島にはアホウドリの他に、カツオドリ、ミズナギドリ、アジサシ類といった海鳥が生息しています。捕獲されたアジサシ類は半剥製の形で主に欧州婦人帽の材料としてドイツに輸出されていました。

Q5　正解は②　【解説】尖閣諸島の中で最も早く、そして最も熱心に開拓された島が久場島です。開拓民は島を耕し、キビや芋を植えて畑を作ったようです。島を調査した人によればあちこちで野生化した芋や砂糖キビが見受けられるそうです。上陸した際にキビをかじった事のある宮古島の漁師さんは子どもの頃に味わった懐かしい匂いがしたと言っておられました。また島の居留地付近には石垣を積んだ村らしき跡や、拝所跡も見受けられるそうです。

Q6　正解は②　【解説】松田和三郎は沖縄県島尻郡座間味島出身の水産家で、沖縄のカツオ漁の嚆矢とされている方です。カツオ漁創始等の功績により明治三十六（一九〇三）年に藍綬褒章を下賜されました。松田和三郎、古賀辰四郎と共に水産関係の功労者が下賜されており、明治政府が水産業の振興に特に目を向けていた事が窺えます。

Q7　正解は②　【解説】尖閣諸島は明治二十八（一八九五）年一月十四日、内務大臣野村靖の建議により、伊藤博文内閣で領土編入が閣議決定されました。

Q8　正解は④　【解説】硫黄鳥島は沖縄県島尻郡久米島町に属する、沖縄の最北端の無人島です。久米島町には久米島射爆撃場、鳥島射爆撃場が米軍の演習場として指定されていますが、この鳥島と硫黄鳥島は別の島になります。

Q9　正解は④　【解説】沖縄の三大女傑の一人である、クロコデールストアで有名な照屋敏子は一九五八年に石垣島を訪れ、自身が率いる沖之島漁業団が尖閣諸島における漁業を検討中であると発表しました。

Q10　正解は③　【解説】一九四〇年に八重山古賀商店は解散しましたが、戦前同店の支配人であった照屋清栄は戦後、土地建物を引き継いで南海商会を立ち上げ、盛んに貝殻や海人草、カツオ節等の海産物取引を行いました。戦後半世紀以上過ぎ、古賀商店を記憶している方はほとんどいなくなりましたが、南海商会を覚えている八重山の方は多いかと思います。

Q11　正解は③　【解説】二〇一〇年十二月十七日石垣市議会で尖閣諸島開拓の日を定める条例が可決し、翌二〇一一年より一月十四日には石垣市主催の式典が開催されています。ちなみにこの日は尖閣諸島が領土編入された日付にちなんでいるそうです。

Q12　正解は①　【解説】伊豆諸島の南端にある鳥島、尖閣諸島の南小島北小島が現在確認されているアホウドリの繁殖地です。近年は小笠原諸島の聟島に繁殖地を増やす計画が進んでいます。

《クイズ制作》花井正光・國吉まこも

釣魚島（尖閣諸島）を東アジアの観光地に

劉　剛

二〇一〇年九月七日、釣魚諸島周辺で中国漁船衝突事件が起こり、日本は同漁船を拿捕、船長以下乗務員を拘留したが、同月二十五日に船長は釈放された。

以下の文章は、二〇一〇年十月九日環球時報に寄稿した文章に若干の修正を加え日本語に翻訳されたものである。

※

船長釈放により、中日間に起こった釣魚島に関する騒ぎは一段落させる事が出来、良い結果となった。日本社会では、国際社会における「正義・道義」（この場合は、中国側から見た戦後国際秩序の事を意味する。連合国の体制と考えられる）に比べて、国力や損益を重視する傾向がある。火種はまだ燻ったままである。

中国は外交部報道官等を通し、船長の釈放に対して若干の善意を示したが、日本の民間人や地方当局の間では依然として事件に対する反応は留まる事を知らない。

福岡県では民間の右翼団体が集結して中国のツアー客を襲撃したり、沖縄県の与那国島の議会は日本政府に対して釣魚島の警備強化を求め、また幾つかの政党は同県那覇市でデモ行進を行った。これらの行動は釣魚島問題が長期化する前兆を示していると言える。

釣魚島問題をめぐって、今後の中日関係をいかに再構築するかという事が、現在両国に与えられた「試練」である事を指摘したい。特に釣魚島の主権の「棚上げ」、そのメリット、デメリットについては、様々な解釈や意見がある。

これまでの中日関係を大局的に維持するために、中国は「棚上げ論」を一貫して堅持していたが、この中国の姿勢が、逆に日本に誤解を抱かせてきたわけである。

今回の漁船衝突による日本の処置に対する中国当局の反応だが、「衝突以前は中日の対立を避けるように中国政府は対応してきた。今後『棚上げ論』の合意が放棄されるのなら、釣魚島問題は今後さらに悪化し、深刻なものになるだろう」と表明した。

今回の事件に関して、中国ではこれまでの対応に問題があったと受け止められているようである。中国漁業機構指揮センターは、中国の漁業機構の船（漁政船）の釣魚島海域での漁業パトロールについて、近いうちにいわゆる国内法の執行を行う事を表明している。おそらくこれは、中国の立場がこれまでの「棚上げ論」から「主権確立の決着」の方向へ対応を変えた事を意味していると考える。

しかし、中国のこの姿勢に対する、日本の浅はかな認識や双方の意図はかみ合っていないように筆者には見える。日本は中国の圧力に対抗するために釣魚島周辺海域の警備を強化しており、結果的に中日双方は衝突の危険性を高めているだけに過ぎない。筆者の見るところ、中日双方は更なる曲折とリスクを経なければ、「対話」の糸口は見出せないと思われる。

中国は今後積極的に釣魚島問題に対してより強い関与を進めていくだろうが、これはかえって双方に対話を促す事になると、筆者は見ている。中国はこれまで釣魚島の主権に対して、実際に主権を行使するよりも、口答での声明に限っていた。ために釣魚島海域の中国船、民間の漁船あるいは保釣運動の抗議船は日本の公船に度々追い払われた。今後漁業機構指揮センターは法律の執行を常態化（漁政船のパトロール）して、日本に中国の主権の存在を知らしめる事になるだろう。

これまで、釣魚島海域は日本の実質的管理下にあったが、今後中国の漁業機構の船（漁政船）は法律の執行を常態化し、おそらく日本の強硬な管理に対して真正面から挑戦する事になる。この双方の対峙により、中日間の摩擦は更に悪化し、暴発の危険性を高める事になるであろう。最悪の事態は、日本が更なる釣魚島の「要塞化」（施設を建設する、有人化するなどの、日本側の支配を強めようとする行為）を狙って、公務員を常駐させる事により、問題の性質を更に悪化させる事である。

飽きもせず繰り返される「固有のもの」という日本の認識と態度、これを打ち破るためには、中国は毅然とした態度でリスクをも覚悟する過程が必須である。日本を交渉のテーブルにつかせるために、中国がどれほどの決心を抱いているか、知恵と気力を払っているかを見せる事により、（日本にとって）対中関係というものが如何に重要であるか、日本の政治家に再考を促す事になる。

筆者が思うに、日本社会は投資対効果（日本人は経済以外でも、リスクに見合った見返りを重視すると筆者は感じている）を非常に重視する傾向にある。釣魚島の問題で中日の双方が互いに取っ組み合っているわけだが、中国は日本が相当なリスクを背負っている事、その投資対効果に対してどういう見返りがあるか、日本に気付かせる必要があるだろう。そうして初めて日本に交渉のテーブルに着かせる事ができる。

今回の衝突事件の後、中国が強い圧力をかけた結果、日本にようやく船長を解放させる事が出来た事が好例である。

言うまでもなく、中日両国が釣魚島を完全に〈辺境の要塞〉にするならば、情況は取り返しのつかないほどに悪化するだろう。日本の現実的な政治状況から見て、〈要塞化〉は確かに一時的な利益があるのかもしれないが、もしそれを実行に移すならば、中国は必ず日本が重視する〈投資対効果〉の面から、日本に訴えかける事になるだろう。今日まで、このような事件の再発を避けたいのなら、中日双方は交渉による対話の席に着かなければならない。さもなくば双方が傷つき合うだけの結末となる。

ここで筆者は一つの提案をしたいと思う。現在の状況に於いて、中日両国が目指す最も良い方法は釣魚島海域を緩衝の場とする事である。平和的利用のためのプラットフォームとして、中日両国に台湾香港を加えた四つの地域の開放された観光地に出来ないだろうか。一九七八年当時鄧小平氏が日本の記者にこう答えた

「この問題では私たち中国と日本の間に異論があります。中国では釣魚島と言い、日本では尖閣列島と呼んでいる島です。ご存知の通り同じ島なのに名前も違っているでしょう？　この問題はしばらく棚上げにしておきましょう。次の世代は私たちの世代より、少し賢くなっているでしょうから。彼らが問題を解決する方法を探し当てる事でしょう」。

【追記】

この記事は当時の中国で話題になり、様々なインターネットサイトへ転載され、数千人が閲覧した。当時、筆者が抱いた危惧はその後現実化した。二〇一二年九月には中国の期待を無視する形で、日本は国有化（要塞化）を断行した。二〇一三年現在、事態は三年前より更に悪化していると言える。

釣魚島は古来より一貫して中国の領土であり、日本が甲午戦争（日清戦争

14　国际论坛

诺贝尔和平奖又砸自己的牌子

中美战略互信就是“不必一战”

将钓鱼岛建成旅游观光地

美国茶党风暴将波及中国

（中国『環球時報』2010-10-09）

のこと）のどさくさに紛れて盗み取った事実は、筆者を含め中国の人々に広く知られている事である。それでもなお、筆者は中日間の衝突や対立は避けるべきであり、その方法を模索していきたいと考える。

中日間には釣魚島問題の認識について距離がある。しかし、筆者の見るところ、中日の人々は互いのこの距離について無関心である。

お互いを知る努力、意思疎通を通じて、釣魚島問題を考える必要はないだろうか。

二〇一三年三月

劉　剛　在日本　沖縄大学教授

第四部

アホウドリの住む島で

——時代に翻弄される島のこれから

移動市民大学IN 石垣島

「尖閣諸島の自然と歴史」

（二〇一三年一月十三日、石垣市健康福祉センター）

司会（緒方　修）　今日本中がこの話題に沸騰している尖閣諸島、今日は「尖閣諸島の自然と歴史」というテーマで開催します。最初に共催の石垣ケーブルテレビ情報通信部部長の小山田博美氏よりご挨拶申し上げます。

小山田博美　皆さまこんにちは。ご紹介頂きました石垣ケーブルテレビの小山田と申します。

さて、本日のテーマは「尖閣諸島の自然と歴史」という事ですが、国内のみならず周辺国との問題や課題が多い難しい問題です。国境地域にある私共ケーブルテレビ局の許可エリアの範囲は、弊社所在地の登野城という場所ですが、尖閣諸島の番地も登野城にあります。そちらでエリアの許可を頂いていますから、仮に（尖閣諸島の）住民の方がいたらテレビを見て頂いたり、場合によってはその地域にライブカメラを設置して、尖閣諸島の今という事をお送りする事も可能になると思っています。

尖閣問題に関わってきた情報局の一端として、昨年正月、弊社は尖閣の日の制定を放送しました。明治二十八年一月十四日、明治政府が尖閣諸島を日本領に編入する閣議決定をした日です。それにちなんで、石垣市の記念日とする尖閣諸島開拓の日を定める条例が市議会で可決。条例制定により尖閣諸島が市の行政区域、日本の領土という紛れも無い事実を国内外に向けて広くアピールする事になりました。

一月十四日を尖閣諸島開拓の日と定め、国内外に向かって広くＰＲし、尖閣諸島を実効支配するためにも、特に漁業者の皆さまが安心して漁に出られるような体制が望まれています。また与那国の場合、尖閣諸島に近い場所で、カツオ節工場で働いていたり、家を建てる材料、資材を調達されたといったような事があって、（尖閣諸島を）身近に感じているものと思います。

昨年九月二日、東京都の尖閣購入に向けた調査船に同行取材することが許され、好天に恵まれた中、魚釣島、北小島、南小島の素材映像の撮影に成功しました。ケーブルテレビ局を営む弊社は、尖閣諸島の情報を広く提供する事がメディアとしての使命だと感じています。ありがとうございました。

緒方　今日のプログラムをご紹介いたします。昨日全く同じタイトルで沖縄大学土曜講座という催しを開催しましたところ、一〇〇名以上の方が詰めかけて、熱心に講演を聞いていました。

今日は尖閣を抱えるご当地の八重山でやるという事で、まず自然と歴史のうち、その自然。一体尖閣諸島はどういった場所なのか。あそこはアホウドリが生息する日本でたった二ヶ所のうちの一つです。皆さんおそらくご覧になった事はないかもしれませんが、元ＯＴＶ（沖縄テレビ）のカメラマン水島邦夫さんが撮影した映像を見て頂きたいと思います。

歴史については、古賀商店、尖閣を開拓した古賀さんという方が石垣島に開いていた店です。尖閣で獲れた産物はそこを通して海外に輸出されていた。國吉まこもさんがまとめていますので、そのお話をして頂きます。

それから「国境から世界を考える」というテーマで、札幌から駆けつけた北海道大学スラブ研究センター教授の岩下明裕先生にお話をして頂きます。コメンテーターとして中京大学からは古川浩司先生に来て頂きました。

まず、石垣ケーブルテレビの番組をご紹介したいと思います。東京都の尖閣諸島調査映像です。ニュースで上空から撮った映像は多いのですが、平面上で、海上からすぐ目の前に尖閣が見えるというものはあまりないと思います。

【映像上映】石垣ケーブルテレビニュース（二〇一二年九月二日撮影）

女性キャスター「東京都による洋上からの尖閣諸島調査で魚釣島の現状が明らかとなりました。今日は魚釣島について詳しくお伝えします。東京都による尖閣諸島調査には母船となる海難救助船航洋《こうよう》丸から二艘の小型ボートを降ろし、海岸線ぎりぎりまで迫って調査が行われました。」

「二日、日曜日の午前五時、まだ日の出まで一時間余りある薄暗い中、航洋丸は月明かりに浮かぶ魚釣島の目の前で停泊していました。」

「周りには海上保安庁の巡視船五隻、そして航空機も旋回し、独特の緊張感に包まれていました。」

「海は驚くほど波がなく、魚釣島の上空にはオリオン座が輝いていました。日が昇り始めると、魚釣島のシルエットの中にうっすらと浮かぶ海岸線が見えてきました。航洋丸が停泊しているのは海上保安庁が管理している灯台の前だという事がしばらくしてわかりました。ここは多くのメディアで紹介されているところで、昔の船着場跡や日本の国旗が掲げられているところです。カツオ節工場跡と思われる人工的な石積みも確認する事が出来ました。午前五時半頃には二艘の小型ボートが航洋丸から降ろされ、海岸線に肉薄しての調査が開始されました。調査は徐々に魚釣島の北側を東に向かって移動し、航洋丸もゆっくりとしたスピードで東へ向かいます。」

吉村乗勝企画部長「えー、今ちょうどですね、調査地点ポイントAのところを調査しているところです。

このポイントはかつて古賀村があった、人工の船着場があった辺りを今調査しているところです。それから向こうにちょっと黒く見えてくるもの、あれが南小島、北小島ですかね。そして、向こうに黒く小さく見えるもの、あれが沖の岩ですね。それからずっと遠くに見えるもの。それが久場島ですね。」

女性キャスター「太陽が高くなるにつれ、その荒々しい岩肌と海洋性の木々に覆われた山肌が露わになってきました。」「こちらは魚釣島で最も高い三六二メートルの奈良原《ならはら》岳。そこから三二〇メートルの屏風《びょうぶ》岳にかけて、異様な奇岩が続きます。屏風岳の中腹には滝も確認出来ました。」

比嘉康雅氏（八重山漁協組合員）「そうですね、これはあの調査していただきましてですね、そのように私たちがいつもこれまで要望してきた漁港の整備とか、灯台、無線通信の施設とかが作れるようにですね、出来上がるような期待をしております。」

女性キャスター「調査船は二時間ほどゆっくりとしたスピードで島の北側を調査し、続いて南側に回り込みました。魚釣島の南側は、緑の多い北側に比べて……」

緒方　ずっと流したいのですけど、このあとアホウドリの生態をお見せしますので、ご了承下さい。ニュースの中でも港を整備したいとあります。先ほど小山田さんの話の中でライブカメラがありました。尖閣にカメラを取り付けるという事です。カメラがあればどうなるか、もちろん天気も把握出来るし、中国の船が山ほど来る模様も自動的に写す事が出来る。今一生懸命海上保安庁が行ったり、色々飛行機飛ばしたりしていますけど、カメラを取り付けておけば一々行く必要がなく役に立つという事です。

それではアホウドリの話です。アホウドリは結構大きな鳥ですけど、私も見た事ありません。映像をご覧頂きたいと思います。「尖閣諸島のアホウドリ」を実際に撮影された水島邦夫カメラマンにご登壇頂きたいと思います。

【番組上映】尖閣諸島のアホウドリ

水島邦夫

水島邦夫　ただいま紹介がありました水島です。今日はよろしくお願いします。

今回皆さんに見て頂く番組の経緯について、簡単に説明したいと思います。私は、沖縄テレビに入社して一九八五年から毎年夏休みに琉球列島の生き物を紹介する番組を制作してきました。その一〇回目を記念して、是非アホウドリを撮りたいという事で番組を作りました。

アホウドリというのは国の特別天然記念物で、全長がおよそ九十二センチ。翼を広げると二、三メートルにもなるという大型の海鳥です。体重は七キロ、そのぐらいになるそうです。体が大きく動きの遅いアホウドリからは良質な羽毛が採れるために、人間によって乱獲が行われました。特に一八九〇年から一九三〇年頃までにおよそ一〇〇〇万羽近く殺されたのではないかと言われています。

人間に獲り尽くされたアホウドリは一時絶滅したと発表されていたんですが、一九五一年に伊豆諸島の鳥島、そして一九七一年に尖閣諸島の南小島で再発見という形で、研究者の皆さんによって報告されています。そして再発見から五〇年後の二〇〇一年七月、尖閣諸島の南小島の岩棚に生息するアホウドリを私沖縄テレビのヘリで撮影する事に成功しました。その年の十二月には北小島で卵を抱いていると思われる一羽のアホウドリを撮影しました。研究者によると一〇〇年ぶりの発見との事です。

翌年の二月と五月には、アホウドリ先生と呼ばれている東邦大学の長谷川博先生に同行してもらい、成長したヒナを撮影する事に成功しました。

アホウドリというのは先ほど言いましたように、羽毛採取のために乱獲され、一時は絶滅の危機に瀕したなど、数奇な運命を辿ってきた海鳥でして、非常に私としても興味のある鳥でした。その保護に人生をかけて取り組んでいる人がいます。番組ではアホウドリと保護に取り組む人たちというコンセプトで構成しました。二〇〇二年の八月に放送した番組を三〇分ぐらいに編集しましたので、是非ご覧下さい。ではお願いします。

ナレーション(藤木勇人)　石灰岩の島、南大東島には至る所に鍾乳洞があります。島にある鍾乳洞の中で、長さが凡そ四〇〇メートルと最大級の星野洞で大量の化石が見つかりました。

学者「わりと新しい感じがしますね。骨の細いところが折れていませんからね。鳥の骨で間違いないと思います」

ナレーション(藤木)　この化石は約一〇〇〇年前のアホウドリの骨である事がわかりました。南大東島に人間が住み着いたのが一〇〇年前ですから、アホウドリはその前から住んでいた事になります。今ではすっかり地形が変わってしまい、姿を見る事が出来なくなったアホウドリ。日本では尖閣諸島と伊豆諸島の鳥島でしか見る事が出来なくなりました。島の変化と共に姿を消していったアホウドリは数奇な運命を背負った鳥です。なんと美しい鳥でしょうか。クリーム色に光る羽が見る人を

南小島のアホウドリ

惹き付けてやみません。羽を伸ばすと二、三メートルになる大型の海鳥アホウドリ。ゆったりと羽を広げて飛ぶ姿は優雅そのものです。

＊アホウドリの乱獲

ナレーション（仲地恵）　アホウドリは一九世紀の後半まで伊豆諸島や小笠原諸島、大東諸島、それに尖閣諸島などで大集団を作って繁殖していました。また繁殖期以外では北太平洋のどの海域でも普通に見られる鳥でした。余りにも美しい姿が、時には身を滅ぼす結果にもなります。アホウドリは海鳥ですから陸の鳥よりも羽毛が密に生えています。しかも体が大きいので一羽から沢山の羽毛を採ることが出来ました。体が大きくて重く、翼が長く、逃げるのが遅いアホウドリ。沢山の人がアホウドリの繁殖している島に渡って、手当たり次第に捕まえ始めました。

＊アホウドリ先生

ナレーション（藤木）　戦後、一人の青年がアホウドリの保護に乗り出します。長谷川博さんは自然界が色んな生き物で構成されている事を肌で感じて貰おうと、野外実習を中心に学生を指導しています。一九七三年当時、大学院の学生であった長谷川さんはイギリスの鳥類学者、ランス・ティッケル博士と偶然出会い、博士がイギリスの海軍の協力を得て鳥島を調査、二十四羽のヒナが育っている事を知り、アホウドリに興味を持つようになりました。

長谷川博先生「日本の人が誰も調査しなかったにも拘らず、イギリスの人がイギリス海軍の船を使って、わざわざ鳥島まで調査しに来たわけですね、その行動力に啓示を受けたと」

ナレーション（藤木）　アホウドリのコロニーは火山灰が降り積もった危険な急斜面にあります。大雨で土砂が流れた場合、折角産んだ卵が転がり落ちる危険性がありました。長谷川さんはそこにススキを植えて、営巣地の保全に乗り出したのです。その結果繁殖率が上がりました。更に新しい営巣地を島の反対側の安全な場所に作る計画を進めました。その方法としてアホウドリの本物そっくりの模型、デコイを作り若いアホウドリを呼び寄せ、新しい番《つがい》となって巣作りが出来るように手助けをしたのです。その結果、今では一四〇〇羽を超えるまでに復活しています。

＊尖閣諸島のアホウドリ

ナレーション（仲地）　沖縄本島から南西に五八七キロ。無人の島々が連なる尖閣諸島が見えて来ました。東西に凡そ三キロ、南北に凡そ一キロの島が魚釣島。島全体がビロウ群落に包まれています。魚釣島から東北東に凡そ五キロ離れた南小島は細長い楕円形をしています。島の西側には岩山があり、その北西側は凡そ四〇度の傾斜をなしています。

　南小島から凡そ二〇〇メートル離れた島が北小島です。北西から東南に細長く伸びる長方形の島で、北側は岩山が突き出し、南側は緩やかな傾斜で僅かに草地があります。

　魚釣島から北東に凡そ二十二キロ。円形の火山の島が黄尾嶼です。島の周囲はビロウ群落に覆われ、現在はアメリカ軍の射爆場になっています。

尖閣諸島の島々

　絶海の孤島尖閣諸島もかつて人が住んでいた時代がありました。一八九六年（明治二十九年）古賀辰四郎が尖閣諸島を開拓。アホウドリの羽毛採取を始めました。毎年十五万羽から十六万羽のアホウドリが殺されたため、どんどん数が減っていき、とうとう一九〇〇年頃を最後に姿が見えなくなってしまいました。戦後、一九五〇年と一九五二年に亘って琉球大学の調査団が島を訪れましたが、アホウドリの姿はなく、絶滅したと考えられていました。その後一九七一年、琉球大学教授の池原貞雄さんらが学術調査のため南小島を訪れた時、人の近寄ることの出来ない断崖の岩棚で十二羽のアホウドリの成鳥を見つけました。実に七十一年ぶりの再発見となります。

池原貞雄先生「子牛のようなね、あの声が聞こえたんです。おかしいなあこりゃあ、牛はあそこにいないのにと思って、双眼鏡で見ると、点点点点と白いものが見えましたので、ああ！こりゃあもうアホウドリに違いないなあ、と七十一年ぶりに見て、もうこんな嬉しい事はなかったですねえ」

＊北小島での発見

ナレーション（藤木）　一九八八年には南小島でヒナ七羽が確認され、鳥島に次ぐ第二の繁殖地となりました。しかし尖閣諸島は領土問題が勃発して、アホウドリの調査は中断されてしまいました。

その後の二〇〇一年、私たちは尖閣諸島を訪れました。島の切り立った断崖は当時のままです。しかし島の住人である海鳥には変化が見られました。空を衝《つ》いて直立する岩礁の島、南小島。その西側標高一五〇メートルの断崖の中腹でアホウドリの姿を見付けたんです。ヒナ、それに繁殖前の若鳥や成鳥が体を寄り添い合って生息していました。人間が海からも陸からも近付けない所をアホウドリは安住の地として選びました。それはアホウなんて悲しい名前を付けられた鳥の賢い選択だったのでしょう。また、隣の北小島に偶然にも一羽のアホウドリが飛来してきたのをカメラが捉えました。

長谷川「映像を見ると、北小島でも少なくとも一羽の親鳥が卵を抱いている事がわかりました。これは大発見です！着実に繁殖の分布が広がっていると、それは尖閣諸島でのアホウドリの個体数が増えてきた事の反映だと思われます」

ナレーション(藤木) 非常に嬉しいニュースです、と興奮気味に話してくれた長谷川さんと私たちは、地主の許可を貰い、無事にヒナが育っている事を見届ける為に、島に立ち入る事にしました。

＊一〇〇年ぶりのヒナ

レポーター「沢山鳥がいますがアホウドリの姿は？」

長谷川「まだちょっと見えないですね―……あ！いたいた！　いた！　二羽いる！　二羽いる！　そこ！　そこ！　そこです！　下のとこ！　あれあれあれ！　ほらあれ！　二羽いる！　これ！　これこれ！　これ！」

ナレーション(藤木) そんなに興奮して、カメラマンはファインダーで一生懸命探しているんだから。

長谷川「これ！　ああ！　これ！　ああ、ヒナだ！　ヒナ！　アホウドリのヒナ！」

ナレーション(藤木) やっとカメラが捉えました。

長谷川「これ！　これ！　います！　います！　アホウドリのヒナ！　間違いない！　あそこにいるやつはアホウドリのヒナ！　ヒナがいます！　大発見！　イエーイ！　間違いない！」

ナレーション(藤木) 三羽の若鳥と、一羽のヒナが見えます。成長していたヒナを見てみんな興奮気味。早速ヘリコプターを降りて、ヒナの近くに行く事にしました。

長谷川「ほらほら、これねほら、アホウドリのヒナ。北小島で初めてですよほら！　色が黒いでしょ。あのほら白いところがなくて。間違いなくアホウドリのヒナ！　バンザイですこれ！　大成功！　よしよし、おお、良い顔してるじゃん。お前はここで初めて産まれたヒナなんだぞ―、がんばれよ―！」

ナレーション(藤木) 親鳥は海にエサを捕りに行っているんでしょうか。綿毛が風で揺れて凛々しい素敵な姿です。

長谷川「あの北小島はまあこのように頂上部が平らで、えっと巣を作るにはかなり条件が良い所だと思うんですけども。スペースもあるし、広いし、えー、巣を作りやすい所だと思うから、非常に良い所ですね。それはアホウドリに聞かなきゃ本当はわかんないんですけど」

ナレーション（藤木）　二十六年アホウドリを見守ってきた長谷川さんの言う事に間違いはありません。

長谷川「北小島でアホウドリの最初のヒナ一羽が見つかった事と、それからその他に若い二番《つがい》めが出来かけています。二羽が求愛ダンスをしていましたので、それらが来年から再来年ぐらいに新しく巣を作る可能性があると思います。アホウドリは集団で繁殖します。まあそれをコロニーと言うんですけども、つまり周りに仲間がいる方が安心出来るんですよね。で、一人で行って巣を作るというのは、アホウドリにとってはちょっとあの心配だとか、こういうのはちょっと怖いんじゃないかと思います。ですからあの辺のは非常に勇気のある島だと思いますけど」

＊アホウドリの繁殖

ナレーション（藤木）　北小島では一〇〇年ぶりのヒナ誕生です。今後この辺りにアホウドリが巣を作り、一〇年後には二〇羽ぐらいに増

北小島で100年ぶりに確認されたアホウドリのヒナと発見した長谷川博先生

えているかなあと、早速長谷川さん将来の予測をします。

アホウドリは冬に日本で繁殖して、夏を北太平洋の北部で過ごします。

十月、尖閣諸島や鳥島にアホウドリが帰ってきます。アホウドリは二年から三年をかけて番《つがい》の相手を決めます。雄と雌が番関係を結び、その絆を強める為に人目には奇妙にコミカルに見える求愛ダンスを繰り広げます。気の合った若鳥同士がお互いに嘴《くちばし》で体に触れ合ったり、嘴を交互に接触させてはカシャカシャと音を立てるその姿はまるでフェンシングの選手のようです。お互いに気持が高まると爪先で立って、胸を突き出し上空に向かって、牛の鳴き声に似た声を発するアホウドリダンスの最高の見せ場です。求愛ダンスをしていたペアに割り込んできた一羽のアホウドリが追い返されてしまいました。

若鳥の求愛ダンス

テリトリーを守れない若鳥は番の相手を見つける事が出来ないんです。時には自分の子孫を残す為に激しく戦います。求愛ダンスを繰り返して二羽は婚約して番になりますが、その年には繁殖せず次の年にこの場所で再会を果たして夫婦になる事を誓い、一生相手を変える事はないそうです。なんと微笑ましい事でしょう。今時の若者に聞かせたい話です。

そして十月の下旬に一個の卵を産みます。その重さは鶏の卵の六倍もあります。雄と雌は代わり番こに卵を抱いて約六十五日間、年末から年の初めにヒナが産まれます。誕生したヒナは全身真っ黒な綿毛に覆われて、じっと巣から離れず親鳥の来るのを待っているのです。

親鳥は二日から四日の間隔でヒナのもとに帰って来ます。大きく成長したヒナの食欲は旺盛で、親鳥は島から約一〇〇〇キロも離れた場所までエサを捕りに行く事もあります。エサのイカや魚をお腹いっぱいに貯めて親鳥が帰って来ました。親鳥は半分消化されたドロドロに溶けた油状のエサを胃から吐き戻し、口移しでヒナに与えます。春三月、アホウドリのコロニーは大きく成長したヒナや親鳥、繁殖前の若鳥たちで溢れ、一年に一番賑やかな季節を迎えます。

＊北小島―初めての巣立ち

ナレーション（藤木）　北小島のヒナはその後順調に成長しているのでしょうか。私たちは三ヵ月後再び島を訪れる事にしました。

長谷川「結構大きくなってあの風に向かって羽ばたいて、羽ばたきの練習をしてこれから海に飛び立つぞという、その凛々しくなった若者の姿が見れると思うんですけれども。楽しみですねー、楽しみです本当に。ワクワクしてます！　ワクワクしてます！　アハハ！」

ナレーション（藤木）　二月にアホウドリがいた南小島の岩棚には、カツオドリしかいません。アホウドリはどうなってしまったんでしょう

長谷川「出ちゃったみたいだなあー。えー」

ナレーション（藤木）　南小島にいないという事は、もしかして北小島のヒナも飛び去ってしまったという事でしょうか。心配になってきました。

長谷川「いるー、いるー！　よし！　よかったあ!!」

ナレーション（藤木）　いました、いました。やれやれ一安心です。崖の近くで二羽のクロアシアホウドリのヒナと一緒でし

飛び立つまでに成長したヒナ

た。体の綿毛《わたげ》も大分落ちて精悍な面構えになってきました。

長谷川「嬉しいですねえ。もうあの綿毛が外れ取れて、黒い羽になっていますね。残ってるのは頭の上にちょっと垂れるように胸の辺りにそれが風に揺れて中々こう凛々しいと言うか、逞しい若者になっているんですよね、あいつ！」

ナレーション（藤木）　ヒナにあいつなんて、長谷川さん、我が子の成長を見守るようで嬉しそうです。親鳥はヒナを島に残したまま旅立ってしまったようです。ヒナの巣立ちです。ヒナは羽ばたきの練習を繰り返し、少しずつ飛び方を覚えていきます。

ヘリコプターから確認出来なかった南小島のアホウドリが気になります。ヒナは島から飛び立ってしまい、巣立ちした二羽のヒナは海上に浮いていました。二、三日間泳ぎや飛行の練習をした後、渡りに旅立って行きます。海岸のリーフでも、三羽の巣立ちしたヒナが盛んに羽ばたきをしています。

長谷川「伊豆諸島の鳥島だと、巣立つと全部海に出てしまって、海で浮いて集まっている事はあるんですけども、ここは南小島では、この海岸にね三羽も集まっているっていうのは多分これは海に出たんじゃなくて、あそこから崖から飛び立って、そのまま飛び立つ力が充分じゃなくてね、ここのその海岸の平地に不時着って言うか、着陸してそれで集まったと思うんですよね。こんな事は僕、初めて」

ナレーション（藤木）　鳥島との繁殖行動との違いに、長谷川さん少しびっくりしたようです。北小島第一号のヒナに記念の足輪を取り付ける事になりました。

長谷川「世界でもし、どこかで捕まっても、あの死んだのが回収されてもこの日本に報告が来る。だからあのもし見つけた人がいれば、その報告からいつどのようにしてどこまで、どこで捕まって回収されたのかがわかるわけこれで」

ナレーション（藤木）　黒い袋はヒナを大人しくさせるための長谷川さんの工夫です。環境省の金属の足輪と観察しやすい青いプラスチックの足輪を両脚に取り付けます。

長谷川「はい。ね。はい。ごめんねー。はい」

＊未来へ羽ばたけアホウドリ

ナレーション（藤木）　アホウドリは六月から十月の初めにかけて、遥か六千キロ離れた北太平洋北部やベーリング海、アリューシャン列島近海、それにアラスカ湾などで過ごしますが、長谷川さんが鳥島で足輪を付けたものもその地域で見つかっています。あと一週間でヒナは一人で渡りの旅に出ます。島に帰って来るのは三、四年後でしょうか。

足環をつけるために追いかける

ヒナへの想いを語る長谷川先生

長谷川「まあ、結構良い面構えしてるから、帰るんじゃない。アハハハ！　頑張れよー！　アハハ！　じゃあねー！　また元気で会おう！」

ナレーション（藤木）　これからは君たちが頑張って、仲間をいっぱい増やしていって欲しいものです。アホウドリは陸上ではのろまで、人間にとって容易に捕えられた事から、バカドリとかアホウな鳥とか呼ばれてきました。しかし人間と生き物が共に生きていくこれからの時代には、沖に住む大きな美しい鳥、沖《おき》の太夫《たゆう》という呼び名が相応しいと長谷川さんは思っています。尖閣諸島のアホウドリは推定で二五〇羽から二六〇羽います。鳥島より約二〇年遅れでほぼ同じ速さで数が増えていると考えられています。

長谷川「伊豆諸島の鳥島は活火山の島なんですね。それでいつ噴火するかわからないわけです。まあ噴火したらかなりの被害を受ける可能性があるんですけれど、尖閣諸島は火山島ではないので安定していますよね、第二の繁殖地としてここは非常に重要なわけです」

ナレーション（藤木）　長谷川さんは尖閣諸島を国際的な野生生物保護区に指定して、近隣諸国で守っていくべきだと思っています。一〇〇年程前、一〇〇〇万羽いた鳥が五〇年で絶滅寸前まで追い込まれました。そして次の五〇年で増やす事が出来たのはやっと一五〇〇羽でした。まさに生き物の命は地球よりずっと重いという事を私たちに教えてくれました。沢山の種の生き物が住めるところを作り、生命に溢れる地球を守る事の大事さをもう一度考えてみたいと思います。（おわり）

水島　番組をご覧になって、アホウドリに興味を持っていただいたら良いなと思っています。今回の撮影に長谷川さんに同行してもらった事は、番組作りに非常に大きな力になりました。長谷川さんのアホウドリに対する接し方というのが、我が子のように成長を祈るという感じが出ていて、非常に良かったんじゃないかと思っています。番組の中でも長谷川さんは一〇年後には二〇羽ぐらいに増えていれば良いなあ、と指摘されましたけど、最近の調査によりますと、繁殖の番が一一〇組、個体数で言えば六〇〇羽余りに増えているそうです（推定）。非常に嬉しい事だと思います。

アホウドリの寿命は二〇年、中には五〇年という個体もいるそうですが、長命のお陰で少数ながら生き残ってきた一部が、尖閣諸島に安住の地を求めたと思います。

尖閣諸島は現在中国、台湾との領土問題があり、迂闊に近寄る事は出来ません。この事が逆にアホウドリの繁殖拡大に寄与したというのは事実です。

伊豆諸島鳥島では長谷川さんらの努力によって、一番新しい二〇一二年十一月から十二月の調査では、鳥島の個体数が二八四〇羽に増えているそうです。

これまで近寄れないと言って消極的な保護から、鳥島のように人為的なコロニーの造成などの積極的な対策が、尖閣諸島のアホウドリにも求められている時期に来ているんじゃないかと思います。

大型の海鳥が優雅に飛び交う環境は、領有権と切り離して別の次元の問題として、私たち人間が特に考えるべきで、長谷川さんが番組でも提案していたように、国際的な野生生物保護区に指定して、周辺諸国共同による繁殖研究が実現する事を願い、私の講演の締めとしたいと思います。ご清聴ありがとうございました。

緒方　アホウドリが飛ぶ姿、求愛ダンス、素晴らしいものですね。もう一度水島さんに拍手をお願いします。イギリス海軍が鳥島にまで来るというのですから、日本の海上自衛隊も保安庁も少しは協力しろという感じですけど。中々そういう生物の保護にはそれほど熱心と言えない。

さて、それでは國吉まこもさんの、古賀商店、クガドゥンのお話をお願いします。

【講演】クガドゥンのお話

國吉まこも

國吉まこも　はじめまして國吉です。先ほどの水島さんのアホウドリ、何度見てもやっぱり凄い。あんな風に尖閣にいるんですね。

それで、当時アホウドリを相当獲った、尖閣での乱獲の原因を作った古賀辰四郎さんという、八重山ではおそらく「クガドゥン」の名で知っている方もいるでしょう。この方のお話を少しさせて下さい。

クガドゥンこと八重山古賀商店

戦前の明治十五年、一八八二年頃に古賀さんは石垣島大川、現在の七三〇交差点の辺り、交差点の前を通ったら現在は駐車場や空き地になっている場所に古賀商店、クガドゥンを開きました。当時は桟橋のすぐ前、石垣島の玄関口になります。

尖閣でアホウドリを獲って羽毛が貯まったら、石垣島に持ち帰って、定期船などの蒸気船に積み替えるまでの間、他の海産物と一緒にクガドゥンに集めていました。

クガドゥンの主だった古賀辰四郎は寄留商人です。沖縄出身の方ではありません。明治になって九州の福岡県、その中でも八女市山内《やまうち》という山間《やまあい》の村から沖縄に来て、八重山に渡って海産物やアホウドリを獲るようになった。

さて、話をする前に少し付け加えますが、古賀さんが積極的に尖閣諸島を開拓するようになるのが一八九六年からです。それより以前、日本が領有宣言する前から地元の漁業者は尖閣に渡って、アホウドリの羽毛や夜光貝の貝殻を獲っていた。具体的な年代は一八九〇年から一八九三年です。尖閣諸島の領有が一八九五年一月ですから、その五年前には既に多数の漁業者が渡島して、数月滞在して海産物を獲っていた。そうして滞在の為の小屋を建てたり自給の為の芋を植えたりしている。アホウドリを殺戮したのは古賀さん一人ではない、という事です。

古賀商店は兄弟商店

しかし、そういった尖閣諸島開拓の歴史において、精力的に島を開発し最も利用した人物、これはクガドゥンの主、古賀辰四郎をおいて他にはいません。このクガドゥンの具体像を考えていきたいと思います。クガドゥンこと八重山古賀商店は大川にありました。別に那覇の西町という所、そこにも古賀商店がありました。八重山の海産物やアホウドリの羽毛は、一旦八重山の古賀商店に集められて、そこから那覇の古賀商店に送られました。那覇店は今度は大阪にある古賀商店。これは古賀さんの兄が経営する店です。この大阪店に産物を送って、大阪店は当時神戸等にいる外商たちへ売り捌くわけです。外商はそれを海外の取引先や母国へ輸出する。欧州はドイツが最大の受け入れ先です。あとはロンドン、アメリカ。中国は香港。そういったところに沖縄、八重山の産物が輸出されていった。この流れを理解していただければと思います。

大阪店のお兄さんたち、名前を見ますと一番上の兄が古賀国太郎。次の兄が古賀与助、古賀辰四郎は三男にあたります。その下の弟に古賀光蔵という人がいますが、この方は八重山の古賀商店に勤めていて、八重山で亡くなりました。当時のお葬式の御礼広告が記録に残っています。これが古賀商店の概要です。

船酔いしない古賀辰四郎

古賀さんの人物像について、資料を見ると、まず船酔いに強かった点があります。

一九〇八年の事です、以前より尖閣諸島でアホウドリを獲ったり、カツオ節を作ったりと色々な事業を行なっていましたが、今度はいわゆるグアノという燐肥料。尖閣諸島には海鳥がいっぱいいますよね。先ほどの映像で見ました。海鳥はもちろんご飯を食べて、ウンコをします。「この溜まりに溜まった海鳥の糞がなにか肥料の材料になるらしい。これを利用してどうにか儲けられないか」という事で、東京から偉い先生、恒藤規隆《つねとうのりたか》という農学博士を招聘して、尖閣諸島の調査をしたんですね。この時の調査団は大所帯で、実業家一行に新聞記者、他に県庁の職員、玉城五郎、真境名安興、沖縄史の大家のこの方も資料によると参加しています。

そういった方々を引き連れて蒸気船で行った。船旅の途中の海の上、波に揺られながら、古賀さんは皆さんに開拓の苦労話を熱心にご披露します。だけど聴衆の皆さんは船酔いで話を聞くどころじゃあない。それで皆さん退散してしまい、あとには一人寂しく取り残されてしまった。「なんで僕の話を聞いてくれないのかなあ」と思ったかもしれません。これは同行した琉球新報記者の伝える記事にあります。

ですからおそらく船酔いに強かったと僕は思っています。

糸満人との親交と大東島の開拓

次に、海産物を取引する関係上、糸満の方々、いわゆる糸満人《いちまなー》、沖縄の専業漁業者と親交があったのではないかという点。具体的に二人の名前をあげると、ナビサこと玉城保太郎。名前でお気付きの方いますね、水中眼鏡《みーかがん》の発明者として有名な方です。そして玉城五郎、県の水産技手を勤めたあとは糸満町長になった方で沖縄の水産振興に尽くした方です。この方々と親交があった事、箕作佳吉《みつくりかきち》という水産博士が沖縄に標本の採集旅行に来た時に、古賀さんがナビサを連れて来て、一緒に採集の手伝いをしたりした、と報告に書かれています。

さて、古賀さんは当時無人島だった尖閣諸島を開拓した事は先に述べました。ですが、最初から尖閣諸島を開拓しようとしたのではありません。一番最初は大東島、南北大東島です。当時あそこにもアホウドリがいたかどうかはわからないんですが、そこを最初に開拓しようと許可御願いを出しています。これが一八九一年末の事です。そうして翌年に許可が下りて、大有丸《たいゆうまる》、蒸気船をチャーターして糸満の漁師さんを引き連れて行くんだけど、海が時化てた所為もあるのか、現場についても上陸が出来ない。大東島は周囲が切り立った島です。散々上陸出来そうな場所を探すんだけど、出来ない。

しまいには糸満の漁師さんが音を上げた。「俺たちもう帰らせてくれ！」と。「今回は駄目でした。那覇に帰って来ました」と報告しています。再度古賀さんが挑戦したかはわからないんですが、一八九四年頃には開拓願いを取り下げています。そのあとで目を付けたのが尖閣諸島です。そうして開拓御願いを出して、開拓許可が通ったという流れになります。

大東島の開拓は古賀さんの後に何人もの人が出願しますけど、みんな全て失敗してしまう。結局成功した方は玉置半右衛門《たまおきはんえもん》という、奇遇ですね。この方もアホウドリの乱獲者、長谷川先生の敵みたいな方なんですね。この方が大東島の開拓に成功しました。

一八九九年頃に開拓許可が降りて、地元八丈島から自分たちの帆船、蒸気船ではないです。それでもって沖縄に渡って那覇で開拓資材や食料を積んで大東島に向かう。

無人島経営者として

海洋丸という帆船で、玉置さんは大東島を行き来するんですが、この船がある時（一九〇八年）那覇—

慶良間間で座礁してしまった。これを助けたのが古賀さんの船です。古賀さんは当時台湾総督府から払い下げた辰島丸という蒸気船を持っていて、那覇―名護間を定期的に運航させていました。この辰島丸が海洋丸を助ける、離礁させた時に、玉置さん側は「御礼を申し上げたい」と、助ける際に辰島丸も損害が出ましたから、「その分でも賠償したい」と申し出たら……。

「玉置氏とは年来の懇意にてもあり、傍々《ほうぼう》無人島経営者として同憂同思の同業者間の出来事にしてはあり一切其の義には及ばず」

古賀さんが言うには、玉置さんとは長い付き合いで、無人島経営者として同様の苦労や憂いがあるだろうから、賠償とかそんな細かい事は考えなくて良いと言って、同船が大事に至らなかったことを祝したそうです。ですから何か、同業者同士の矜持、それが当時の思いとしてあったんだろうなと考えています。

そういった無人島経営者としての自覚というか、先ほどお話した燐肥料の調査の頃です。大勢の人が尖閣に行って、新聞記事にも色々と出る。琉球新報などは十一回に亘る連載で古賀さんの開拓を紹介した。「尖閣列島と古賀辰四郎氏」というもの凄く面白い文章があります。これを読んだ人は、「こんな面白い島だったら自分も観光したい」と新聞に問い合わせた。

古賀さんにその話を伝えたところ、「いやいやいや。そういう島ではないです（観光の島ではない）。自分たちは島の事業に忙しくて、観光客なんか相手している余裕は無いんだ」と言ってお断りしています。中々頑固そうですね。

性格は強情偏屈？

一体どういう性格だったのか、一九一六年に出された『沖縄県人事録』という人名年鑑に古賀さんの性格に少し触れている部分があります。ちなみに著者の秦蔵吉《はたくらよし》も尖閣に上陸した事があります。これを少し見てみます。

実業家古賀辰四郎君は色々と水産業に成功しておるけども、「君の如きは真に代表的実業家と称すべきも、性強情偏屈にして人と容《い》れざるは甚《はなは》だ惜しむべきところなり」。人付き合いが相当悪かったのか、わざわざ書くぐらいですから、どこか一般の人とは違っていたんでしょう。

もう一つ、性格と言いますか、海産物商としても尖閣諸島の開拓者としても成功した古賀さんは、当時那覇でも有名人、成功者です。当時東京から政府の役人が来て、歓迎会をやって、併せて講演会も開く事になった。そこで、「尖閣開拓を一つ古賀さんに話して貰おうじゃないか」と、今日の催しのようなものでしょうか。講演をお願いしたらオーケーして、新聞に予告が出ます。「尖閣列島開拓の談　演者　古賀辰四郎」と、強情偏屈な古賀さんがじゃあどういう事を当日お話したんだろうかと楽しみになりますよね。わくわくしながら読んでみると、当日は別の人に譲ったと書いてある。

その時になってですよ。わざわざ段取りを組んで、古賀さんオーケーして、しかも本人会場にいるわけです。ところがいざ古賀さんの番になったら、「いや、この人の方が喋れるから」と言って、琉球新報の記者（宮田倉太）に代演させちゃった。この事も何か普通の人とは違うなあと、古賀さんの性格がうかがえたらと思います。

糸満人の不審火

他に『石垣市史民俗編』から各地区の概要の「東小屋《アガリグヤ》」形成の説明を見ましょう。

「廃藩置県（一八七九年）後、尖閣諸島開拓の先駆者である古賀辰四郎氏は、その前線基地として字大川の海岸近くに古賀支店を開設していた。当時、島民は、これをクガドゥン（古賀殿・古賀支店のこと）と特別な敬称をもって呼んでいた。古賀支店は海産物を一手に取り扱っており、いきおい、非常に強い異臭を一帯にただよわせていた。一八八二年頃から糸満系漁民も渡来してきて、やはり小屋《クヤー》を建てて住んでいた。クヤーの数は五三も数えられるところをみると、かなりの漁民が住んでいたことがわかる。しかし、その糸満系漁民たちが鱶の脂をとるために作業していたところ、その脂に火がつき、附近のアダンに燃え移り、さらに、古賀支店までも延焼させるという一大事件にまで発展した」

糸満人の不審火によって古賀支店が焼けてしまい、糸満人たちは島の玄関口から追いやられて東小屋に移っていったというエピソードですが、不審火で思い出しまして、これも紹介します。時代は下って一九一四年頃にも別の糸満人の不審火があります。

今度は蒸気船の上での話です。那覇・石垣間の貨物船が石垣港に泊まっているんだけど、当時この船には石油缶を六〇〇個ぐらい積んでいました。糸満の人たちがその石油缶に向かって吸いかけのタバコをポイッと投げて、火が点いて船の上ではもう大騒ぎになる。爆発したら大変です。幸い急いで石垣港に全部放り込んだので、大惨事には至らなかったけど、この時の石油缶六〇〇個のうち四〇〇個の荷主は古賀さんでした。古賀さんと糸満人との関係に不審火が出てくるのは面白いと思います。

那覇古賀商店(左)と大阪古賀商店(右)の広告

話に夢中で、写真の紹介を忘れていましたが、右が大阪古賀商店の広告です。住所は「大阪の長堀北通五丁目」、これが大阪古賀商店の場所ですね。左が那覇古賀商店です。他に八重山古賀商店。これら三店は全て「山」に三の商号を使っています。ですから兄弟商店と考えて良いと思います。

開拓の概要

次に八重山古賀商店の取扱産物について考えてみます。

主な産物、まず一番は最初の番組で見たアホウドリの羽毛、他に先ほどの映像の中で皆さんお気付きになったでしょうか、アホウドリはモーモー鳴いて、その周りでキーキー鳴いている海鳥がいましたね、アジサシです。あれを大量に剥製にしています。海産物としては貝殻、フカヒレ、ベッ甲、スルメは取り扱っているんですが尖閣でやっていたかは判断出来ていません、あとはカツオ節などですね。

こういう産物を尖閣で獲って、八重山の古賀商店に集めていた。そうして一定の量になったら那覇の店舗に送る。古賀さんはそうして尖閣と石垣島を行き来して産物を輸出したんですが、具体的に輸送はどうやっていたのか、これを紹介したいと思います。

開拓の最初の頃は、「漁船を使って尖閣と八重山を行き来していた」と古賀さん自身の陳情書に書かれてあります。この時の陳情の内容は「段々開拓が本格化して送る荷物が多くなって、漁船だけで尖閣と石垣島を行き来するのは大変な状況です」と訴えている。それで「台湾総督府の命令航路にある蒸気船の一部、台湾まで行く船を寄航させて欲しい」と、当時航路を運行していた大阪商船株式会社に泣きついている。これが一八九九年一月一九日付の陳情書になります。

ですから開拓の最初は漁船で行き来していた。その後台湾航路の船が寄航するようになった。その後は開運会社＊1 の先島航路、続いて尚家が経営していた広運会社＊2 の同航路へと変遷していきます。

もう一つ、尖閣諸島に住民がいたと言われますが、住民は別に自ら望んでそこに移住したわけではなく、全て古賀さんが雇い入れた出稼ぎ住民です。出稼ぎ人募集の広告を新聞に出しています。たとえば一九〇四年八月九日付広告「無人島行広告」です。この時期は尖閣とも書いていません。無人島と書いてある。当時はそれで通用しています。

＊1　鹿児島商人が設立した海運会社。大有丸、仁寿丸などの蒸気船で、主に那覇—先島間の定期航路を運航した。仁寿丸は開拓の初期に度々尖閣へ寄港している。

＊2　琉球の旧主である、尚家が資本となり設立された、地元沖縄の海運会社。蒸気船球陽丸は開拓の中期頃、度々尖閣に寄港している。

藍綬褒章の下賜

開拓の写真を少し見ていきたいと思います。

これは一九〇八年燐肥料調査の時に撮影されたものですが、こういった方々が出稼ぎに行っています。

面白いのは女の子が写っている、分かりますかね。中段中央です。この女の子は「一九〇一年頃に尖閣で産まれた」と戦後に本人が語っています。伊澤《いざわ》弥喜太《やきた》という方の娘さんで、伊澤真伎《まき》と言います。真伎さんを抱いている方がお父さんの弥喜太です（一九〇八年の写真、高橋庄五郎著『尖閣列島ノート』参照）。

弥喜太は尖閣諸島の領有以前一八九一年から一八九三年頃に自ら漁業者を率いて尖閣に渡って海産物を獲っていて、その後古賀さんが尖閣諸島の開拓を許可されたので、古賀さんに雇われて現場監督、開拓の指導をする立場にいた人です。一九〇九年頃まで尖閣にいたが、その後は台湾に渡ったりして尖閣との縁は切れてしまいます。写真の奥の方には「黄尾島古賀開墾地」と書いてあります。ですからこの写真は現在の久場島で撮影されたもので

黄尾島古賀開墾地にて（1908年）

魚釣島での記念写真(1908年)

す。開拓者の方はシャツを着けていたり、鉢巻きしていたり、そのような方がいます。

一九〇八年頃の魚釣島です。右の石垣に囲まれた小屋はカツオの煮炊き小屋です。これを前にしてでっかい日の丸を立てて、左側には女性の方々、おそらく当時古賀さんが四国の土佐から雇い入れていた節削りの女工さん。真ん中のちょっとええ格好した人たちが当時島に見学に来た実業家の皆さん、学者先生。右側の小屋の前にいるのは、おそらくカツオ船の釣り手、漁業者たち。小屋の前に立てかけてあるのはカツオの釣竿でしょう。

同じ頃に撮影された写真です。①はカツオ節工場の中です、当時このような規模で作っていた。結構な数のセイロにカツオ節が並べられています。②は煮炊き小屋の中を写しています。中に大きな丸い釜が据え付けられて、三つぐらい並んでいる。当時はこのぐらいの設備を備えていた。そうして奥に一人自慢げなのが古賀さんです。そして③、この頃は沖縄の人も、内地のカツオ釣りの漁師さん、削りの女工さんも島にいる。各地方から古賀さんが雇い入れて来た、色んな方々が島にいました。この人は三味線を持っています、島の暮らしの慰めにどんな曲を弾いたのでしょう？

古賀さんは一九〇九年に藍綬《らんじゅ》褒章を下賜されました。一八九六年に開拓を開始してから実に十三年をして、ようやくその苦労が国にも認められたわけです。

翌一九一〇年、新聞紙上に古賀さんの功績を称える投書を、友人の緑堂がしています。長文ですが大好きな一文なので、紹介します。

「古賀辰四郎君、此の度、藍綬章を授けられたる吉報に接し、余は友人として深く君の光栄を慶す。君が尖閣列島を経営するの初《しょ》に当りてや、人多く之れを危《あやぶ》み、甚しきは密に指笑するものありしを知る。絶海無人の孤島、其業たる実に容易ならず。

報酬を厚くして漸く労働者を得、汽船を賃してかろうじて食料を供給し、新に岩礁を砕て舟の碇泊場を設け、或は野菜を栽《さい》て不時の用意に供ふる等の困難に加うるに、鳥毛の採取より鳥類の剥製に変じ、貝類の漁労は鰹船の製造となり、事業の曲折、又た苦心の少からざりしことを見るに足る。

今は経営其の緒に付き更に一大利源の発見ありて大発展の域に達せんとし、漸く人に羨望せらるるに至

①カツオ節の製造風景(1908年)

②カツオの煮炊き小屋(1908年)

③左端から二人目、三味線を持っているのが古賀(1908年)

れるも、君の如き熱心精力、人に超越したるものなきに非は終始一貫、此の孤島を玉化せしむるに堪えじや否、俄に期すべからず。此の如き苦境を経て、茲《ここ》に成功の一端を国家に認められたる君の喜《よろこび》、余は遙察《ようさつ》に余りあるを知る。

今にして　人もうらやむ浦島か

このよろこひに　あへる君かな

君が画ける未来の金殿玉楼は乙姫の昔語りに非ず、必ず現実すべきを信じ、且つ国家の為に之を訴るもの也。　緑堂　―。」

種々の苦労、労働者及び生活物資の調達とそれらの移送。事業の変遷、夜光貝採取から鰹漁へ、アホウドリの羽毛採取はアジサシ類の剥製製造へ。緑堂こと護得久朝惟《ごえくちょうい》が友人として広運社の社長として島の開拓を見守ってきた事がわかる一文です。

まとめ

古賀辰四郎は積極的に尖閣諸島を開発しました。お話した通り、色々な方を雇い入れて、島は発展を遂げます。しかし開拓の途中、一九一八年八月二十八日に亡くなりました。その後は息子の古賀善次が家督相続し、古賀商店の経営及び尖閣諸島の開拓を受け継ぐんですが、この方の代になると尖閣の開拓が熱心にやられた形跡が、余り資料からは見えてこない。善次自身が尖閣に上陸した事があるかも疑わしい。

善次の奥さんの花子さん、戦後にこの人を新崎盛暉先生がインタビューしていて、花子さん曰く「余り商売熱心ではない」というより別の方面に熱心だった。ただで地元新聞の運動部記者になって、ベルリンオリンピックに自前で取材に行ったりする。あと八重山の戦前の新聞に、善次が来島した記事があるんですが、肩書きは新聞記者です。クガドゥン、古賀商店の主とは名乗っていません。

ただ、国有化される前の地権者に、戦後善次が尖閣諸島を譲渡する際の条件として、「島の自然を残すように、手を付けるな」と言って、そのような形で地権者は島を所有しているそうですから、ひょっとしたら父辰四郎が乱獲したアホウドリやアジサシ類への贖罪意識があったかも知れません。

　そのような中、古賀商店は一九四〇年に一旦解散しますが、戦後に元支配人の照屋清栄らが業務を引き継ぐ形で南海商会という貿易会社が設立されます。

　一九七二年の復帰頃までは南海商会は営業していますが、現在は跡形もありません。戦前のクガドゥンのあった場所、あそこにはもう何も無い。時間になりましたので終わらせていただきます。ありがとうございました。

【補足資料】古賀商店の支配人について

【八重山古賀商店の支配人や主なる関係者】

◇伊澤弥喜太《いざわやきた》：熊本県の人、尖閣諸島開拓の指導監督にあたったと考えられる。
　参考：一九〇〇年『地学雑誌第十二輯一四三号』（「黄尾島」）より

石垣市商工祭に南海商会が参加した際の記念写真（1956年）
山車やカツオを模した燈籠から当時の業務内容がうかがえる
写真提供：田盛典子・那須従子（照屋清栄孫）

「現今黄尾島に移住し居る、熊本縣人伊澤矢喜太の供述に依れば、同人は去明治廿四年より魚釣島並に久塲島に琉球漁夫を引つれ渡航し、海産物と島上の信天翁とを採集せり。當時にありて航海は、單に刳舟又は伝馬船によりしに過ぎず。而して島には永く留ることなくして、石垣港に歸來せり。次て明治廿六年再び同島に渡航し、歸路颶風に遭ひ清国福州に漂着し、辛くも九死の中に一命を助かりしと云ふ」

また娘の「伊澤真伎《まき》」は黄尾島で生まれたと自身で語っている。沖縄県八重山郡尖閣諸島生まれという事になるか。真伎によると一九一〇年頃に故郷の熊本県に帰って後、父弥喜太と共に台湾に渡ったそうである。

◇尾瀧延太郎《おたきえんたろう》：出身地不詳、古賀の甥。

この人も尖閣諸島開拓初期の指導にあたったと考えられる。一八九八年より開拓者を率いて渡島している。また製図の才があったのか、当時にしては詳細な魚釣島の地図を作成している。

参考：一九〇〇年十月一日付琉球新報記事『寄留商人案内(三)』

「——古賀辰次郎氏は大分県の人にして実兄古賀与助氏は大阪にあり。商業は重に海産物なるを以て久しき以前より糸満人を雇ひ無人島附近に於て漁猟をなさしめ且つ開墾事業を企ち居れり。古賀商店の支配人は尾瀧円太郎氏にして同氏は此程商業視察の為め古賀辰次郎氏と支那へ渡航し同地に於て英語研究の必要を感じ目下京都に於て勉強中なりと云ふ」

◇堤《つつみ》　米吉《よねきち》：福岡県の人、忠見村は山内村の隣村。八重山古賀商店支配人か

『石垣市史八重山史料集二　豊川家文書一』に松村仁之助と古賀辰四郎代理人堤米吉の二人に紅露《クール》（自生の染料の一種）の採掘許可が下りている事（明治三十六年三月三〇日付）が記されている。古賀の事業は八重山の農産物に対しても積極的に展開されていたと考えられる。また、登記簿等の資料によると、古賀商店があった大川の番地の所有者として、堤米吉、同イシの名が見られ、岩崎卓爾《たくじ》著『石垣島案内記』に

は当時（明治末期）古賀支店の支配人は堤て□子氏だと記されている。

◇**古賀光蔵**《こがみつぞう》：福岡県か？　古賀兄弟の末弟。尖閣でのカツオ漁の指導をした可能性がある。

参考：一九一一年二月十一日付沖縄毎日新聞葬儀広告

「弟光蔵予而病気之処養生不相叶昨十日午前十時八重山に於て永眠致候間此段生前辱知諸氏に謹告仕候也

追而葬儀は本日八重山に於て執行致候　明治四十四年二月十一日　実兄　古賀国太郎　古賀与助　古賀辰四郎」

◇**嶺岸佐多之佐**《みねぎしさたのすけ》：宮城県の人、のち沖縄県に転籍。

一八五六年十二月生とあるので、古賀と同い年である。一八八三年頃沖縄県属となり明治一八九三年頃より八重山へ赴任。大正初期に退官して八重山古賀商店支配人となる。明治末期の八重山役所書記在任中より、イカ曳きを趣味とする様が太田朝敷《ちょうふ》の先島紀行に見られ、海月会《かいげつ》（八重山で一〇〇年以上続くイカ曳き愛好会）との関係がうかがえる。

先島新聞上で「ハイカラ」とあだ名されているが、このあだ名を想起させるエピソードを以前高良鉄夫博士から幼少時の思い出としてうかがった事がある。『クガドゥン』という言葉を聞くと、蓄音器の事を思い出す。あそこには当時大変珍しい蓄音器があって、（当時）子どもらはみんなで物珍しく見に行ったものだ」。また当時の古賀商店北二軒上にある坂田商店（店主坂田安次郎）は古賀店のライバル店だった。坂田の遺した著述には嶺岸支配人の事が記され、当時の商店主同士の交流がうかがえる。

◇**照屋清栄**《てるやせいえい》：沖縄県那覇の人

那覇商業学校を卒業後、那覇の古賀商店に入る。のち八重山店へと転任、嶺岸支配人の下についた後、嶺岸氏病没後後任の支配人となる。

戦後南海商会を立ち上げた人物である。当時の八重山古賀商店広告に、照屋清栄、伊地柴賓《さいいん》、喜舎場孫正、大濱孫祥、比嘉太郎、具志忠一、黒島安助（一九二九年一月一日付先島朝日新聞）の名が見られる。

◇**金城良興**《きんじょうりょうこう》：沖縄県首里の人、尖閣・新川鰹節工場長

いつ頃八重山に来たかは不詳だが、カツオ節の製造監督として、当初は尖閣諸島で、尖閣を引き払ってからは新川の工場で監督を務めたそうである。当時のカツオ船古賀丸の名は新川方面の糸満人古老の方々から聞かれる。子息の金城良正氏は石垣島にご健在で、趣味のイカ曳きを楽しんでいる。

左は八重山古賀支店長、照屋清栄、右は大阪古賀商店長、古賀与助（古賀辰四郎の兄）。
戦前の八重山と大阪、両店舗のつながりを示す貴重な写真資料（1926年）
写真提供：田盛典子・那須従子（照屋清栄孫）

おわりに

沖縄の八重山諸島には近代になって、日本各地や台湾等から様々な人々が移り住んだ歴史がある。現在八重山合衆国と呼ばれるのもその由縁だろう。

尖閣諸島に関わった人びともまた多種多様であった。同諸島の歴史は近代日本人の躍動と決して無縁でない事を感じて頂けたらと思う。

【講演】国境から世界を考える

岩下　明裕

緒方修　北の国境、中東、中露の国境の話を踏まえて、岩下明裕先生よろしくお願いします。

岩下明裕　こんにちは、岩下です。今日は皆さんがあまり聞いた事の無い話をしようと思います。最初にお話しするのは、「海、奪い合う時代」という話です。私は元々ユーラシアの陸の国境の研究をしていた人間です。特に、中央アジアと中国、中国とロシアの国境について調べてきました。これは私たちの博物館にある地球儀です。当たり前の話ですが地球儀には何処にも線なんかない、国境なんか無いんです。国境とか境界なんていうのは人間が自分で引いて、よく変わって、色々揉めるという場所です。

日本の周り、今の我々がイメージする日本はこういう感じで海に囲まれています。「日本は島国です」と簡単に言いますが、じゃあ日本の境界って何処でしょう。これは考え出すと中々悩ましい問題です。

さて、見慣れた地図です皆さん。少し違うのは暫定水域を引いてありますが、これを除くと基本的に海上保安庁の地図です。これを見て「わあ、日本て海が大きいですね。海洋大国ですね」と「まあ陸もそ

北海道大学総合博物館の境界研究ブース

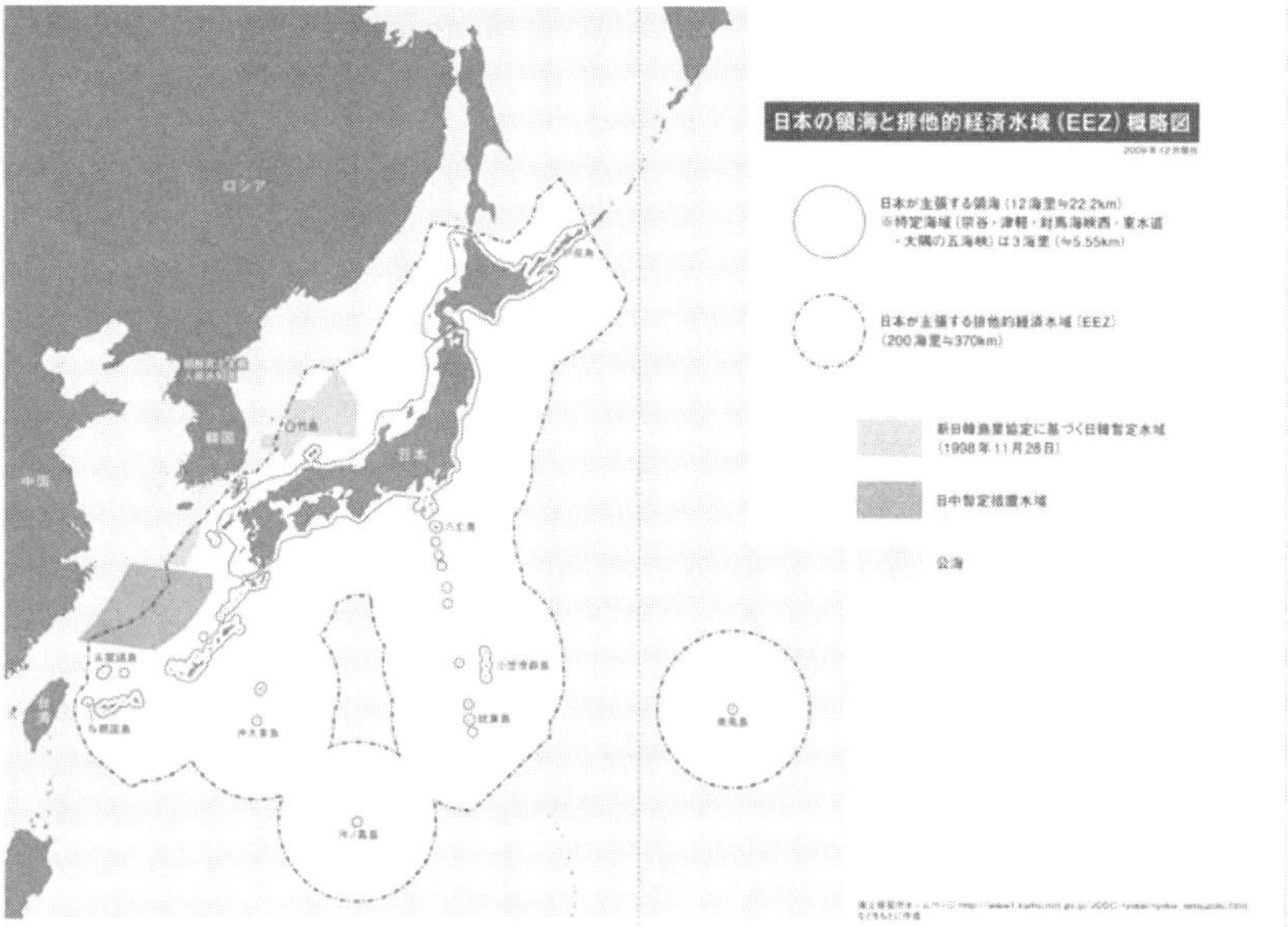

岩下明裕編『日本の国境・いかにこの「呪縛」を解くか』北大出版会より

ここですけど、海を見ると世界で指折りの大国ですね」と、その通りかも知れませんが、これは日本が言っている話であって、この地図に引いてある境界をみんなが認めていて、これを侵す連中がみんな悪者だと思っているとすると、とんでもない間違いです。

日本の境界はほとんど決まっていないという話を今からしようと思います。

さて、この地図を沖縄で見せるのは日本で最も刺激的かも知れません。これを見せると岩下は大日本帝国主義者だと言われます。アメリカの人が作った地図で、日本が一番広げた権力空間はどこまでかという範囲を表しています。

幾つか怪しい場所もありますが、確実に言える事は、今日本の国境と言っている地域は、昔は全然国境ではなかったという事です。ある日そこに国境が出来たというのが事実です。

話を戻すと、今から四〇年前は、どこが国境かというのはともかく、海はほとんど境界が無かったという話です。

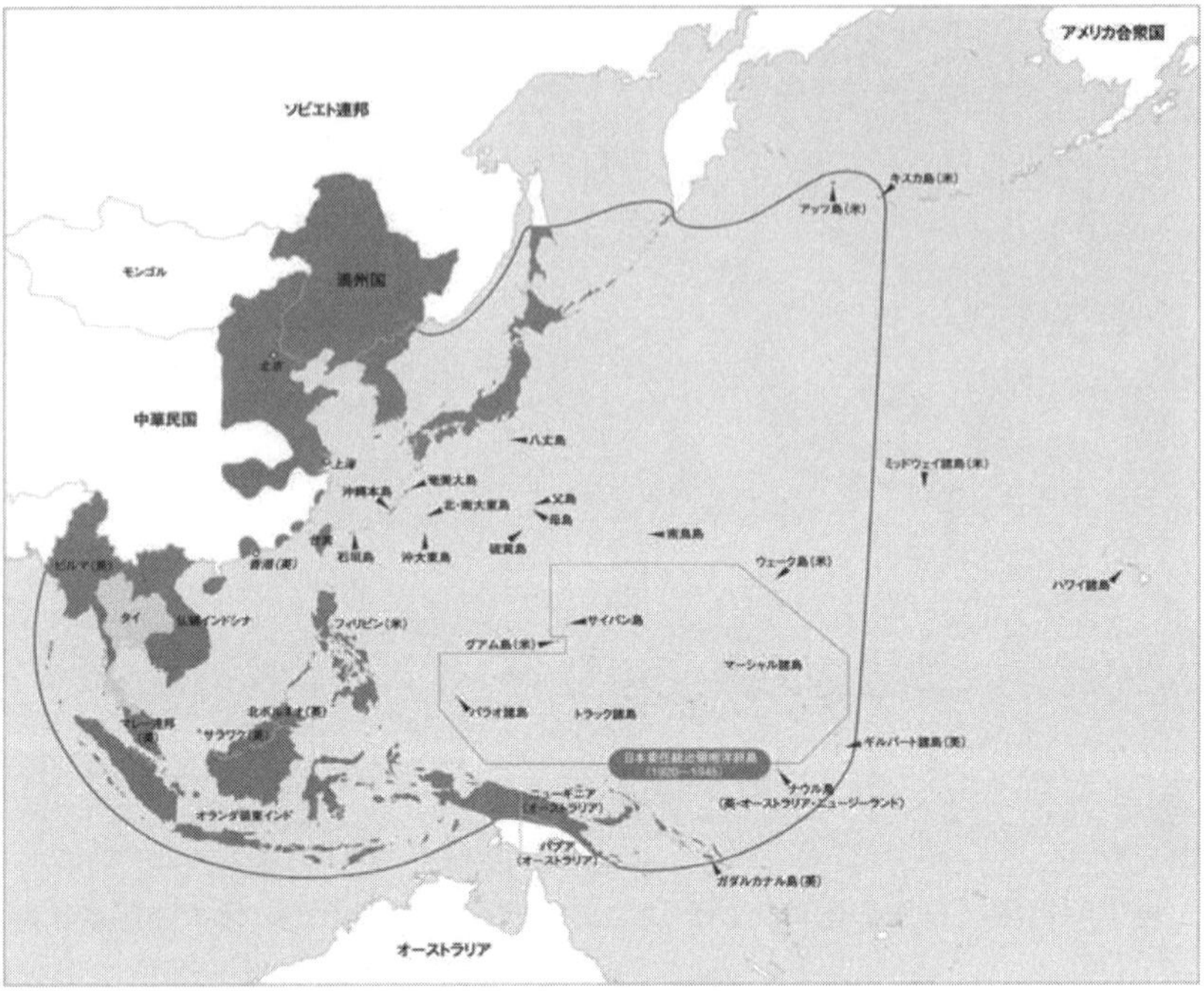

ニューオリンズにある第二次世界大戦博物館の地図を元に作成

当時の領海は三海里です。三海里と言ったら陸から五キロです。つまりほとんど全部が公の海ですから、誰が使っても良かったわけです。日本は今言うような海洋大国でもなんでもないわけです。三海里以外は誰が使ったって良い。最初にお見せした図は極めて最近我々が見て当たり前のように思い込んでいるに過ぎない、あれが主張されだしたのはせいぜい三〇年前の事です。二〇〇海里という経済的な水域の議論が定着し始めてからです。

大陸棚が最近は延伸されて更に水域が広がっていますが、それは日本が言ってるだけです。

現実はどうか、皆さんにはショッキングかも知れませんが、ほとんどが問題になっている場所です。大陸棚との重複部分は置いておいても、日本の南も北も不安定な地域、北方領土、竹島、尖閣、沖の鳥島の海に囲まれています。結局、オホーツク、日本海、東シナ海ではっきり相手が認めている線はこの対馬の海しかない。ここは大陸棚も決まっていて、線がはっきりしている。

それ以外は全く協定が無いか、全く相手が認めていないか、相手が支配しているかです。樺太と北海道の間の線、ロシアと日本の間に協定はありませんが海保の人に聞くと、「線上でちょこちょこありますけど、線についてはあまり議論した事はないですね」という。だからあそこは協定は無いが安定している。ですが、稚内の周辺に、少し不安定なところ、基点の取り方が違って、ロシアが主張している部分と日本が主張している部分が少し重なっています。

ですから日本側はそこに入らないように指導しています。入るとロシア側が強硬に出てきますから。北方領土の海域は全部ロシアが支配しています。我々が入れないのはご承知と思います。

竹島の部分も不安定です。そして日本と韓国の間、日本海に暫定水域が置かれていて、東シナ海には日中暫定水域。そうしてその下は線が無いです。この北緯二十七度以南は協

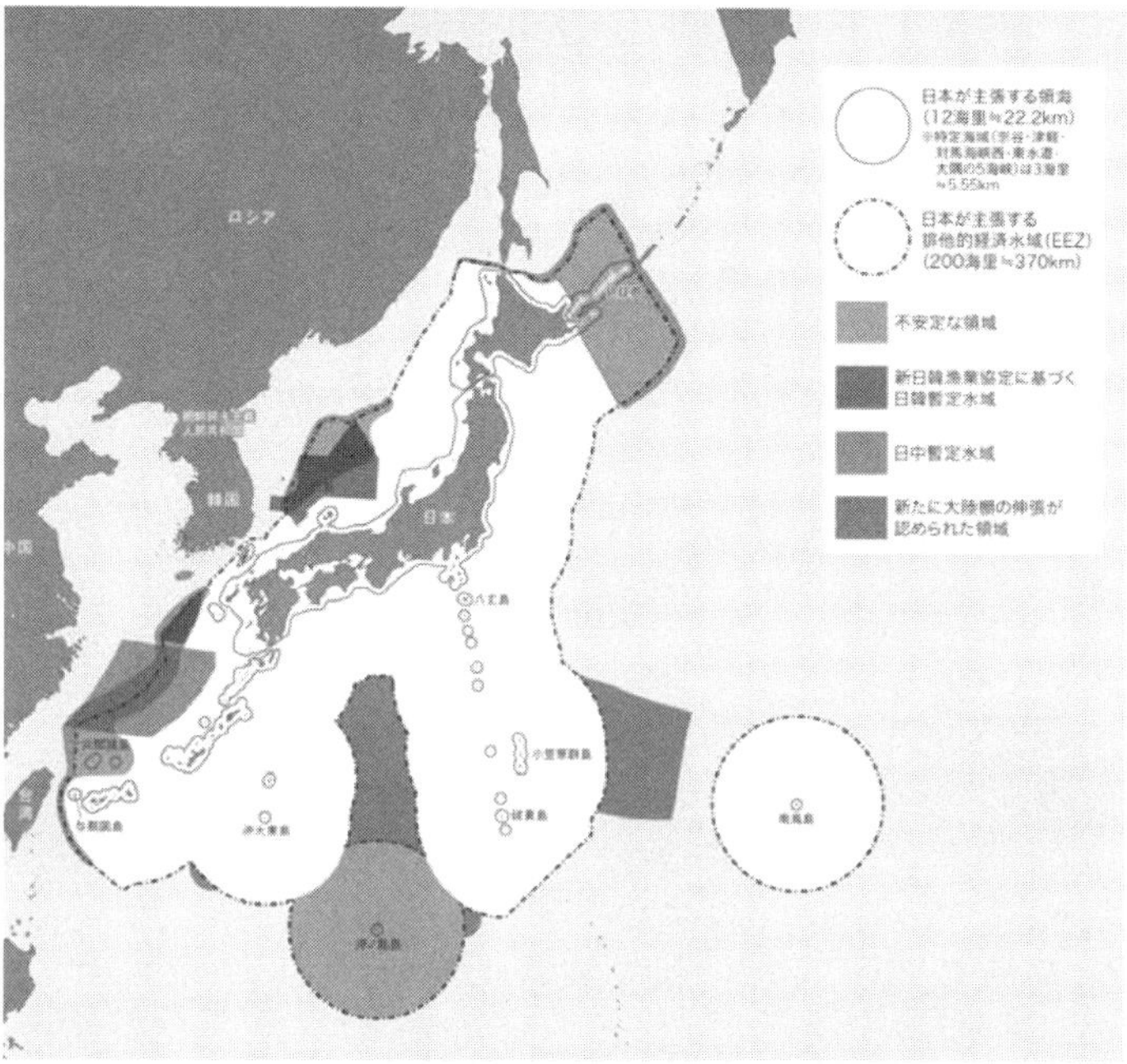

日本を取り巻く海域図

定が無いという事です。協定が無いという事は、相手から見ると「なんで入って悪いんですか？」という事になる。少なくとも十二海里の領海という二十二キロ手前まで入って漁をして何が悪いんですか？「伝統的水域」と台湾の人は言う、「日本は一方的に主張しているだけでしょう、急に主張しないでくれ」という話です。

南の方には沖ノ鳥島。なぜあそこが不安定かと言うと、韓国と中国が認めていない。「これは岩である」と。岩になった瞬間に全部日本の持つ海は消えてしまいます。はっきり言うと、「日本は海を取り過ぎです。一人でそんなに取らないで下さいよ」と、彼らは言いたいんです。この沖の鳥島の海が崩れると、大陸棚の基点が消えて危なくなります。このように、少なくとも相手が認めていない。もちろんそれぞれに紛争のレベルは違いますけれど、不安定な地域がこんなにあるという事です。

つまり我々は相手が認めている、あるいは安定している。協定がある境界をイメージして、そこに相手が入って来て大変なんだという話をしたい。ですが、それ以前に協定が無い場所。曖昧にしている場所。解決できない場所に囲まれているのが、現実です。

「ここをどうやって安定させるんですか」と、「どうやって境界を付けるんですか、どうやって管理するんですか」と本当は真剣に問わなければいけないんです。北方領土の問題はロシアとの関係。尖閣問題は中国との関係。竹島は韓国との関係。

「中国がマッチョで尖閣周辺にもどんどん入って来ますね、けしからんですね」。「けしからんですね」って言われても、「通って何が悪いんですか？」と、国際法の基準で言われたら、悪いとは言えない。領海に入った場合でさえ、皆さん「領海侵犯された！」と思うのでしょうが、領海侵犯という言葉はないんです。「領空侵犯」はありますが、海の場合は「無害通航権」がある。黙って横切るだけだったらそれは何も言えない。潜水艦だって浮上して横切れるわけです。

ですから海のルールは陸とは違うという事を非常に念頭に置いて考えなきゃいけない。そこが今日の話のポイントです。

もう一つ、海を主張する場合に、陸を持っているかどうかが凄く重要になります。昔の二〇〇海里が無かった頃は、尖閣だろうが竹島だろうが三海里の海しか持っていなかった。三海里の海も大事かもしれませんが、それだけです。島は一つの点です。

ところが二〇〇海里以後の話になると、その小さい島を持っている事が下手すると二〇〇海里取れる。要するに「竹島も尖閣もどっちのものでしょう?」と言って、「俺たちのものだ!」という議論を延々やるのは自由ですが、今の意味付けは島を持っている事が海を取る事になる。要するに島の意味が変わってしまった。海を主張する事は出来ない。海は島に付いてくるからです。それが海の境界をめぐるこういう衝突と競合の根本的な理由です。

それを理解しない人たちは島だけを議論する。東京の人たちは、「おお! 竹島は固有の領土である、韓国けしからん!」と言うのですが、そこにある海をめぐる日韓のぶつかり合いだとか利益の重なる部分というのが、彼らの中では全部消えている。

尖閣だって同じです。尖閣の歴史というのは素晴らしいんですが、台湾の人にすれば、尖閣の周りの海は伝統的漁場だという話になる。日本に尖閣諸島を自分たちのものだと強く主張されて、そこから二〇〇海里、中間線になると、台湾は入れなくなる。だから嫌だって言ってる。

現地で考えるのが我々の立場ですから、その海の実態というものを考えないといけない。ところがその実態がなかなか簡単ではない。

次頁の図は対馬近辺の境界が明確に決まっている海域です。竹島の周りはこうして暫定水域を使って、お互いの船が自由に操業して、お互いの船をお互いの国が取り締まるという協定になっています。日中の

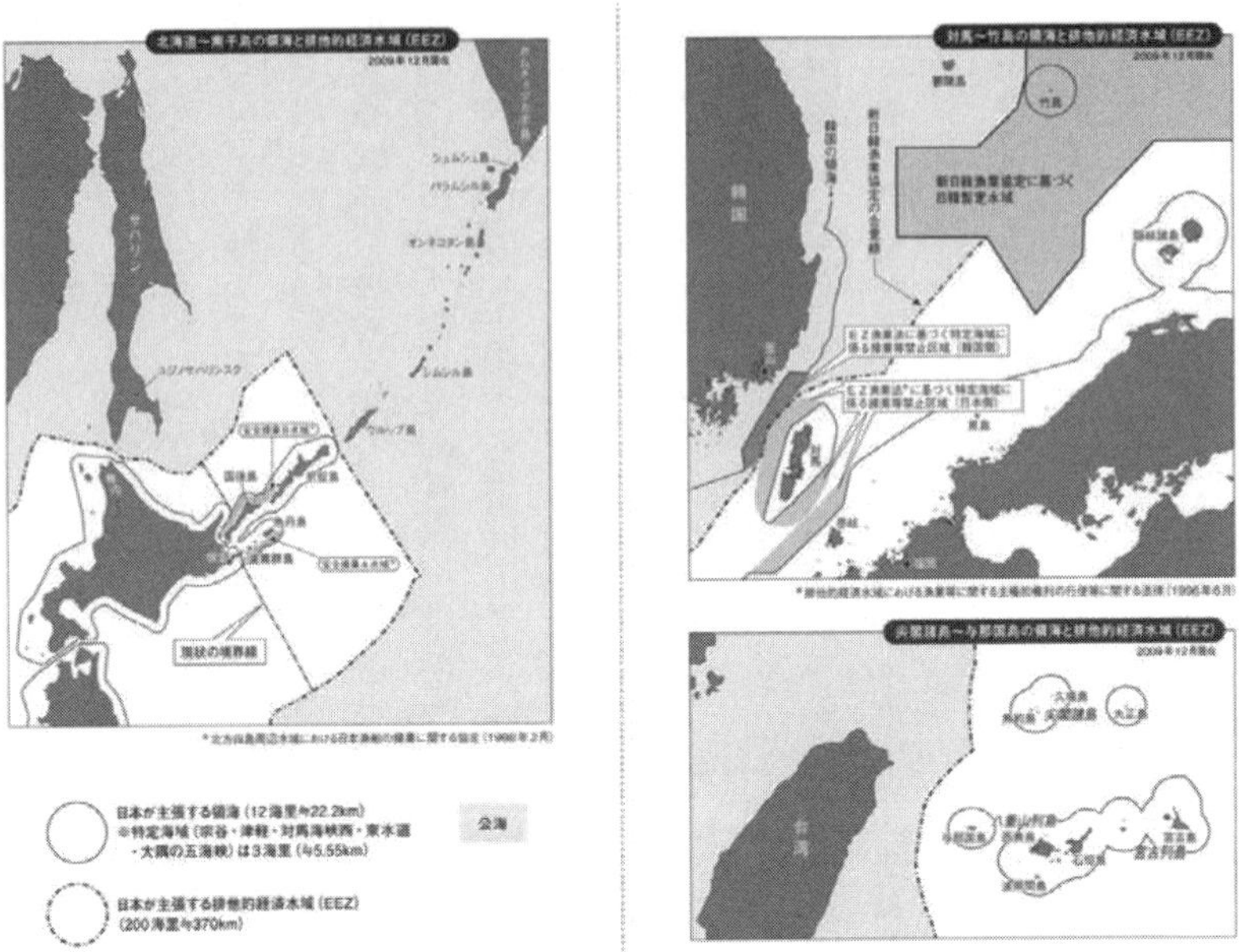

岩下明裕編『日本の国境・いかにこの「呪縛」を解くか』北大出版会より

暫定協定も似たようなところがあります。

右下図は台湾と日本の境界です。これは線引いていますが、あくまでも日本が引いている線。左の図は北方領土の海、日本はこう言っているけどロシアの現実はこうだと。

地図というのは色々ひっくり返してみると色んなものが見えます。札幌を中心にして見ると、オホーツク海は日本海より大きい。福岡を基点とすると南シナ海が近い。

現場の目線が大事なのは、どこを中心に見るかで色々とモノの見える範囲が変わってくる。つまり中央から見る視点をどう相対化するかという場合に、地図を動かしてみると非常に自由な発想を持つ事が出来ます。

さて、ここで我々がやっているボーダースタディーズ・境界研究の発想についてご説明します。

日本も中国も韓国も非常に歴史好きです。「どっちのものですか?」と、「我々が先に発見しました」と、本当に発見したかどうかもわからないんですが、「そういう記述があります」と、延々と論争します。

國吉さんの報告は良いんですが、「我々はここに住んでいたんだ」と、それは記録としてその通りかもしれませんが、そういう事を言うとヨーロッパの人たちの場合、「俺たちはここに住んでいた」。「俺たちもここに住んでいた」。「いやいや俺たちも住んでいた」という議論が延々と続いて、どこまで行っても解決しない。

我々が一番忘れているのは、空間についての発想です。ボーダースタディーズというのは境界―線を引いて、空間が途切れる、あるいは、線が消えて空間がつながるという事―を問い直そうとします。そこで世界中をちょっと旅してみます。

フィンランドとロシアの国境。私、陸の国境から研究を始めて、世界中の特にユーラシア大陸の境界を回りました。

フィンランドの国境警備隊員は友好的なんですが、ロシア側に行った瞬間に写真を撮ろうものならば、下手をするとフィルムを消されるというような感じで、境界に対する考え方は国によって全然違います。

境界じゃなく国境と言うとわかりやすいでしょうか？　実は境界というのは空間を切るという意味で言うと、国境は国の境ですが、元々国の境以前に色んな境があって、それがある時国境になったり、ある時国境が消えたり、それが動いたりという事が実は頻繁にある。

さっき日本の事を言いましたが、日本が一番大きかった時の空間は現在と全然違うわけです。我々が今思い浮かべている地図はあくまでも日本が戦争に負けた後の空間の地図です。

友好的なフィンランドの警備隊員

フィンランドには北極圏の線があります。サンタクロースがいるところです。これも一つの境であると言えます。

おそらく世界中で一番厳しい境界というと、イスラエルとパレスチナの線です。本来ならここがパレスチナとイスラエルの線のはずなんですが、イスラエルに住んでいる人たちはかなり攻撃的で、実際の線から大きくパレスチナの人たちを追い込んで、本当は全然協定違反のはずなんですが、パレスチナをフェンスで囲もうとしている。


フェンス・壁論争というのがありまして、大体イスラエルは上の高いところをとっています。パレスチナは大体低いところに押し込められています。そうすると上からイスラエルの人がパレスチナ人を見下ろすような形になります。パレスチナ人から見れば高い壁で、「俺たちの空間が切り取られている」と。イスラエルの言い分は、「これは壁ではない、フェンスである。テロリストが襲って来ないようにする」と。要するに一つの空間を切るラインに対して色んな解釈、厳しい見方、あるいはそうではないとの見方がありうるという事です。

その中心のエルサレムには、モスクがあり、ユダヤの人たちの聖地もある。色んな聖地が狭い空間に折り重なっている場所です。世界中で空間を考える上で一番難しいけれど、一番わかりやすい場所だと思います。

壁かフェンスか

グリーンラインとフェンス

これは嘆きの壁で、ユダヤの人がいます。壁というのは同じ宗教の中にもあって、男と女は分けられている。これはイスラム教でも良くある話です。

私は旧ソ連の研究者でして、タジキスタンとアフガニスタンの国境に行った事があります。ソ連側には戦車がひっくり返っていて、ここは河で、その向こうはアフガン人が歩いている。麻薬の密輸が多い地域です。

こういう感じで、昔ゲリラが入って来て、こっちがタジキスタンと緊張関係にありました。

イスラエルの境界の話に戻りますと、シリアとかヨルダンの境界が凄く厳しい。ヨルダンはそうでもありませんが、地雷地帯がずっと続いている。ここの線・境目は何なのかと言うと、僕がさっさとこの砂道まで行ったら、すぐ兵士が飛んできて「ここに入ったらいけない」と言って追い返されました。つまり、この砂道には意味があるんです。

嘆きの壁

国境の河を歩くアフガン人

イスラエルの砂道の国境

アメリカとメキシコの砂道の国境

キャンプシュワブに海から接近

これはどこかで見た光景だと思ったら、アメリカとメキシコの国境なんです。メキシコの人がよく境界を超えて、アメリカの場合は一度入ったら一定の権利を保証されますから、それをボーダーパトロールが捕まえて追い返すという事をよくやってます。一五三〇番と書いてある境界線にはボーダーパトロールが監視していて、「今入って来た、すぐ捕まえろ！」、という時にこの道で靴跡を調べる。

「これはサンディエゴのアメリカとメキシコの国境と一緒だね」とイスラエルの人に言うと、「あれは俺たちからアメリカ人が学んだんだ」、と嬉しそうに言ってました。ただあそこは地雷国境ですから、ここ（アメリカ・メキシコ国境）に比べるともっと激しい国境ですが、要するに境界におけるそれぞれの空間の違いという事が色んな形で現れているわけです。

そう考えると、さっきも話したように国境だけではない。その境界の一つが今のように立派なフェンスになっています。米軍基地の問題も同じような事で入れないわけです。

辺野古のキャンプシュワブには海から船やボートで行くと近付ける。アメリカ人が泳いでいたり、海兵隊の人に「どこから来たの？」という会話もしましたが、これどこまで入ったら捕まるんだろうと、そういう事をやる勇気はもちろんないのですが、たぶん見えない壁があると思います。

普天間もそうですね、言うまでもなく。つまり基地の問題も空間が切り取られてそこに入れない、入るのに何らかのフィルター、制限がかかるという事も、我々の境界研究はやってます。たとえばヨーロッパにおけるアメリカ軍基地のその問題、空間の問題なども議論する人たちがいます。

境界というとやっぱり万里の長城だと、みなさん思われるでしょう。中国は今、海に万里の長城を作ろうとしているのか、と思われるような行動をとっています。「海にそういう事がはたして出来るのか」と考え込んでしまいます。世界と比較しながらこういう問題を考えていくのが私たちの仕事です。本来の地球には境界などないわけですから。

万里の長城２万キロ

さて、日本に話を戻して、北の方を見てみます。かつては日露戦争で日本はここの北緯五〇度線を陸上国境としました。それ以前にすでに千島の北に国境を置いていました。これがかつての第二次世界大戦が終わるまでの日本の国境、境界でした。国境は動くという事です。

余談ですが、日本の敗戦過程の中でソ連軍が宣戦布告をして、地上戦になるんですが、沖縄だけが唯一の地上戦というのは全くもって勝手な言い分で、沖縄本島の人にこれは言わなきゃいけないんですけど「樺太だって地上戦があったんですよ」と、樺太もソ連軍に蹂躪された。「地上戦は沖縄だけじゃない」と、北海道の人間は言わなきゃいけないと思っているわけです。

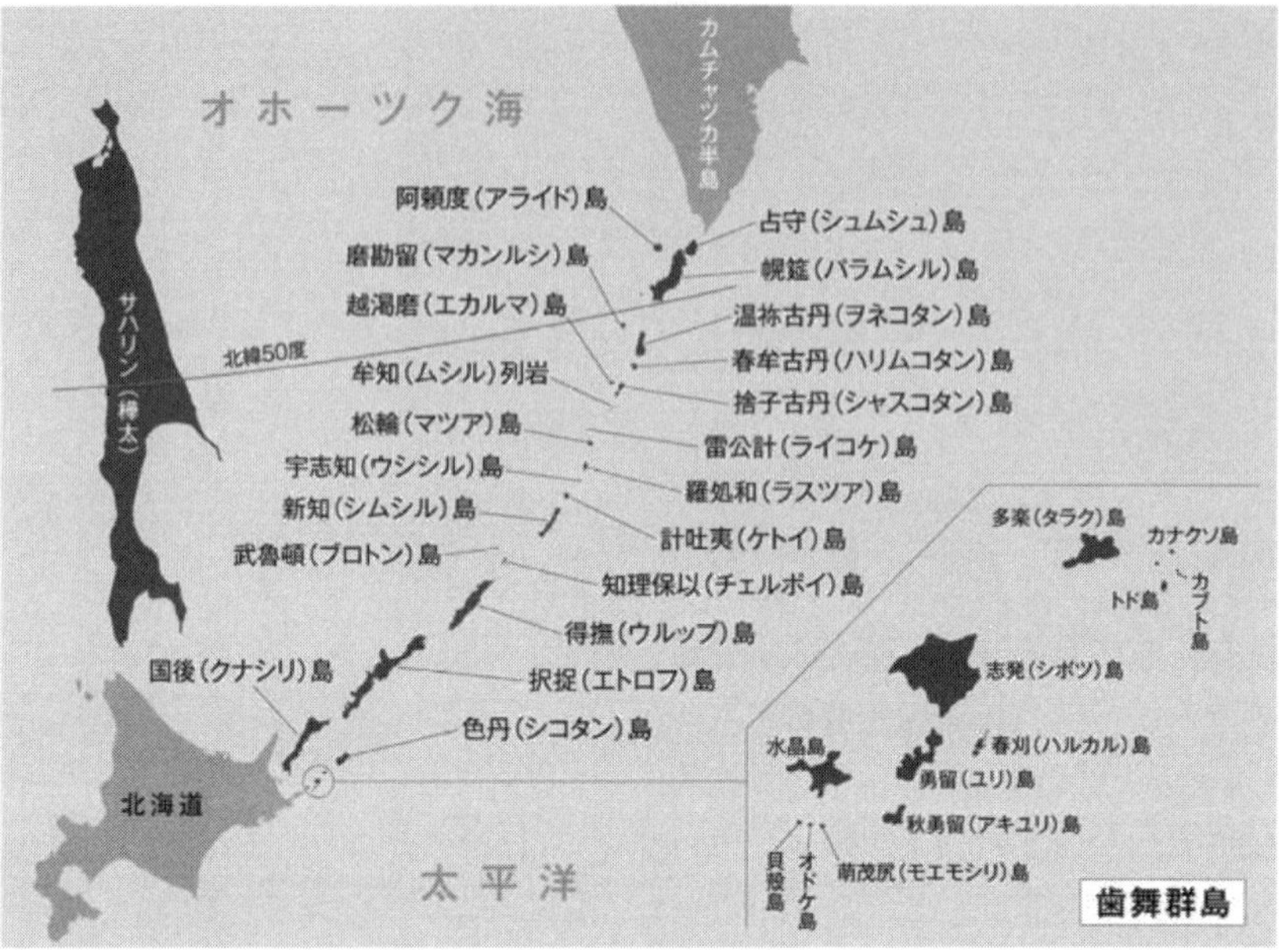

北海道とロシアの間の海

ポイントは空間です。いわゆる北方領土問題、択捉・国後・色丹・歯舞。昨日のシンポジウムを今日の社会面で沖縄タイムスと琉球新報が報じています。沖縄大学の新崎盛暉氏、琉球大学の上里賢一氏と一緒に私も参加しました。そこでの議論は、要するに尖閣の話もそうですが、中国と日本、「国家が国家として主権がぶつかり合っている」と、「それの前線に立つのは沖縄である」と、それを変えるためには生活圏という発想でなんとか、その境界の政治的な対立を変えられないかという主張があって、私もその通りだと思うんですが、その場合の生活圏と言った時、「具体的なものってなんなんでしょうか？」と聞いたんです。

結局誰も教えてくれなかった。皆さんが「沖縄」と言われた時に、那覇の人はたぶん、八重山の人とは決定的に違う「沖縄」をイメージするでしょう。

比較してみれば、よくわかります。北海道と北方領土問題を考えたとします。そうすると北海道が北方領土の生活圏である。沖縄が尖閣諸島と生活圏が一緒である。島根が竹島と生活圏が一緒である。このイメージは本当なんでしょうか？

なぜかと言うと札幌の人の多くは北方領土に無関心です。雪まつりの時に、北方領土の署名運動やっている人がいますが、札幌の人は署名なんかしない。「この寒いのにようやりますな」、大阪の人が転びそうになって、「うわこんな寒いところで署名活動してはる」「署名をせなー」。札幌の人間は横で「このクソ寒いのにようやりますなあ」ああ、大阪弁じゃないですね。そういう感じなんです。こういう事を言うと怒られますが、北海道のどこの人が北方領土の事をちゃんと考えているかというアンケートを取った事がある。どの地域が一番考えてないかは言いません。ただ札幌の人はあんまり考えていない。

島根の松江の人が本当に竹島の事を考えていますか？　考えてないです。昔は県庁前に竹島の事を書いてありましたけど、「竹島対策室あるんですか？」と県庁に問い合わせたら、「そんなものありません」と言われてパンフレット一枚だけ貰って終わりです。今はありますけどね。

那覇の人が考えているんでしょうか？　以前国境の展示をした時に那覇の博物館で喋った事があるんですが、「この中で大東島に行った人いますか？」と聞いたら、一人しかいない。「じゃあ与那国に行った事のある人いますか？」三人しかいない。八重山の事を考えていない人が尖閣の事を考えているはずが無い。昨日はそこまで言いませんでしたけど、もうちょっと優しい言葉で、札幌と松江の例だけ出して言いました。

じゃあそうすると根室の人は北方領土が生活圏なのか、竹島をその

空からみた歯舞群島

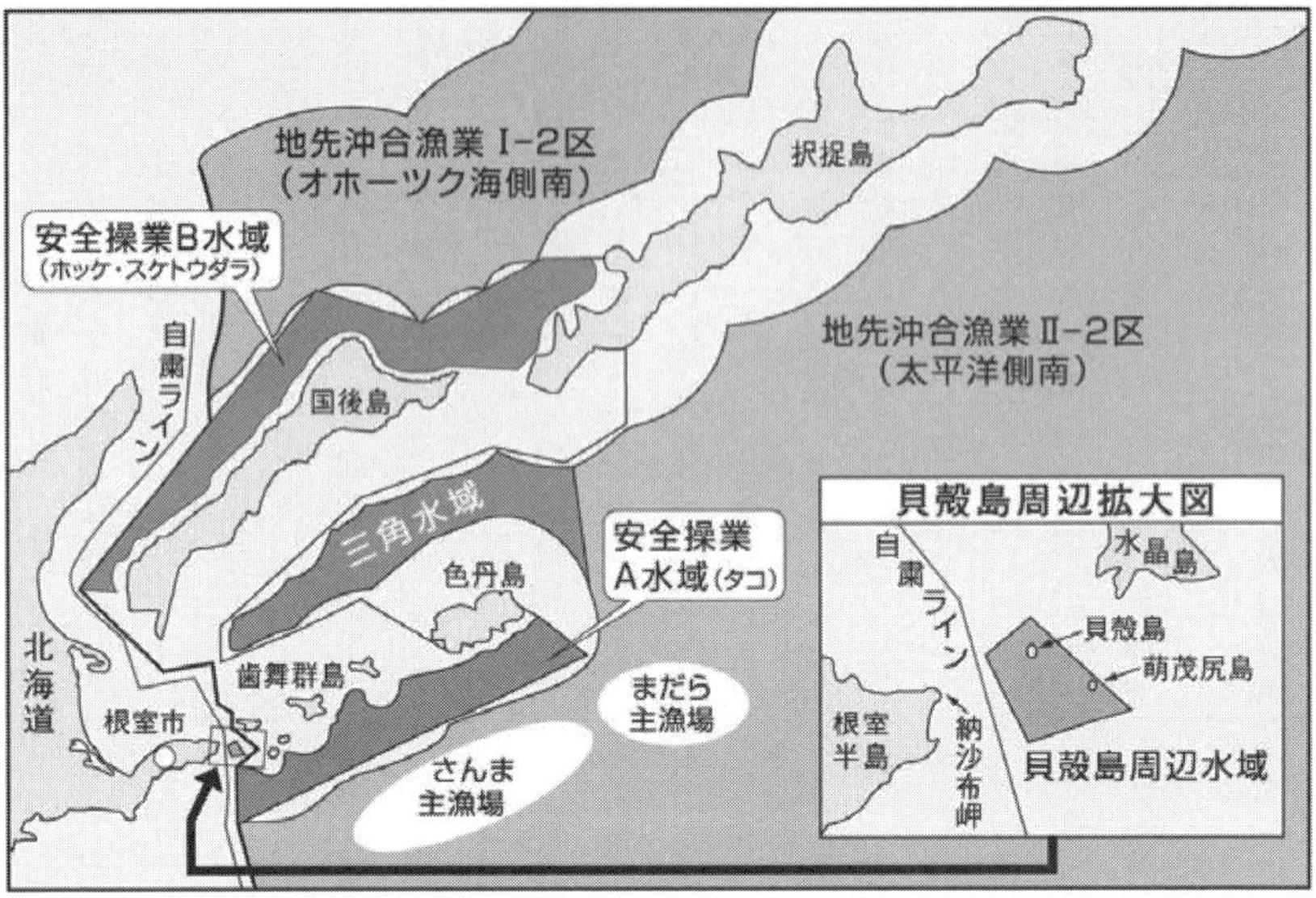

安全操業関係図（原図：根室市作成）

一部とする隠岐の島は本当に島と一体の生活圏なんですか？　という話。例えば、北海道の場合、択捉からは遠いんです。ここの漁業は函館辺りから行っていたんです。じゃあ根室の人の生活圏というのはどこか？　歯舞なんです。だって直ぐそこに見えるわけです。本当に数キロ先ですから泳いで行けます。つまり、生活圏というのは少なくとも日常的な生活圏。観念的じゃあなくて、日常的な生活圏。根室の人たちにとって、なくては困るというのが歯舞なんです。だから根室の人ははっきり言いませんが、「歯舞だけでも本当は還って欲しい」と、でもそんな事言ったら怒られます。「お前は北方領土運動を分断するのか」と。私も良く怒られています。

この距離です。ここら辺が納沙布岬で、これが水晶島です。この辺が貝殻島。ここではコンブ漁をやっています。この距離なんです。

ですがここに入れない。国家という事ではなくて、さっき言った空間の分断と言った時に、しかも北海道と北方領土とか抽象的な一体性じゃやなく、現場で考えた場合は、根室と歯舞。歯舞というのは根室市の一部なんです。だから根室市からすると、自分の生活の一体的な部分に壁があって入れないわけです。しかも始末が悪いのは、日本の国境線はここに無いんです。北方領土の択捉島の先にある。線がないから付き合えないという状態にずっと六〇年以上置かれています。

こういう感じで、この地域の漁業をなんとか動かせないかと、色んな工夫をしてやっています。しかし、これは特別な枠組みでやっていて、ここまでしか入れない。もうちょっとですよね。実は国後も結構近くて、野付半島から行くと二〇キロぐらいの距離です。

さて、竹島の場合を考えると、近いのはやはり隠岐の島です。これは根室と似たところがあります。なぜかと言うと、隠岐の島の北の方の久見という港が旧五箇村にあって、今は合併して隠岐の島町になっています。竹島というのは実は五箇村の一部だったんです。つまり竹島は現在隠岐の島の一部です。そうすると分断された空間という意味では一緒です。ですから私もそう主張するんですが、ちょっと違うところがあります。なぜか？　この距離が一五〇キロある。それは今の感覚の一五〇キロじゃない。以前は、漁船も大きいのは無い。何時間かかるかっていう話しです。尖閣に行くような感じですね。

竹島は日本の固有の領土である。だから韓国けしからんという議論があります。もう一つ竹島の周りは海がある。日韓は漁業協定を作っていて、お互い入れるはずなんだ。ところが韓国が竹島を持っているから、「竹島海域に日本の船は入れない、けしからん！　漁民は怒っている！」と。そうして漁民を、隠岐の島の人たちを支えようという事で東京の人たちの応援もあり「竹島の日」が出来ていった。

じゃあ「漁民の人は竹島の方に漁に行っているんですか？」と聞いたら、あんまり行っていないんです。一五〇キロあるんです。竹島海域と言っても少なくともこの半分ぐらいの距離、七〇キロぐらいまで入って、こんなところで韓国の監視船が拿捕するはずがないわけで、十二海里まで近付いたらやるのかな？という感じはありますが、確かに漁業するのは問題ですけど、通るだけだったら無害通航権があります。黙って通れば何も言われないはずなんです。

となると、韓国が竹島を抑えていて、だから入れないって言うのは本当なんだろうか？　となるんです。領土問題としてしか島を見ない人たちは。まず島をシンボル化します。竹島は「かえれ、島と海」と書いているだけちょっと正直です。

さて、海の部分についてお話を戻すと、福原裕二という島根県立大学の先生が、日韓漁業共同水域のトラブルについて調べました。トラブルが起こっているのは、全部暫定水域の外や、端で、竹島周辺じゃないんですね。要するに、漁業水域を広げて「韓国の船を自由により前よりも入れるようになった」と、「日本の船はペイしないからあんまり行かない」と、「韓国の船が漁場を荒らすから困っている」と、その理由に竹島を持ち出すんですが、実は暫定水域が上手く機能していない話で、必ずしも竹島のせいではない。

暫定水域があるのにそれが上手く機能していない。しかも機能していないのは「竹島から遠い方である」と、「韓国の船がいっぱい来る」と、水域を広げたお陰で韓国の船がどんどん来て、日本の船が押される。

つまり私が言いたい事は、生活圏とか現場だとか、我々は「そうか漁民の利益か」と思って、「じゃあやっぱり守らなきゃいかん、竹島の日を」と思うんだけど、よくよく聞いてみると、漁に行っていない。「燃料代が高いからです」「あんまり今魚がいないからです」。

そうなんですよ。漁師の方はですね、儲かるのならば、リスクを取ってでも行くんです。それが北方領土海域です。行くんです。で、ロシアの船に撃たれたりします。それでも行くのは儲かるからです。そうすると、私たちは考え直さなければいけないのではないでしょうか？　生活というのは大事です。本来はそういう話が、二重、三重、四重と、いつの間にか国家に絡め取られていくんです。結局国家は我々を好きな時にしか使わない。

民主党政権になって、李明博大統領が竹島に上陸して、野田さんは頑張りました。なぜかと言うと今までそんな事言って来なかった「国際司法裁判所に単独でも提訴する」と主張した。隠岐の島の町長はじめみんな喜んだんです。「もう前の自民党の人たちはあんな言ってないのに、なんで民主党の悪口を言うんだ」と「竹島に関しては民主党の方がやっている」と言ってた。

ところが、竹島について今の新しい首相（安倍晋三氏）は、また騒がないようになった。隠岐の島の人たちから見ると、海に行ってないにしても、「自分たちの海である」と。それは昔そこで生活していた、アワビなどを獲っていた記憶がありますから、自分たちの海だと思っている。「今は使っていなくても、いつかはまた使いたいな」。竹島自体よりもその海を荒らされるのが嫌だ、それが竹島というシンボルの中で収斂していって、主張して少しは言ってくれた方が良い、政府もと思ったら、今度はまた言わなくなった。「いやいや韓国との関係大事ですよ」と「今中国怖いですからね、日米を大事にして、日韓が悪い事になったら中国が喜ぶだけだ」と言われて、「竹島問題じゃあ黙っておきましょうか」と言わざるを得ない。

つまり東京から見たら、我々は駒とまでは言いませんが、彼らは都合の良い時だけ耳を傾けるふりをして、都合が悪くなったら聞かない。私はこの八重山でも同じ事が起こっていると思っています。私は敢えて尖閣の話をしていないんですけど、今の竹島の話は尖閣にも当てはまるのではないでしょうか？

確かに、尖閣の場合は日本が支配しているという意味で、全く違います。はっきり言うと、本当は空間が分断されているわけでもない。行かないのはなぜか？　ペイしないからだ。今日の八重山日報の記事に、「尖閣の周りは良い冬の漁場である」と、「だけどその前にマグロの良い漁場がある」と、それは尖閣周辺というわけではない。ですから本来は尖閣問題と一緒にするべき話ではない。

マグロ漁場の話の筈が、いつの間にか領土のシンボルの話になる。そうして国家と国家、主権の話になって海が付いてくるように見えるが、その海も良く見ると、本当は島の問題とは関係無い。そうした話がいっぱいあるわけです。

たとえば台湾と漁業協定を結んでいない。台湾と暫定水域を作っていない(*)。作ったからと言って機能するかは別です。日韓のように機能しないかもしれない。だけどそれも無い状況がもっともっと我々を不安にさせ、尖閣の事に駆り立てられる。そういう行動を、よそと比較して「いやこれは違う」と「うちは違うんだ」と、私に言ってもしょうがない。皆さんが他の事例を聞く事で考えていただけたら良いと思います。

＊(編者註) 二〇一三年四月に日台の漁業取り決めが結ばれたが、漁業水域の取り扱いについて地元は強く反発している。

我々は現場の声、事実に近い姿をお互い共有して、境界地域で連携を組もうという事を始めました。その理由の一つがかつては良いも悪いも含めて広がっていた日本の権力空間が縮んでしまって、境界でなかったところが境界になってしまったという事の、非常な憤り、与那国が良い例で、台湾との通交が途絶えたという事があります。根室はその先の北方領土に行けなくなった。小笠原にしても元々は南洋の方に行く通過点とか中継基地だった。対馬は朝鮮半島ともっと自由な関係。もちろん民族的な問題とか、ヤマトが支配しているとかいう話は、それで問題があるんですが、一つの空間として考えた場合、以前は往来に関してそれほど壁が無かった。それが境界が出来て行けなくなってしまったという事だと思うんです。

結局、「固有の領土」という話はほとんど意味が無いという事。これはもう新崎先生も、みんな誰でも最近言うようになって心強いんですが、元々は日本の各地域の中の文化だったものを、ヤマトが拡張させていって、いわゆる日本が出来たという事はみなさん良くご存知と思います。

だけど日本の境界自体も小笠原、奄美で変わったり、実は色々と変わっています。戦争が終わって、日本の姿は奄美が一九五三年に返還され、小笠原が一九六八年、沖縄が一九七二年と、段階を経て今の形になった。つまり、戦後だって日本の形は変わってきているわけです。

「固有の領土」についての問題提起はもういいでしょう。幾つか言い方はあるんですが、国際法の議論では「固有の」というのは余り意味の無い議論である。それを言い出すとキリがないという事です。我々がネットワークを作ってやっている事は、「国境からの声を聞け」というテーマで作っているわけです。

こういう感じで、根室でフォーラムをやって、外国の方も入れて、ナショナルに自分の国だけでやる議論はやめて、色んな人に話を、世界中に聞いて貰うのが我々のやり方です。北方領土の元島民の声なども聞いています。外国人と一緒に。

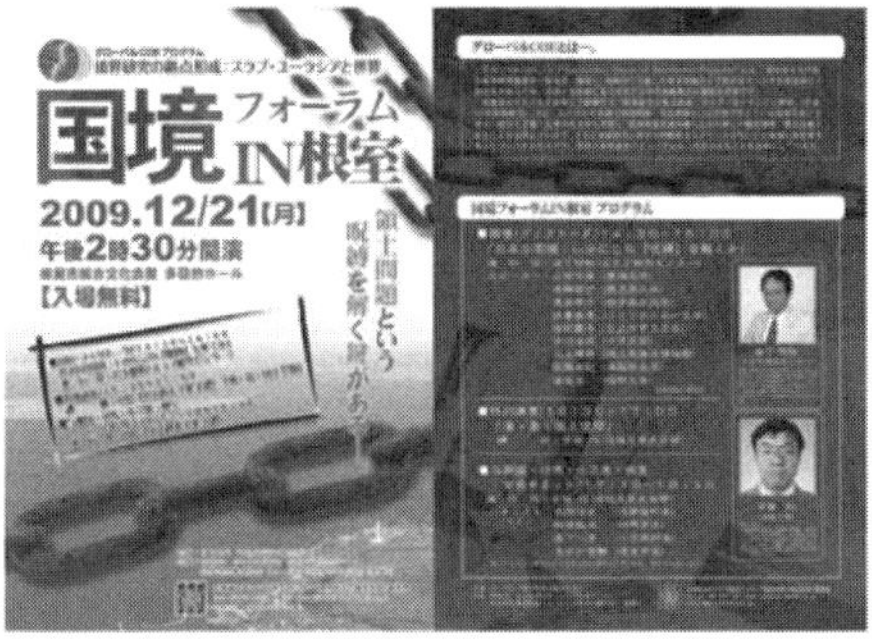

国境フォーラムIN根室

国境フォーラムIN対馬

対馬でもやりました。色々な立場の人、デンマークの人、韓国の人、カナダの人、沖縄の人たちに参加してもらい、対馬の議論もしました。自治体の人たちにも参加してもらい、地元紙の対馬新聞にも載りました。

それで二年前に与那国でやった時は、与那国―花蓮間のチャーター機を飛ばして、与那国と台湾の二地域で境界地域に関するセミナーを開催しました。

与那国—花蓮間のチャーター機

台湾でのセミナー

根室の副市長、対馬の市長、そしてわれらが八重山の三首長です。

台湾でのセミナーです。

こうして今日の協力をさせて頂いているネットワーク、ＪＩＢＳＮが去年出来ました。その後は小笠原、稚内、サハリン、そして福岡と釜山でフォーラムを開催して、今日も協力という事で札幌から来ました。

世界の中でそういうネットワークを動かそうと、皆さんに先ほど世界の境界の写真を見せましたが、世界中に境界があるので、あくまでもその相手と対話をしながら開かれた形で境界の事を議論していくという事です。「一人よがりになってはいけない」という事、固有の議論は一人よがりの議論になりがちですから、「対話をしないといけない」という事です。

結論です。私が根室に行き、隠岐に行き、対馬に行き、そして与那国もそうですが、ナショナリズムの声というのは、境界地域の現場の人にはほとんど無いんです。だから北方領土問題に関して一番柔軟な事を彼らは言う。四島一括とは言わずに「とにかくもう目の前から空間を広げてくれ」と言う人たちの中にナショナリズムなんてものは無いわけです。

ところがさっき言ったように、それが往々にしてナショナリズムに利用されてしまう事が、特に中央のメディアによって産まれます。北方領土問題で先ず二島からという議論をしたら、人によっては「そんな事をしたら根室が反発するだろう」と、嘘ですね、逆に喜びますよ。ところが現場の人というのは、国には世話になって支えて貰っているから、往々にしてはっきりとは喜べない。一体、誰がそういう強硬なナショナリズムを作っているのか？これは、はっきりさせないといけないと思います。

私の議論は結局ですね、多くの人は境界問題だとか国境に無関心なんです。尖閣だって本はいっぱい出ていますが、境界問題として尖閣の話をしている本なんてほとんど無い。今はみんな日本の国境専門家になっていますけど、中国の兵器の数を数えたり、領海侵犯がけしからんとか、そういう話ばっかりです。こういうおどろおどろしい本は一時だけで、皆さんすぐ忘れます。今までもすぐ忘れたでしょう。今回は中国がある意味で頑張って、毎日のように来てくれるから、我々ずっと考えなきゃいけなくなっている。

だから私は「中国ありがとう」って言うんです。中国のお陰で我々は境界問題の大事さを理解し始めている。半分冗談ですけど。普通はみんな関心が無いんです。エージェントと私は呼んでいますが、政治家や専門家が時々境界地域に来て、中央に帰って勝手な事を言います。あるいは我々もそうかも知れません。

勝手な事を言わせないためにはどうするか、少しでもこのエージェントの数を増やして、良いとこだけつまみ食いされて、固有の領土だとか、あるいは漁民が単に困っているとか、簡単にそういう事を言わずに、もっと現場の声を厚くする、問題意識をみんなで持つという事が一番大事だと思います。

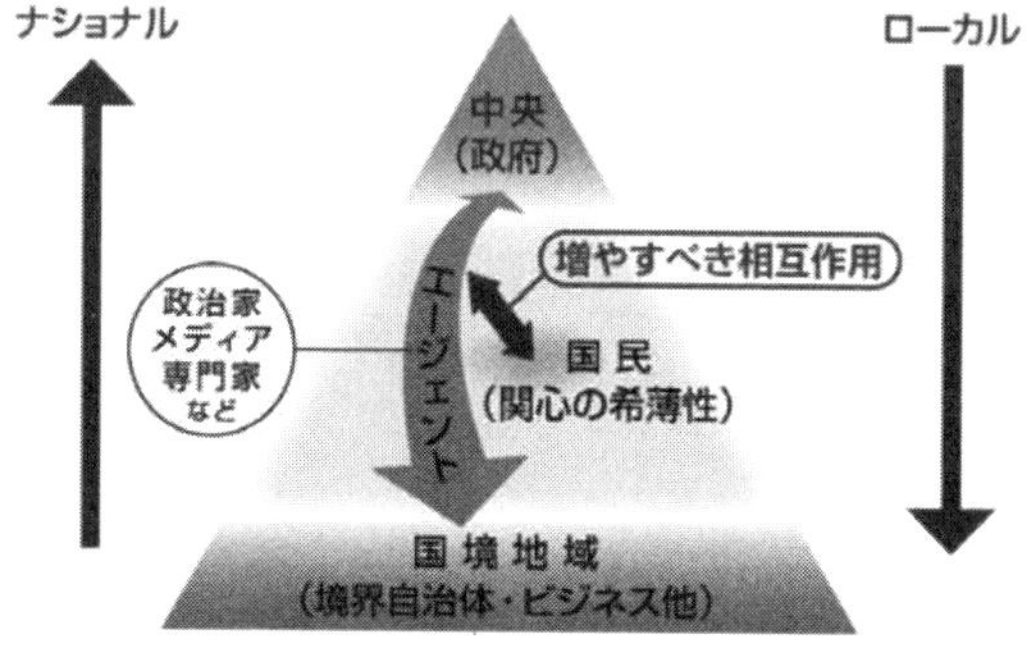

岩下明裕「国境離島の相克」『都市問題』2012年8月号より

地方と中央。国家があります。地域もあります。しかし国家と地域が入って調整する、国境の問題を語る場が無いわけです。だから沖縄と台湾が、たとえば何か日中の揉め事の中に声を上げてやると、昨日の、新崎先生が言うような発想を、基本的にきちんとやると変わって来るだろうと、私は思います。

大事な事は、中央―地方の境界に対する調整を作る事だと思います。という事で、最初にご覧頂いた地図が日本の実態なんだという事を、もう一回腹に据えて、どうやって日本の国境とか境界についての意識と着実な平和と安定の相互理解や相互利益を目指すような政策なり、考え方を作っていく事が課題だと思います。

海というのは、線を引いてそこを守る事が出来るような空間では中々ありません。そんな事をすると守るだけで疲弊してしまいます。そもそも海は公共財だというのが世界的な認識ですから、その公共財を世界的にどう使うのか、島の存在が領有権を主張し合って邪魔しているわけですが、それはそれとして考えながら、しかし海は色んな枠組みで利用出来るようにするという事が多分一番安定的な発想だと思います。

どうもありがとうございました。

質疑応答

緒方　大変勉強になる講演でした。続いて中京大学の古川浩司先生、境界地域研究ネットワークＪＡＰＡＮの事業部会長で色んなイベントを企画なさっています。コメントをお願いします。

古川浩司　ご紹介ありがとうございます。中京大学の古川と申します。境界地域研究ネットワークＪＡ

ＰＡＮ（ＪＩＢＳＮ）の事業部会長をしています。ちなみに岩下先生は副代表幹事です。コメントする前にこちらを訪ねた印象を申し上げますと、境界意識は確実に高まっていると感じました。というのも、名古屋から直行便で石垣に着いて、まず石垣市立図書館に行きましたら、『尖閣問題資料』というコーナーが出来ていたからです。

さて、コメントさせていただきますと、我々ＪＩＢＳＮには境界地域の自治体として、八重山では竹富町と与那国町が入っていて、その他に稚内市、根室市、小笠原村、対馬市、五島市、最近では隠岐の島町も加盟していますが、ここ数年これらの地域に行く毎に、石垣市と同様に、境界をめぐる意識が非常に変わってきている事を強く感じます。

その点に関する水島さんと國吉さんへの質問になるのですが、尖閣諸島に対する日本人の意識は変わってきているとお考えでしょうか？　というのも、実はこれは私自身が色々な方から時々聞かれる質問で、その回答としては「中国やロシアや韓国といった海外の国々が、色々と動いているから変わったのではないか」という意見と、「元々意識はあったけれども、地域自体が自発的に変わったのではないか」という意見があるからです。別にこれは二者択一の話ではないと考えていますけれども、水島さんや國吉さんは以前より尖閣の自然や歴史を調べていらっしゃると思います。私はおそらく二〇一〇年辺りから変わってきた気がします。

そこで、お二方自身にとってこの数年の動きをどのように捉えているのか、お聞かせ下さい。

それから岩下先生のお話には「尖閣問題以外の北方領土問題、竹島問題、あるいは海外の境界問題を見ながら、皆さんに尖閣問題を改めて考えて欲しい」というメッセージがあったと思います。そこで逆にお尋ねいたしますが、この尖閣問題を、皆さんと一緒にどのように捉えて行くべきなのでしょうか？　先生自身のお考えをお聞かせください。聴衆の皆さんも知りたがっておられると思います。

水島　戦前から一九六〇年代ぐらいまでは沖縄の琉球大学でもかなり頻繁に尖閣の調査に行っていました。その際にマスコミが同行して取材した事もあります。以前から色々と資料を集めたりして、取材を考えていたのですけれども、その間でも結構中国の漁船が尖閣に来て大きなニュースになっている時期がありました。

やはり中国漁船が大量に押しかけている時期に取材に行くのは非常に難しいだろうと思っていました。私たちが取材に行った二〇〇〇年頃は、言わばちょうど下火と言いますか、波が収まった時期でした。

それで外務省をはじめ国の機関、またその当時は個人の私有地でしたので、その人にも手紙を出して、番組の主旨を理解してもらって説得しました。

そういう状況で今回の撮影が出来たわけですけれども、二〇一〇年から現在を見ていると、以前より非常に厳しい状況にあると思います。先ほど私は「領土問題とは別に国際的な調査団という枠組みでやって欲しい」と言いましたが、今回の国有化という形になって、それが非常に厳しくなってしまったというのが、現在の私の感想です。

國吉　二〇一〇年から二〇一三年という期間に尖閣諸島における状況の変化、僕個人の感想としてお話するという事でご了承ください。僕は尖閣諸島文献資料編纂会という団体に所属していますが、そこで尖閣諸島での漁業について本格的に調べ始めたのは二〇〇九年からです。戦前の漁業の調査や漁業者の聞き取りをして、翌二〇一〇年に報告書を出しました。

古川先生、二〇一〇年と区切られたのは中国漁船の衝突があった年という事でよろしいのでしょうか？確か九月の話ですね。尖閣周辺で外国の漁船を拿捕して石垣港まで引っ張ってきました。これはおそらく歴史的に初めての事件です。中国側も驚いたでしょう。僕も驚きました。「また凄いことをやるんだなあ、民主党政権」と、あの頃は菅首相でしたが、びっくりしました。

そして、二〇一一年はより大きな事件。3・11。忘れる事の出来ない津波の事件がありました。

これを覚えているのは震災の少し前の事だからです。二〇一一年の二月頃に某テレビ局の、夜のニュース番組の方から、尖閣の番組を撮りたいとご相談を受けた事があります。尖閣に住んだ事のある、一番利用している人たちを紹介して欲しいという事なので、宮古島の池間・佐良浜の人たちを紹介しました。彼は八重山にも来ましたね、市役所の職員さんは覚えているでしょう。Hさんたちです。ここでも尖閣に行っている漁業者がいないかと聞いて回ったと思います。

この方の番組で一番の目玉は、当時地権者でした栗原国起《くりはらくにおき》のインタビューに成功したという話でした。テレビでよく目にする方は弟の弘行さんです。国起さんは滅多にマスコミには出てこないのですが、この時だけは取材に応じてくれたので、取材した内容を僕も少し聞きました。その中で「自分（栗原国起）ももう高齢だから、そろそろ島を譲らにゃいかん」という話がありました。

ですから二〇一一年の初め頃には、島を譲渡する（売る）兆しがありました。当時僕はそれを軽く見てしまっていました。少なくとも僕には一年間は考える時間があったのです。

その後、二〇一二年の九月頃には国有化の話になって、中国を怒らせてしまって現在に至っています。

岩下　時間がなくて言えなかった事を言うチャンスをいただきまして、ありがとうございます。

昨日沖縄大学でやった時には、那覇首里中心史観と戦おうと思っていたので、「尖閣は琉球の一部って言いますけど本当ですか？　県立博物館に行っても、八重山を併合したオヤケアカハチを平定して、そのあと版図を広げて琉球王朝が強くなりましたとしか書いてないのですが……」と言っていたのですが、八重山を無視して、尖閣を琉球の一部だと言うのは変な話です。昨日は言わなかったのですけれども、韓国の人が「鬱陵島の一部として本当は竹島があるのに、鬱陵島の事は言わずにいきなり竹島の話ばかりするのと同じじゃないですか」という事をメッセージとしては言いたかったのですが、ここでそういう事を言ってもしょうがないので、違う事を言います。一つ目は「尖閣諸島は本質的には分断された空間ではないのではないか?」という事です。

つまり、竹島は韓国が現在実効支配をしている。北方領土はロシアが実効支配している。でもここは日本が実効支配している。ヘリコプターが自由に入れる。どこまでかは行けるわけですよね。それが基本です。島に上陸出来ないから「日本の領土なのに、けしからん」という人は全く間違っています。日本領でも入れないところはたくさんあります。沖縄の基地だって日本の領土なのに入れないわけでしょう。個人所有の島なんかいっぱいあるわけです。普通に入れないわけですよ、勝手には。

小笠原の南に硫黄島があるじゃないですか。そこも入れないのですよ。基地になっていますから。だから未だに硫黄島の元住民は母島という父島の少し下の方にある島までしか行けずに、硫黄島に帰れない。父島という小笠原の一番大きい島に未だに帰れずにいるのですよ。つまり日本中に入れない空間はいっぱいあるのです。ですから空間論で考えると、島に上陸出来ないからって政府を責めるというのは私には全く理解出来ません。少なくとも海に皆さん行けるわけでしょう? 分断された空間ではないのではないでしょうか。

二つ目、「生活圏だと言っているけれども、生活圏になっていないんだ」と私は言っているのです。「だったら本当の生活圏にしろよ!」と言いたいのです。海にどんどん出て行って漁をする分には良いわけでしょう? 誰も文句を言わないでしょう? 台湾の船に押されるのなら、もっと国がお金を出して漁業を支えるような形にすれば良いわけです。だから「本当の生活圏にしろよ」と言いたいのです。

石垣の人に「尖閣の事に今皆さん関心持っていますが、尖閣の事なんて本当はどれだけ関心があるのですか?」と時々聞いてたのですけど、美崎町で尖閣の唄を唄っている人がいるとは言え、知らない人はいっぱいいますしね。関心を持ったのは最近だと思うのですよ。つまり、そういう事を考えると、やっぱり石垣の人は今まであまり境界の意識がなかったのではないでしょうか。我々のネットワークには竹富と与那国は入っていますが、石垣が入っていないのは、「石垣は八重山の中心で、自分たちは境界地域だと思っていないからだ」と私は思っているわけです。ミニ沖縄本島史観ではないかと。

最後に、これが大事な点で、「本当の生活圏にする」という事ですが、尖閣付近の水域は中国に対しても台湾に対しても無協定ですが、暫定水域に関する漁業協定を結ぶとすれば、それは八重山を中心とした沖縄がやるべきだと思います。大きく言うと沖縄県という形で琉台連携、琉球と台湾だったらどちらも国でない事になっていますから、日本に対しても中国に対しても良いわけです。

つまり「実態的にそこを統治しているもの同士の連携でやる」、その中で八重山が旗を振って一生懸命、例えば八重山毎日新聞によれば「東台湾・八重山経済圏構想」、略して「トンパチ」と言うそうですが、この経済圏の中に海の問題を入れて、一緒にやっていこうとすると、かなり変わってくると私は思います。

緒方　昨日同僚の中国人の先生が言うには「大変これは危ない」と、彼はひょっとして戦争になったら「中国が負ける」と言うんですよ。こっちはこっちで日本が負けると心配している。なんのこっちゃです。危機が盛んに煽られて、我々は互いに心配している。一体誰がこんな馬鹿な事を仕掛けているんでしょうか。それでは質疑応答に移ります。よろしくおねがいします。

質問者①（本間）　毎日新聞根室支局にいます。岩下先生に質問ですが、仮に近隣同盟、連携という事をやった場合、それが領土問題の解決にどう影響するか？「マイナスになるから、そんな事はやるな」と巷《こう》間《かん》言われますが、実際のそれぞれの国境ではどうなんだろうか？　これをお聞きしたい。

岩下　難しい質問ですが、本当に紛争、軍事衝突があって凍ってるような国境だと、極めて難しいと思います。パッと思ったのはインドとパキスタンのカシミールです。もう地元、インドのカシミール地方の人たちは隣と付き合いたいわけです。でも全部止められていて、デリーの軍人連中がけしからんと言ってカッカカッカしています。一番厳しい国境の一つだと思います。この場合は軍事紛争があって膠着状態になっている。日常的に血が流れるという状況です。それに比べると日本の境界というのは、一番厳しい北方領土でも軍事衝突はないわけです。漁業者が酷い目に合うという事は頻繁にありますが、最近は少し落ち着いていています。そういう状況で、問題解決に向けて一応交渉もある。係争はあるけど、厳密な意味での紛争にはなっていない。

そういう場所に関しては、お互いの地元同士が交流する事が出来るわけで、実際それが北方領土問題に関して、地元利益を守ってきたという事があります。その点を比較したら、隠岐の島や八重山がこういう状態になったのは極めて最近です。北方領土に比べてその種の経験や蓄積はないわけです。ですからこの事例から学べる事は多々あると思います。

問題はそれがどう問題解決に資するか？　これはわかりません。交渉は結局国同士がやるので、国が地元の事をどれだけ考えるかという点で私は全く信用していません。先ほども言いましたが、国は都合の良い時だけ出てくる。地元の利益を守るふりをして、国の利益が大事になるとすぐ引っ込みます。往々に地元が置いてきぼりにされる事は、世界中を見てもそうなんです。領土問題の解決に左右されず、地元は自分たちの利益をどうやって作るかという発想でいかないといけません。

質問者②（金城）　海人《ウミンチュウ》側の意見として、水島先生と岩下先生に質問です。我々の主張で尖閣に避難港をという話があるんですが、先生が話した通り漁獲高とペイ出来ないと、行く人は少ないんです。よっぽどの自信が無い限り行かない。数日前の海人の集まりでの話なんですが、今燃料費高騰の問題で署名運動をしてると、自分たちの希望が通れば尖閣の漁場は有効に活用出来るようになると言ってたんです。避難港というより、二、三日滞在可能な港が出来たら、そこで満足できる充分な漁獲を行なって、帰って来れるようになるんです。この話をどう受け止められますか？

水島先生、私が小学一年生、ちょうど東京オリンピックの頃です。その年の台風明けの翌日、当時はまだ新栄町も無い、埋め立て前です。その時にものすごく大きい黒い影が、護岸沿いをグルグル回っているんですね。翼を微動だに動かさずに飛んでいた。長さは二メートルぐらいありました。この辺の海鳥はほとんど目にしていますけど、あれは初めての海鳥でした。写真を写した人もいるかも知れないですが、一九六四年の事です。その当時、尖閣にアホウドリが生息していた事はないんでしょうか？

水島　たぶんその鳥はクロアシアホウドリだと思います。大体アホウドリと同じ場所で生息していますから、その可能性があると思います。戦前の燐鉱調査の時に撮った八ミリの映像があります。その中にクロアシアホウドリを乱獲する様子が写っています。

國吉　少し補足をしたいんですが、海人の方から聞き取りをする中で、昔尖閣で漁をしている際にアホウドリらしき海鳥を見たという話を度々耳にします。一九五〇年代から一九六〇年代の話です。長谷川先生のまとめている資料とは違う話になってしまいますが、その話を見捨てて良いのか、それが本当にアホウドリなのかを見極めながら、海人の経験を取り入れる事で、再発見までの空白期間を埋める事が出来ないかという事を、思ったりしています。

水島　アホウドリの繁殖の時期、尖閣にいる時期というのは決まっています。十月頃に飛来して、ヒナを育てて、五月頃には親鳥は島から飛び去ってしまう。ですから五月以降に尖閣周辺でアホウドリを見る事はほとんどないです。その事を考えて何月に見たか調べると、アホウドリかそうでないか分かります。

岩下　避難港建設の問題は非常に考え込んでしまいます。おっしゃる通り作ったらそうなるだろうとは思うんですが、今の国有化した状況で作ったら何が起こるか。かなりの確率で本当の意味での紛争になる。

中国の国境問題に関してパターンがあって、中国とロシアの国境問題を研究している者として言いますが、中国はロシア、インド、ベトナムと軍事衝突をやっています。大体中国の方が攻撃的に仕掛けています。自分たちの一番機会が良い時にピンポイントでそれをやります。そうして現状を変えていきます。逆に中国は妥協して、お互いフィフティ・フィフティで解決する事もやるんですが、行動する時はかなり本気で考えて動くので、現状で施設の建設をやる場合、かなりの覚悟をしないといけません。その覚悟がないか、失う利益の方が大きいと思うなら、そのやり方はしない方が良い。それでもやるなら、覚悟するなら、やっても良いと思います。

私は今の状況でみんなが漁が出来る工夫をする方、日本、石垣、宮古の方々のプレゼンスが高まるような、島に触れずにその仕組を作る方が効果的だと思います。そこは島に触る事の難しさですね。

緒方　以上を持ちまして、移動市民大学IN石垣島を閉会させていただきます。ご来場の皆さま、パネリストの皆さま、本日は長い間どうもありがとうございました。

結びに代えて―残された課題

新崎　盛暉

今、私たちの眼前には、小さな無人島を、「自国固有の領土」と主張する日中両国の争いがある。この島々は、中琉間の、中国から琉球へ向かう、あるいは、中国から琉球に帰る船の航路に位置する目標島にすぎなかった。近代になって、この島に住むアホウドリの羽毛を求める商人や、その周辺の漁場を開拓する沖縄漁民の生産と生活の場になった。そして沖縄では、これらの島々は当然のごとく、沖縄と一体の地域社会の一部、いわば生活圏として認識されるようになった。やがてそれは、台湾漁民にも共有される生活の場となる。

ところが、六〇年代末、周辺海域の海底に石油資源の存在の可能性が指摘されるようになると、無人島の領有権が、日中両国のみならずアメリカにとっても重要性を帯びてくる。とくに、七〇年前後の時期は、軍事的目的から沖縄の施政権を掌握してきたアメリカが、その施政権を日本に返還するという時期に重なり合っていたために、米中日の政治的思惑や駆け引きが複雑に錯綜する。また、領土沿岸から二〇〇海里が排他的経済水域に認められるようになると、島の価値は、さらに増大する。

七二年の日中国交正常化の際には、この島々の領有権問題は棚上げされた。少なくとも、論議されなかった。当時中国は、経済的規模でいえば、日本のＯＤＡ対象国にすぎなかった。だが、四〇年後の今、中国は、日本を追い越して、世界第二の経済大国になり、それにふさわしい軍事力も備えようとしている。中国のこうした大国化は、民衆の自信とあえて言えば驕りに基づくナショナリズムを呼び起こしている。

逆に日本では、経済的成長の鈍化に基づく排外主義に転嫁させようとする政治的雰囲気が、同盟国アメリカへのすり寄り志向とセットになって広がっている。いずれの場合も、ナショナリズム・排外主義は、国内的矛盾を覆い隠す手段として、権力者に利用されている。

尖閣諸島の領有権問題は、こうしたナショナリズム・排外主義高揚の手段として利用されようとしている。そしてそれは、武力衝突の危険性すらはらんでいる。そうなれば、その被害は、沖縄全域に及びかねない。日米戦争の戦場になった沖縄の地で、日中の武力衝突を再現させないために、沖縄に何ができるのか。そのために、国家固有の領土という観念を相対化させる試みとして、提起されたのが国境地域に住む生活者の歴史的文化的生活圏という概念である。

土曜教養講座という場を活用して、それをさまざまな角度から検証し、社会的に共有化しようとしたのが、この企画であった。まず第一回は、中琉日関係史に造詣の深い西里喜行教授を講師に、近世から近代への転換期におけるこの島々をめぐる歴史を考察していただいた。その後西里さんは、この時の講演をベースに、さらに考察を深めた論文を琉球新報に発表された。その論文も収録させていただいている。第二回は、海人からの聞き取り調査を積み重ねてきた國吉まこも地域研究所特別研究員に戦前期までの尖閣諸島周辺海域を中心とする漁業史について語ってもらった。同時に沖縄における漁業史の権威である上田不二夫教授のコメントもいただいた。ここまではうまくいったのだが、そこで一頓挫している。第三回に予定していた台湾側から見た尖閣問題の理解や、台湾漁業における尖閣諸島周辺海域の役割なども具体的に語ってもらえる講師を見つけきれなかったのである。

そうこうする間に、二〇一二年の石原慎太郎東京都知事（当時）の挑発的な尖閣購入発言があり、それへの場当たり的対応として、野田佳彦政権の尖閣「国有化」（正確には、「所有権の取得・保有」）があった。このことによって、この島々をめぐる日中の対立は、ピークに達した。そんな中で、緒方所長の主導によって、「国境を超えた共生圏を創る part3」が再開された。目次をご覧になってわかるように、Part3によって、すそ野が大きく広がった。それは、石垣島での移動市民大学ともセットになっている。この三回で土曜教養講座としての企画は終止符を打ち、その成果は、一冊の本にまとめられることになった。だが、生活圏という考え方によって、国家固有の領土論を相対化し、領土紛争を平和的に解決したいという試みは、緒に就いたとさえ言えない。それどころか、現実は、より複雑化しているとさえいえる。

たとえば、国境地域住民の生活圏が、住民の頭越しに国家間の駆け引きの対象として、切り売りされるという事態が起きている。二〇一三年四月一〇日締結された日台漁業協定がそれである。台湾も中国とともに、尖閣諸島の領有権を主張していたが、ここは、台湾漁民の生活圏でもあった。そうしたことから一九九六年以来、日台漁業交渉が行われていたが、なかなか進展しなかった。ところが「尖閣国有化」問題が日中間の政治的争点になると、日本政府（野田政権）は、この交渉の妥結を急ぎ始めた。安倍政権もそれを引き継ぐ。特に今年二月、台湾側が尖閣問題で中国と共闘はしないという意思を表明すると、政府は協定妥結を急いだ。尖閣に対する中台連携を防ぐため、言いかえれば、中台間に楔を打ち込むためである。こうした動きに対し、沖縄の漁業関係者は、歴史的文化的つながりを持つ台湾漁船にも一定の配慮を示しつつ、沖縄漁業の成立条件を確保するための提案をあらかじめ政府に示していた。尖閣周辺海域で操業する沖縄の漁船は二十トン弱が多いのに対し、台湾には百トンを超す漁船も少なからずあり、海域のすみわけや、出漁漁船数・漁法・漁獲量等の実効性あるルールが必要だからである。これまでにも、台湾漁船にマグロ漁のはえ縄を切断されるなどのトラブルが発生していた。すでに、北緯二十七度線以北の日中漁業協定による暫定措置水域（日中両国の漁船が操業でき、漁船の取り締まりは、所属するそれぞれの国家当局のみが行う）は、大型化した最新鋭の中国漁船に占有されて、国境離島である五島列島の漁民は事実上排除されているという先例もある。にもかかわらず政府は、沖縄側の要望を全く無視し、とくに二月以降は交渉内容を知らせることもなく、尖閣周辺領海を対象からはずす代わりに、久米島漁民のパヤオ（浮漁礁）近くまでを台湾漁船に開放する協定を締結した。

無人島の名目的領有権に固執する代償として国境離島住民の生活圏を売り渡したともいえるだろう。いわば、明治期の「分島改約案」にも比すべき、現代版「分島改約協定」である。来沖した本川一善水産庁長官は、官邸主導で交渉を急かされた結果だと弁明している。菅義偉官房長官は、漁具が損傷を受けたり、漁獲高に影響が出た場合は補償金で対応する、という考えを示している。金で解決すればいい、という発想である。国境離島に必要なものは、水産（加工）業振興策や国境を超えた地域間交流である。

すでに与那国では、対岸の台湾花蓮市と姉妹都市協定を結んで三〇年になるという実績を踏まえて、国境交流特区構想を提起し、八重山諸島三市町は、台湾東部三県と「国境交流推進共同宣言」を出している。だが、政府はこれを拒否、あるいは無視している。政府が計画しているのは、与那国などへの自衛隊配備であり、北朝鮮の人工衛星打ち上げへの対応を口実とするPAC3持込みである。

とりあえずこの本は、こうした現実を沖縄の立場からとらえ返す視点を提供することにはなっているだろう。広く参考にしていただければ幸いである。

これからの土曜教養講座が取り組むべき課題はあまりにも多い。新しい担い手の新鮮な発想に基づく企画に期待したい。

編集後記

尖閣諸島とは人々にとってどのようなイメージを抱かせる島でしょうか。この東シナ海に浮かぶ島々も、おそらく日本の他の地域と同様に、もちろんそれなりの歴史と自然を有していますが、一般には領土問題の一語でイメージされる島でしょう。

沖縄の人々から見れば、中国との朝貢関係の歴史の中では重要な標識島であり、漁業の歴史の中では、近代以降獲得した、遥か沖に浮かぶ海島に覆われた魚影濃い漁場です。古賀辰四郎という一人の男の歴史から見れば、ほぼ生涯をかけて島の開拓と事業に熱意と努力が注がれた島です。

八重山石垣島に生きる、慶田城用武氏のような沖縄戦における尖閣諸島遭難者から見れば、島は戦争のイメージと重なることでしょう。

島が史上まれに見る注目を集めたのは、御存じの通り国連による発表があってからです。当時の沖縄では膨大な宝の山が見つかったと騒がれました。海底に眠る資源の権利獲得にその情熱を費やした方には宝の島に見えたのでしょうか。

中国・台湾の人々、特に保釣運動の実践者から見れば、日本帝国主義によって不当に奪われた島であり、民主化運動のシンボルに見えるのかも知れません。台湾の漁業の歴史から見れば、あの島はどのように見えるのでしょうか。中国の漁業者は島に何を見るのでしょう。

島の自然、特にアホウドリ等の海鳥にとっては、人の手の届かない楽園です。このことに、限りない情愛を注ぐ研究者がいます。

戦後初めて島を調査した琉球大学名誉教授高良鉄夫氏は、地元紙でこどもたちに島の不思議な自然を紹介しました。その後先生は教え子を島に連れて行き、自然の素晴らしさを体感させるようになります。教え子の方々が尖閣を思い出すとき、それは先生の思い出と重なることでしょう。

おそらく尖閣を見る人々それぞれに、それぞれの島のイメージがあります。

本書を手にしていただく事で、何かしらのイメージを共有いただければ幸いです。

最後に、未熟な僕に編集の機会を下さいました、新崎盛暉先生、緒方修先生、そして不慣れな僕を手伝っていただいた、名幸妙子女史、名城菜々子女史はじめ地域研究所の皆さまに、心よりお礼申し上げます。

國吉 まこも

編　者

沖縄大学地域研究所

沖縄大学創立30周年を記念して1988年に設立。琉球弧及びアジア地域の社会・文化・自然環境等に関する調査・研究を行う。また本学の理念である「地域共創・未来共創」を実現すべく、土曜教養講座・移動市民大学等、様々な公開講座を開催。

執筆者

緒方　　修（おがた おさむ）　アジアクラブ理事長、前沖縄大学地域研究所所長
新崎　盛暉（あらさき もりてる）　沖縄大学名誉教授
西里　喜行（にしざと きこう）　琉球大学名誉教授
國吉まこも（くによし まこも）　沖縄大学地域研究所特別研究員
上田不二夫（うえだ ふじお）　沖縄大学名誉教授、沖縄海区漁業調整委員会委員
上里　賢一（うえざと けんいち）　琉球大学名誉教授
花井　正光（はない まさみつ）　沖縄エコツーリズム推進協議会代表
長谷川　博（はせがわ ひろし）　東邦大学教授　　※資料提供
劉　　剛（りゅう ごう）　沖縄大学教授
水島　邦夫（みずしま くにお）　カメラマン
岩下　明裕（いわした あきひろ）　北海道大学教授、JIBSN 副代表幹事
古川　浩司（ふるかわ こうじ）　中京大学教授、JIBSN 事業部会長

協力

石垣ケーブルテレビ
境界地域研究ネットワーク JAPAN（JIBSN）

尖閣諸島《せんかくしょとう》と沖縄《おきなわ》
——時代に翻弄される島の歴史と自然——

2013年 6月23日　第1刷発行

編　者
沖縄大学地域研究所

発行所
㈱芙蓉書房出版
（代表 平澤公裕）
〒113-0033東京都文京区本郷3-3-13
TEL 03-3813-4466　FAX 03-3813-4615
http://www.fuyoshobo.co.jp

印刷・製本／モリモト印刷

ISBN978-4-8295-0588-5